KB160970

공정거래법상 불공정거래행위의 위법성
- 부당성 판단기준과 위법성 판단을 위한 이익형량 -

공정거래법상
불공정거래행위의 위법성

– 부당성 판단기준과 위법성 판단을 위한 이익형량 –

정 주 미 지음

경인문화사

서문

이 책은 2018년 2월에 완성한 '공정거래법상 불공정거래행위의 위법성에 관한 연구'라는 서울대학교 법학대학원 박사학위 논문을 대폭 수정하고 보완한 것이다. 연구의 주제는 공정거래법 제45조 제1항 불공정거래행위의 부당성 판단기준과 위법성 판단을 위한 이익형량에 관한 것이다.

이 책에는 2020.12.29. 개정된 공정거래법 전부개정법(법률 제17799호)의 내용과 최근의 법집행 사례를 추가하였고, 비교법으로 2022년 개정된 독일 부정경쟁방지법(UWG)의 내용과 미국 연방거래위원회(FTC)의 최근 법집행 동향에 관한 내용을 추가하였다. 공정거래법상 부당성 요건의 독자성과 이익형량에 관한 내용의 일부는 수정 및 보완하여 정주미, "특수관계인에 대한 부당한 이익제공행위의 부당성 요건", 법과 기업 연구 제12권 제2호, 2022.8.로 작성하였던 것을 이 책에 담았다.

이 책의 문제의식은 첫째로, 불공정거래행위의 위법성 요건인 행위요건과 부당성 요건 중 후자의 판단기준과 그 의미는 무엇인지에 있다. 둘째로, 동법상 불공정거래행위의 위법성 판단을 위한 형량요소가 무엇이며, 형량이 어떠한 방법으로 이루어져야 하는지에 있다.

이 책의 특징은 첫째로, 불공정거래행위의 부당성 즉 공정거래저해성의 의미를 검토하기 위하여 다양한 학설과 실무상 기준을 정리하면서, 개선방안으로 부당성 판단기준을 계약자유의 상당한 침해라는 불공정성으로 일원화할 것을 제안하였다는 것이다. 이를 통해 시장지배적 지위남용행위와 불공정거래행위의 부당성 판단기준을 구분하여, 혼선을 해소하고자 하였다. 둘째로, 불공정성에 대한 독일과 미국의 이론적인 논의와 입법례를 검토하였다는 것이다. 셋째로, 이익형량에 관한 법철학적인 접근방법을 참고하여, 공정거래법상 위법성 판단을 위한 이익형량방법론을 검토하면서, 불공정거래행위의 부당성 판단을 위한 형량요소가 무엇인지 밝히고, 판례의 종합적인 고려방식에서 벗어나 이익형량방법을 구조화할 것을 제안하였다는 것이다.

필자는 2010년부터 경제법을 전업으로 공부하고 있다. 연구자의 길을 걸어가게 된 것은 하느님께 나아가는 여정이 되었고, 많은 은인들의 도움이 있었기에 가능하였다. 이봉의 교수님께서는 2008년 '시장경제와 법'이라는 학부 수업에서 만나뵙게 된 인연으로, 지도교수님이 되어주셨다. 필자는 2020년부터 위 수업을 맡아 학생들에게 경제법을 소개해주고 있다.

박사학위 논문을 깊이 있게 심사해주시고 많은 조언을 해주신 서강대학교 법학전문대학원의 홍대식 교수님과 명지대학교 법학과의 홍명수 교수님, 서울대학교 법학전문대학원의 임용 교수님, 연세대학교 법학전문대학원의 최난설헌 교수님께도 감사를 드린다.

이 책의 출간을 허락해주신 서울대학교 법학연구소와 경인문화사, 헌신적인 사랑으로 키워주신 부모님께도 감사의 마음을 전한다.

2023년 5월
정 주 미

차례

서문

제1장
서론

제1절 문제제기

I. 불공정거래행위의 부당성 판단기준

「독점규제 및 공정거래에 관한 법률」(이하 "공정거래법") 제1조의 목적조항에서는 '공정하고 자유로운 경쟁'의 보호를 목적으로 하면서[1], 이를 위한 수단의 하나로서 불공정거래행위를 금지하고 있다. 그에 따라 법 제45조 제1항에서는 "사업자가 이하 각 호의 어느 하나에 해당하는 행위로서 공정한 거래를 저해할 우려가 있는 행위(이하 "불공정거래행위")를 하거나, 계열회사 또는 다른 사업자로 하여금 이를 행하도록 하여서는 아니 된다."고 하면서, 이하 각 호에서 구체적인 불공정거래행위에 해당하는 행위 유형을 두고 있다.

불공정거래행위의 위법성 요건은 행위요건과 부당성 요건으로 구성된다. 대법원은 '쌍용정유' 판결[2]에서 불공정거래행위의 위법성은 "당해 행위가 외형적으로 규정이 정하는 요건을 갖추는 외에 그것이 같은 법의 목적에 비추어 부당한 것이어야 한다."고 하였다.

이 책의 첫 번째 문제의식은 불공정거래행위의 부당성 요건인 공정거래저해성의 판단기준은 무엇인가에 있다. 경쟁제한성인가, 불공정성인가, 아니면 양자 모두인가? 그리고 경쟁제한성과 불공정성의 의미는 무엇인가?

그에 관한 다양한 견해가 존재하고, 공정거래위원회(이하 "공정위")의 「불공정거래행위 심사지침」[3]상 부당성 판단기준과 법원의 판단기준이

---

1) 권오승·홍명수, 경제법(제14판), 법문사, 2021, 71-73면.
2) 대법원 1998.9.8. 선고 96누9003 판결. 그와 같은 취지의 판결들은 대법원 2001.6.12. 선고 2001두1628 판결, 대법원 2006.12.7. 선고 2004두4703 판결, 대법원 2013.4.25. 선고 2010두25909 판결 등이 있다.
3) 공정위 예규 제387호, 2021.12.22., 개정.

다른 상황이다. 불공정거래행위에 대한 선행 박사학위 논문[4]은 단 몇 편에 불과하였기에, 불공정거래행위에 관한 집중적인 연구가 필요하였다.

통설은 공정거래저해성이란 공정경쟁뿐만 아니라 공정거래까지 포함한다고 본다. 하지만 공정위가 사인 간의 분쟁에 대하여 공적 자원의 많은 부분을 할애하여 경쟁법의 핵심적인 문제인 공정하고 자유로운 경쟁을 보호하는데 있어서 자원을 낭비한다고 비판 받기도 하였다. 공정거래법상 불공정거래행위 관련 사건이 차지하는 비중이 64.4%에 달하여[5] 공

---

4) 첫째로, 김영호, "불공정거래행위에 관한 연구", 서울대학교 박사학위 논문, 1986(지도교수 황적인, 85-91, 191-193면 참조)에서는 1980년 제정된 공정거래법 제15조를 연구하였다. 동조는 경제기획원 장관이 공정거래저해성이 있다고 지정한 불공정거래행위를 금지하였다. 위 글은 불공정거래행위의 유형을 '시장참여(시장진입과 시장에서의 활동)의 자유경쟁을 제한하는' 제1유형과 울머(Ulmer)가 주장한 성과경쟁 또는 '능률경쟁'을 제한하는' 제2유형으로 나누었다. 당시 법집행 사례가 거의 없던 제2유형을 금지해야 하는 목적은 경쟁을 침해하는지와 무관하게, 사업자에게 거래의 도덕성을 요구하여 공정한 경쟁을 보호하기 위함이라고 하였다.

둘째로, 이경현, "불공정거래행위에 관한 비교법적 연구", 이화여자대학교 박사학위논문, 1991(지도교수 권오승, 223-224면 참조)은 1990년 개정된 제2차 공정거래법 제23조 제1항을 연구하였다. 동조는 공정위가 사업자의 불공정거래행위가 공정거래저해성이 있는 경우에 금지하였다. 위 글은 시장지배적 지위 남용행위와 불공정거래행위의 부당성을 구분하여야 한다고 하였다. 전자는 시장지배력 형성을 사전 예방하는 문제까지 금지할 수 있고, 후자는 공정한 경쟁질서 대신, 공정한 거래질서를 확립하려는 목적에 따라서 거래상대방의 거래의 자유 침해나 소비자의 권리 침해를 기준으로 해석해야 한다고 하였다.

셋째로, 조혜신, "독점규제법상 방해남용에 관한 연구", 서울대학교 박사학위 논문, 2011(지도교수 권오승, 162-169면 참조)은 2010년 개정된 공정거래법상 시장지배적 지위 남용행위로서 방해남용에 관한 연구였다. 위 글은 수범자와 행위의 성격에 따라 시장지배적 지위 남용행위와 불공정거래행위 중 어떠한 규정을 적용해야 하는지가 달라져야 한다고 하였다. 전자에는 시장지배적 사업자의 행위로 경쟁의 침해를 야기한 행위가 적용되고, 후자에는 경쟁자의 이익을 침해하는 불법성이 명백한 방해행위가 해당될 수 있다고 하였다.

5) 공정위 2021년도 통계연보를 보면, 1981년부터 2021년까지 공정거래법 위반유형별 사건접수 현황을 보면(13면), 불공정거래행위의 비중은 2만 7708건 중 1만

정위의 부담이 적지 않았고, 사건처리가 상당히 지연된다는 비판도 받았기 때문이다.

이에 대응하여, 공정위는 「불공정거래행위 심사지침」을 개정하여, 불공정성의 의미를 축소하였다. 첫째로, 2005년 제정된 심사지침(이하 "2005년 심사지침")[6]은 불공정거래행위의 부당성 판단기준을 2가지 유형(경쟁제한성과 불공정성)으로 구분하였다. 2015년 개정된 심사지침(이하 "2015년 심사지침")[7]은 끼워팔기행위의 부당성 판단기준을 불공정성에서 경쟁제한성으로 변경하였다. 둘째로, 2015년 심사지침에서는 '거래상지위'를 계속적 거래관계에서 상당한 의존도가 있거나, 대법원의 '금보개발' 판결[8]에 따라 불특정 다수의 소비자에게 피해를 입힐 우려가 있어서 거래질서를 저해할 우려가 있는 경우로 제한하였다.

또한 공정위가 2020.8.31. 공정거래법 전부개정안을 제출한 이후, 12.29. 개정된 전부개정법에서는 사인이 직접 법원에 불공정거래행위의 금지 또는 예방청구를 할 수 있는 '금지청구제도'(법 제108조)를 도입하였다.

심사지침과 달리, 대법원은 불공정거래행위의 부당성을 계약자유의 상당한 침해라는 불공정성을 기준으로 판단해왔다. 남용행위에 관한 전원합의체 판결인 '포스코' 판결[9]에서도 대법원은 시장지배적 지위 남용행위와 불공정거래행위의 부당성을 구분하여야 한다고 하면서, 불공정거래행위의 경우에는 특정 사업자가 사업활동에 곤란을 겪게 되었거나 불이익이 있는지를 기준으로 보아야 한다고 하였다.

다만, 대법원은 수직적 거래제한행위인 구속조건부거래행위(배타조

7857건으로 64.4%에 달하였다. 사건처리 실적의 경우(25면)에도 2만 7406건 중 1만 7623건으로 64.3%에 달하였다.
6) 공정위 예규 제25호, 2005.1.1. 제정.
7) 공정위 예규 제241호, 2015.12.31. 개정.
8) 대법원 2015.9.10. 선고 2012두18325 판결.
9) 대법원 2007.11.22. 선고 2002두8626 전원합의체 판결.

건부거래행위와 거래지역 또는 거래상대방의 제한행위)의 경우 부당성 판단기준으로 경쟁제한성을 하나의 고려요소로 보거나[10], 불공정성과 경쟁제한성을 함께 고려하기도 하였다.[11]

불공정거래행위의 부당성 판단기준으로 경쟁제한성을 고려하게 되면, 시장지배적 지위 남용행위의 부당성 판단기준과 중복되는 문제가 발생한다. 이를 어떻게 해결할 수 있을지도 검토하고자 한다.

II. 불공정거래행위의 위법성 판단을 위한 이익형량

이 책의 두 번째 문제의식은 불공정거래행위의 위법성 판단기준을 위한 이익형량은 어떻게 이루어져야 하는가에 있다. 본 연구는 불공정거래행위의 이익형량에 있어서 위법요소를 불공정성으로 볼 경우, 이와 함께 어떠한 긍정적인 요소들이 형량될 수 있는지와, 이익형량의 방법론은 어떻게 이루어져야 하는지를 검토하고자 한다.

공정거래법 제45조 제1항은 이하 각 호 어느 하나에 해당하는 부당한 행위가 공정거래저해성이 있는 경우 금지한다. 동조에서 열거한 행위에 해당하고, 불공정성이 인정되더라도, 곧바로 부당하다면서 위법성을 인정할 수는 없다. 법질서 안에서 다양한 이익들이 존재하기 때문에, 정당한 사유와의 이익형량의 단계를 거쳐야 한다.

공정위의 심사지침은 불공정거래행위의 부당성을 판단할 때, 불공정성이나 경쟁제한성 그리고 소비자후생(consumer welfare) 증대효과나 효율성 증대효과를 비교형량하도록 한다. 또한 지침은 불공정거래행위 유형에 따라 인정될 수 있는 구체적인 정당화사유로서 사업상의 필요성도 예시한다. 그와 달리 대법원은 사업상 필요성이나 예외적으로 공익을 정

---

10) 대법원 2011.3.10. 선고 2010두9976 판결; 대법원 2017.6.19. 선고 2013두17435 판결.
11) 대법원 2013.4.25. 선고 2010두25909 판결('S-Oil' 판결).

당한 사유로 고려하였다.

　실무상 불공정거래행위의 위법성 판단을 위한 이익형량은 어떻게 이루어지는지도 분명하지 않다. 대법원은 '정산실업' 판결[12]에서 문제의 행위의 정당한 이유가 인정되면 위법성이 조각된다고 하였다. 그러면서 정당한 이유란 공정한 경쟁질서의 유지라는 관점에서 이해되어야 하고, 단순한 사업경영상 필요 또는 거래상의 합리성 내지 필요성만으로는 정당한 이유에 해당한다고 할 수 없다고 하였다.

　'쌍용정유' 판결[13] 이후로는 대법원은 불공정거래행위의 위법성 판단을 위해서 여러 사정을 종합적으로 고려하여 공정거래저해성을 판단하도록 하였다. 그렇다면, 불공정거래행위의 경우 어느 정도의 이익이나 사유가 정당한 사유로서 인정될 수 있을지가 명확하지 않다. '인천정유' 사건에서는 동일한 사안에 대하여 헌법재판소[14]와 대법원[15]이 어느 정도의 사업경영상의 필요성을 정당한 사유로 인정할 수 있는지에 대한 판단을 달리하였다.

---

12) 대법원 1990.4.10. 선고 89다카29075 판결.
13) 대법원 1998.9.8. 선고 96누9003 판결.
14) 헌법재판소 2004.6.24. 선고 2002헌마496 전원재판부 결정.
15) 대법원 2008.2.14. 선고 2004다39238 판결.

제2절 연구의 범위와 방법

I. 연구의 범위

본 연구에서는 공정거래법 제45조 제1항의 불공정거래행위의 위법성에 관한 연구를 '부당성 판단기준'과 '위법성 판단을 위한 이익형량'이라는 2가지 주제로 나누어 검토하고자 한다.

법 제45조 제1항 제9호에서는 불공정거래행위의 한 유형으로 '부당지원행위'를 두고 있는데, 이는 논의에서 제외하고자 한다. 부당지원행위는 1996년 대규모기업집단이 지원행위를 통해 경제력 집중을 유지 또는 심화시키는 것을 방지하기 위한 목적으로 신설된 것이기에, 법원은 그 부당성 또는 공정거래저해성 판단기준으로 불공정거래행위와 이질적인 판단기준인 '경쟁 저해로 인한 경제력 집중의 우려'를 고려하고 있기 때문이다.[16)

비교법으로는 불공정거래행위에 관한 대표적인 입법례인 독일 부정경쟁방지법(이하 "UWG")[17)과 미국 연방거래위원회법(이하 "FTC법")[18) 제5조를 검토하여 시사점을 도출하고자 한다.

UWG는 1909년 개정법부터 양속위반행위 그리고 2004년 개정법부터 불공정경쟁행위, 2008년 개정법부터 불공정거래행위를 금지하였다. 동법은 경쟁자나, 소비자, 시장참여자의 이익 또는 계약자유를 상당히 침해하는 불공정한 행위로부터 경쟁의 공정성 또는 제도로서 경쟁을 보호하는 역할을 해왔다.[19) 따라서 동법은 민사 집행으로 이루어짐에도, 피해

---

16) 대법원 2004.10.14. 선고 2001두2881 판결.
17) Gesetz gegen den unlauteren Wettbewerb.
18) Federal Trade Commission Act.
19) Rolf Sack, "Lauterer und leistungsgerechter Wettbewerb durch Wettbewerbs-regeln", GRUR, 1975, S. 301.

자인 경쟁자뿐만 아니라 협회, 소비자단체, 전문적인 이익단체가 금지 및 제거 청구권을 갖도록 하였고, 연방카르텔청이 집행하는 경쟁제한방지법(이하 "GWB")[20]과 함께 경쟁법으로 이해되었다.

1914년 제정된 FTC법은 제5조 (a) (1)에서 '불공정한 경쟁방법'(unfair method of competition)을 금지하였고, 1938년부터 후단에서 '불공정하거나 기만적인 행위'(unfair and deceptive acts or practices)를 금지하였다.

제2차 세계대전 이후 일본의 전시(戰時) 경제질서를 재편하려던 미군정의 맥아더 사령부에 의하여, 1947년 제정된 일본 사적독점의 금지 및 공정거래의 확보에 관한 법률(이하 "사적독점금지법")은 FTC법 제5조를 계수하였다.[21] 1980년 제정된 공정거래법[22]은 일본법을 계수하여 불공정거래행위를 금지하게 되었다.

II. 연구의 방법

이 책의 제2장에서는 공정거래법상 불공정거래행위의 의미에 대하여 검토한다. 이를 위해 불공정거래행위의 개념요소로서 행위 요건과 부당성 요건의 의미를 검토하고, 불공정거래 특별법 및 민법, 부정경쟁방지법 등 다른 법률과의 차이점을 검토한다. 비교법으로는 UWG와 FTC법 제5조의 불공정성과 불공정한 행위의 의미를 살펴본다.

제3장에서는 불공정거래행위의 부당성 판단기준으로 고려되고 있는 불공정성과 경쟁제한성의 의미에 대하여 검토한다. 학설과 실무상 판단기준을 분석하고, 비교법으로 UWG와 FTC법 제5조의 기준을 살펴본 뒤, 공정거래법상 개선방안을 제안한다.

---

20) Gesetz gegen Wettbewerbsbeschränkungen.
21) 이봉의, 공정거래법, 박영사, 2022, 817-818면; 홍명수, "불공정거래행위 규제의 의의와 개선 논의의 기초", 안암법학 제45호, 2014, 452면.
22) 1980.12.31. 제정 법률 제3320호.

제4장에서는 불공정거래행위의 위법성 판단을 위한 이익형량에 대하여 검토한다. 공정거래법상 이익형량이 어떻게 이루어지고 있는지를 살펴보고, 불공정거래행위의 위법성 판단을 위한 이익형량에 있어서, 위법요소가 불공정성인 경우 그와 함께 고려될 긍정요소들은 무엇인지 검토한다. 또한 이익형량의 방법은 어떻게 이루어져야 하는지에 대해서도 검토한다. 비교법으로는 UWG과 FTC법 제5조의 경우를 검토하면서 공정거래법상 개선점을 제안한다.

제5장 결론에서는 공정거래법상 불공정거래행위의 부당성 판단기준을 불공정성으로 일원화하고, 위법성 판단을 위한 이익형량방법을 구조화하도록 제언한다.

제2장
불공정거래행위의 의미

제1절 개념요소

Ⅰ. 행위 요건

1. 법문에서 열거한 행위유형

공정거래법 제45조 제1항에서 금지하는 불공정거래행위란 "사업자가 각 호의 어느 하나에 해당하는 행위로서 공정한 거래를 저해할 우려가 있는 행위"다. 위 규정은 '포괄적 금지조항'(general clause) 없이 특정한 행위들을 한정적으로 열거하고 있다.

동항 각 호에서는 ① 부당하게 거래를 거절하는 행위(이하 "거래거절", 제1호)와 ② 부당하게 거래의 상대방을 차별하여 취급하는 행위(이하 "차별취급", 제2호), ③ 부당하게 경쟁자를 배제하는 행위(이하 "경쟁사업자 배제행위", 제3호), ④ 부당하게 경쟁자의 고객을 자기와 거래하도록 유인하는 행위(이하 "고객유인", 제4호), ⑤ 부당하게 경쟁자의 고객을 자기와 거래하도록 강제하는 행위(이하 "거래강제", 제5호), ⑥ 자기의 거래상의 지위를 부당하게 이용하여 상대방과 거래하는 행위(이하 "거래상 지위남용행위", 제6호), ⑦ 거래의 상대방의 사업활동을 부당하게 구속하는 조건으로 거래하는 행위(이하 "구속조건부거래", 제7호), ⑧ 부당하게 다른 사업자의 사업활동을 방해하는 행위(이하 "사업활동 방해행위", 제8호), ⑨ 그 밖의 행위로서 공정한 거래를 해칠 우려가 있는 행위(제10호) 등을 열거하고 있다.

시행령 제52조에 따라 시행령 [별표 2]에서는 불공정거래행위의 유형을 구체화하고 있다. 다만, 법 제45조 제1항 제10호의 '그 밖의 행위로서 공정한 거래를 해칠 우려가 있는 행위'에 대해서는 시행령에 규정이 없다.

2. 열거주의의 채택 배경

공정거래법이 불공정거래행위에 관하여 열거주의를 채택하게 된 것은 일본 사적독점금지법을 계수하였기 때문이다. 일본법은 1947년 제정 당시 미국 FTC법 제5조에서 '불공정한 경쟁방법'과 '불공정하거나 기만적인 행위'를 금지한 것을 계수하였다. 미국법의 적용범위가 포괄적이라는 문제의식에서, 일본법은 미국 연방거래위원회의 심결례와 연방법원의 판례를 참조하여 특정한 불공정거래행위 유형을 열거하였다.[1]

제정 당시 사적독점금지법은 '불공정한 경쟁방법'을 금지하면서, 금지행위로 거래거절과 차별대가, 부당염매, 부당한 거래권유·거래강제, 배타조건부거래, 구속조건부거래행위를 열거하였다. 1953년 법개정을 통해서는 '공정한 경쟁'을 저해할 우려가 있는 '불공정한 거래방법'을 금지하게 되었고, 금지행위 유형으로 우월적 지위의 남용 및 거래방해행위를 추가하였다.[2]

1980년 이를 계수한 공정거래법도 불공정거래행위의 유형을 한정적으로 열거하였다. 동법 제15조는 경제기획원장관이 공정한 거래를 저해할 우려가 있다고 인정하는 불공정한 거래행위를 지정·고시하도록 하였다. 1990년 제2차 개정법[3]은 불공정거래행위의 유형 및 기준을 공정위가 정하여 이를 고시하도록 하였고, 1996년 제5차 개정법[4]에서는 불공정거래행위의 유형 및 기준을 시행령에서 정하도록 하였다.

헌법재판소는 각종 거래관계에서 복잡하고 다양하게 이루어지고 그 형태도 부단히 변동하는 불공정거래행위를 법률이 아니라 시행령에 위임하여 정하도록 한 것은 부득이하다고 인정하였다.[5] 한정적 열거주의

방식은 수범자에게 예측가능성을 높여주는 장점이 있지만, 새로이 발생하는 행위를 포섭하지 못할 수 있고 세분화된 행위유형 간에 중첩이 생길 수 있는 단점이 있다.

한편, 공정거래법 제정법은 FTC법 제5조 (a) (1) 후단의 불공정하거나 기만적인 행위 규정을 계수하여, 일본법에는 없는 행위유형을 불공정거래행위로 열거하였다. 또한 제정법 제15조 제6호는 '상품 또는 용역에 관하여 허위 또는 과장된 광고를 하거나 상품의 질 또는 량을 속이는 행위'를 불공정거래행위의 한 유형으로 열거하였다. 1999년 「표시·광고의 공정화에 관한 법률」(이하 "표시·광고법")이 제정되면서, 제7차 개정된 공정거래법6)은 위 규정을 삭제하였다.

II. 부당성 요건: 공정거래저해성

공정거래법 제45조 제1항에서 불공정거래행위로 열거된 행위들은 '공정거래저해성'이 있다면, 부당하여 금지된다. '쌍용정유' 판결7)에서 대법원은 "불공정거래행위로서 공정거래법의 규제대상이 되기 위하여는 당해 행위가 외형적으로 공정거래법의 각 규정이 정하는 요건을 갖추는 외에 그것이 공정거래법의 목적에 비추어 부당한 것이어야" 한다고 하였다. 법에서 열거한 행위가 공정거래질서를 저해할 우려가 있는지 또는 정당한 이유가 있는지 등을 고려하여 공정거래저해성 또는 부당성 요건이 성립하면, 위법성 여부가 결정된다.

입법자는 1980년 법 제정 당시 1953년 개정된 사적독점금지법 제19조의 '공정경쟁저해성'이라는 문언 대신, '공정거래저해성'이라는 문언을 채택하였다. 일본에서 공정경쟁저해성이란 ① 자유로운 경쟁의 확보, ②

---

5) 헌법재판소 2002.7.18. 선고 2001헌마605 결정.
6) 1999.2.5. 개정, 법률 제5813호.
7) 대법원 1998.9.8. 선고 96누9003 판결.

경쟁수단의 (능률경쟁에 의한) 공정성, ③ 자유경쟁의 기반 확보(자유롭고 자주적인 판단에 의한 거래)로 이해되었다.[8] 그럼에도 공정거래법의 입법자는 공정거래저해성이라는 문언을 채택하여, 공정경쟁저해성보다 넓은 의미의 불공정거래행위를 금지하겠다는 의지를 보였다.[9]

다수설도 공정거래저해성은 "경쟁의 수단이나 방법의 공정성, 경쟁의 자유를 제한하는 경쟁제한성, 거래조건의 공정성"까지 포함하는 개념이라고 한다.[10]

대법원은 "불공정거래행위에서의 '거래'란 통상의 매매와 같은 개별적인 계약 자체를 가리키는 것이 아니라 그보다 넓은 의미로서 사업활동을 위한 수단 일반 또는 거래질서를 뜻하는 것으로 보아야" 한다고 하였다.[11] 또한 대법원은 불공정거래행위의 부당성은 "정상적인 거래관행을 벗어난 것으로서 공정한 거래를 저해할 우려가 있"는지의 여부를 판단하도록 하였다.[12]

---

8) 이호영, 앞의 글(2016), 366면.
9) 홍대식, "우월적 지위의 남용행위의 위법성 판단기준", 경쟁법연구 제7권, 2001, 280면.
10) 권오승·홍명수(제14판), 314-315면.
11) 대법원 2010.1.14. 선고 2008두14739 판결.
12) 대법원 2000.6.9. 선고 97누19427 판결.

제2절 다른 법과의 구분

Ⅰ. 불공정거래 특별법과의 구분

1. 하도급법 및 유통 3법과의 구분

공정거래법 시행령[13) [별표 2]의 '비고'에서는 공정위가 "효율적인 법 집행을 위해 필요하다고 인정하는 경우에는 불공정거래행위의 세부 유형 또는 기준을 정하여 고시할 수 있다."고 한다. 그에 따라 공정위는 특정분야나 특정행위의 불공정거래행위에 관한 고시를 운영하고 있다.

예를 들어 「계속적 재판매거래등에 있어서의 거래상 지위 남용행위 세부유형 지정고시」[14), 「대규모소매업에 있어서의 특정불공정거래행위의 유형 및 기준 지정고시」(이하 대규모소매업 고시"[15), 「병행수입에 있어서의 불공정거래행위의 유형고시」[16), 「신문업에 있어서의 불공정거래행위 및 시장지배적지위남용행위의 유형 및 기준」[17), 「특수형태 근로종사자에 대한 거래상 지위남용행위 심사지침」[18), 「TV홈쇼핑사업자의 특정 불공정거래행위에 대한 위법성 심사지침」[19) 등이 있다.

뿐만 아니라 특정한 영역에서의 불공정거래행위에 대한 규제를 강화하기 위하여 불공정거래 특별법들이 제정되었다. 1984년 「하도급거래의 공정화에 관한 법률」, 2002년 「가맹사업거래의 공정화에 관한 법률」(이하 "가맹사업법"), 2011년 「대규모유통업에서의 거래공정화에 관한 법률」

---

13) 대통령령 제33140호, 2022.12.27., 일부개정.
14) 공정위 고시 제2021-23호, 2021.12.30., 일부개정.
15) 공정위 고시 제2017-20호, 2017.11.14., 타법개정.
16) 공정위 고시 제2021-20호, 2021.12.30., 일부개정.
17) 공정위 고시 제2021-22호, 2021.12.30., 일부개정.
18) 공정위 예규 제388호, 2021.12.30., 일부개정.
19) 공정위 예규 제285호, 2017.6.30., 일부개정.

(이하 "대규모유통업법")이 제정되었고, 대규모소매업 고시를 법률로 승격한 「대리점거래의 공정화에 관한 법률」(이하 "대리점법")이 2015년 제정되었다.

위 특별법들의 특징을 살펴보면, 첫째로, 동법들은 제1조의 목적조항에서 거래당사자들이 대등한 지위에서 거래하도록 함으로써, 건전한 거래질서를 확보하여 소비자보호나 소비자 복지의 증진, 국민경제의 건전한 발전 등에 이바지함을 목적으로 한다고 한다.

둘째로, 특별법의 강화된 규정의 적용을 받는 대상을 특정하거나 제한하고 있다. 예를 들어, 대규모유통업법 제2조 제1호에서는 동법의 수범자인 '대규모유통업자'의 정의 규정을 두고 있고, 제3조 제1항 제1호에서 대규모유통업자가 납품업자 또는 매장임차인에 대하여 거래상 우월적 지위에 있다고 인정되지 않는 경우 법을 적용하지 않는다고 한다. 대리점법 제3조에서는 공급업자가 중소기업자에 해당하거나, 대리점이 중소기업자에 해당하지 않거나, 공급업자가 대리점에게 거래상 우월적 지위를 가지지 않는 경우 법 적용을 제외한다고 한다.

셋째로, 특별법들은 공정거래법과 달리 거래공정화를 위한 사전규제들을 두고 있는데, 공통적으로는 계약서 작성의 의무를 부과하고 있다. 뿐만 아니라 공정위가 표준계약서를 마련하여 사용을 권장할 수 있도록 하고 있다.

넷째로, 특별법들은 공정거래법처럼 불공정거래행위나 거래상 지위 남용행위에 관한 사후금지 규정을 두고 있다. 금지행위의 위법성 판단기준은 불공정성에 있다. 게다가 해당 분야에서 빈발하는 행위들에 대해서는 정당한 사유가 없는 경우 금지함으로써, 행위의 불법성이 높은 행위를 원칙적으로 금지하고 예외적으로만 허용하고 있다.[20]

다섯째로, 대규모유통업법과 대리점법은 공정거래법에서 금지하는

---

20) 정주미, "가맹사업법상 규제의 대리점법 도입의 적절성-정보제공, 계약의 갱신·해지, 단체구성·교섭 측면을 중심으로-", 경쟁법연구 제40권, 2019, 36-40면.

불공정거래행위들을 금지하면서, 그 제재의 수준은 공정거래법과 상당한 차이를 두고 있다. 동법들은 과징금을 공정거래법과 달리 관련매출액이 아니라 납품대금이나 연간임대료 또는 법 위반 금액을 기준으로 산정하고 있는데, 이는 비례의 원칙에 반한다는 비판을 받고 있다.[21)]

2. 표시·광고법과의 구분

공정거래법상 표시·광고에 관한 불공정거래행위는 1999년 제정된 표시·광고법에서 별도로 금지하게 되었다. 이는 공정거래법보다 소비자보호를 더욱 강화하기 위함이었다. 표시·광고법은 제1조의 목적조항에서 "상품 또는 용역에 관한 표시·광고를 할 때 소비자를 속이거나 소비자로 하여금 잘못 알게 하는 부당한 표시·광고를 방지하고 소비자에게 바르고 유용한 정보의 제공을 촉진함으로써 공정한 거래질서를 확립하고 소비자를 보호함을 목적으로" 한다고 한다.

동법 제3조 제1항은 사후금지 규정으로서, "사업자 등은 소비자를 속이거나 소비자로 하여금 잘못 알게 할 우려가 있는 표시·광고행위로서 공정한 거래질서를 해칠 우려가 있는 다음 각 호의 행위를 하거나 다른 사업자 등으로 하여금 하게 하여서는 아니 된다."고 하면서 거짓·과장의(제1호) 또는 기만적인(제2호), 부당한 비교의(제3호), 비방적인 표시·광고(제4호)를 금지한다.

또한 동법은 소비자 보호를 강화하기 위해서 사전적인 규제로서 중요정보 공개제도(법 제4조), 광고실증제도(제5조) 및 임시중지명령제도(제8조) 등을 두고 있다.[22)]

---

21) 정성무, "대규모유통업법의 체계적 정합성에 대한 검토", 남천 권오승 교수 정년기념논문집, 법문사, 2015, 660면.
22) 유주선, "독일 부정경쟁방지법상 부당한 영업행위에 대한 논의", 경제법연구 제10권 제2호, 2011, 149면.

Ⅱ. 민법과의 구분

1. 민법상의 불공정성

가. 고대부터 중세의 불공정성

민법에서는 고대부터 중세, 근대, 현대에 이르러 '계약의 공정성' 법리가 발전하였다.[23] 당사자 간 경제적 열등성 또는 거래상 지위의 차이로 인하여, 지위가 우위에 있는 자가 상대방의 계약 또는 자기결정의 자유를 침해하여 부당한 이익을 얻는 것을 공정성을 잃은 것으로서 금지하였다.

기원전 3세기부터 형성되었던 고대 로마법은 '선량한 풍속'(mores maiorum)을 위반하는 행위를 제재하였고, 지나치게 낮은 가격에 이루어지는 거래를 취소할 수 있는 '막대한 손해의 법리'(laesio enormis)를 발전시켰다. 위 법리는 강자가 약자를 수탈하는 것을 막기 위한 목적에서 발전하였고, 기원전 12표법과 285년 디오클레티아누스(Diocletianus) 황제 칙령과 298년 막시미아누스(Maximianus) 황제의 칙령, 535-565년의 유스티니아누스(Justinianus) 황제의 대법전 등을 통하여 정착되었다. 경제, 사회적 혼란 속에서 소지주(小地主)가 토지를 정당한 가격의 1/2 이하의 헐값에 매도한 경우, 매도인이 계약을 취소할 수 있도록 하였고, 매수인이 그 차액을 상환할 경우 취소를 막을 수 있도록 하였다.

중세교회법의 불공정성 법리는 유럽의 근대 민법의 형성에 중대한 영향을 미쳤다. 중세교회법은 고대 그리스 철학자인 아리스토텔레스(Aristotle)[24]

---

23) 박귀련, 불공정한 법률행위, 우리글, 2010; 이동진, "공서양속과 계약 당사자 보호", 서울대학교 박사학위논문, 2011.

24) Pinar Akman, The Concept of Abuse in EU Competition Law, Hart Publishing, 2015, p. 146; 강희원, "아리스토텔레스의 정의론에 비추어 본 '법이념으로서의 정의'", 법철학연구 제6권 제2호, 2003, 82면; 박귀련, 앞의 책, 66-71면; 이기상, "아리스

와 이웃을 사랑해야 한다는 그리스도교적 가르침에 따라서, 이자수령과 폭리행위를 금지하였다.

아리스토텔레스는 계약의 공정성에 관한 철학적 기초를 세웠다고 평가받았다. 첫째로, 그는 금전이 교환의 수단일 뿐, 본성상 이자라는 열매를 갖고 있지 않다고 하면서, 이자 수취를 금지해야 한다고 주장하였다. 둘째로, 그는 고대 도시국가인 아테네의 정치혼란이 빈부격차에 따른 계층 간 갈등에서 비롯했다고 보면서, 차별의 금지 또는 동등성(equality) 원칙 그리고 '배분적 정의'(distributive justice)와 '교정적 정의'(corrective justice)가 이루어져야 한다고 주장하였다. 아리스토텔레스의 영향을 받은 중세의 교회 학자인 교부(敎父)들과 교황의 교령집들[25]은 정당한 가격 수준을 넘은 이자 수취가 '이웃사랑에 반한다.'고 하였다.

나. 근대부터 현대의 불공정성

19세기 근대 유럽에서 자유주의가 팽배함에 따라 유럽의 근대민법은 '사적 자치'와 '계약의 자유'를 우선으로 하면서도, 불공정 문제를 해결하기 위한 규정들을 두었다.

고대 로마법상 '막대한 손해'의 법리와 교회법상 정당가격과 이자금지의 원칙은 1495년 독일 보통법으로 계수되었다.[26] 1896년 제정되어 1900년 시행된 독일 민법은 제138조 전단에서 '모든 형평에 맞고 정당하게 생각하는 자의 도덕관념'에 반하는 것으로 해석되는 '공서양속에 반하는 법률위반행위'(Sittenwidriges Rechtsgeschäft)[27]와 법 제138조 후단에

토텔레스의 윤리학에 있어서의 정의", 한국시민윤리학회보 제1집, 1988, 168-171면.

[25] 그 예로는 1234년 교황 그레고리우스 9세의 교령집(Liber canonum extra Decretum vagantium: Liber Extra)과 1298년 발포된 교황 보니파티우스 8세의 교령집 등이 있다.

[26] 박귀련, 앞의 책, 141면; 성준호, "민법 제104조 불공정한 법률행위에 관한 연구", 민사법학 제55권 제1호, 2011, 459-463면.

[27] 박귀련, 앞의 책, 377면; 이동진, 앞의 글(2011), 89면.

서 '폭리행위'(Wucherisches Geschäft)를 무효라고 하였다.

20세기 이후 민법은 근대민법의 3대 원칙인 ① 사유재산권과 ② 사적 자치 및 계약의 자유의 존중, ③ 과실책임의 원칙을 사회정의와 공공복리를 위하여 수정하였다. 계약의 공정성과 공정한 거래질서를 보장하기 위하여, 거래의 안전과 사회질서, 신의성실, 권리남용 금지의 원리가 적용되었다.

실질적으로 계약의 자유를 실현하고 계약 공정의 보호에 부합하도록 법률을 해석하는 판례들도 나왔다. 이는 공정성의 기준을 객관적으로 제시하거나 승인함으로써, 계약에 대한 내용적 통제를 통해 계약의 타당성을 마련하고 계약을 '사회화'(Sozialisierung)한다고 평가되었다.[28]

우리나라의 민법은 근대민법전으로서 사적 자치를 원칙으로 하여 형식적으로 계약자유를 법적으로 보장하는 것에 우선적 지위를 부여하면서도, 사실상의 계약자유의 침해행위도 금지하고 있다. 예컨대, 민법 제103조의 반사회질서의 법률행위 규정은 선량한 풍속 기타 사회질서에 위반한 사항을 내용으로 하는 법률행위를 무효로 한다.[29] 법 제104조의 불공정한 법률행위 규정에서는 당사자의 궁박, 경솔 또는 무경험으로 인하여 현저하게 공정을 잃은 법률행위는 무효로 한다.[30] 법 제110조의 사

---

28) 김상중, "공정질서와 민사법의 역할", 법과정책연구 제11권 제3호, 2011, 725-748면.
29) 대법원 2001.2.9. 선고 99다38613 판결: "민법 제103조에 의하여 무효로 되는 법률행위는 법률행위의 내용이 선량한 풍속 기타 사회질서에 위반되는 경우뿐만 아니라, 그 내용 자체는 반사회질서적인 것이 아니라고 하여도 법률적으로 이를 강제하거나 법률행위에 반사회질서적인 조건 또는 금전적인 대가가 결부됨으로써 반사회질서적 성질을 띠게 되는 경우 및 표시되거나 상대방에게 알려진 법률행위의 동기가 반사회질서적인 경우를 포함한다."
30) 대법원 1993.10.12. 선고 93다19924 판결: "민법 제104조의 불공정한 법률행위가 성립하기 위하여는 법률행위의 당사자 일방이 궁박, 경솔 또는 무경험의 상태에 있고, 상대방이 이러한 사정을 알고서 이를 이용하려는 의사가 있어야 하며, 나아가 급부와 반대급부 사이에 현저한 불균형이 있어야 하는바, 위 당사자 일방의 궁박, 경솔, 무경험은 모두 구비하여야 하는 요건이 아니고 그중 어느 하나만 갖추어져도 충분하다."; 대법원 1988.9.13. 선고 86다카563 판결: "민

기·강박에 의한 의사표시 규정에서는 사기나 강박에 의한 의사표시는 취소할 수 있다고 한다.

그런데 실제로 거래질서에 관하여 민사법이 개입하는 불공정성의 범위는 아주 제한적이다.[31] 민사법은 모든 힘의 불균형 상황이나 판단능력의 부족으로 인한 제반사정을 해결함으로써 계약의 공정성을 실현하지는 않는다. 민사법이 보호하는 영역 외의 불공정성, 특히 불평등한 경제력 자체와 같은 불공정성의 근원을 해결하는 문제는 사법의 외연에 있는 특별사법(sonderprivatrecht)이나 다른 법영역인 경제법이나 세법, 행정법, 사회보장법 등에서 해결하고 있다고 평가된다.[32]

2. 공정거래법의 독자성

가. 사법과의 관련성을 인정한 학설

경쟁법 학계의 논의를 살펴보면, 첫째로, 공정거래법은 사법질서의 원리인 사적 자치의 원칙을 최대한 보호하기 위해서, 경쟁을 제한하는 행위에 대해서만 개입해야 한다는 견해가 있다.[33] 이 견해는 경쟁 촉진

법 제104조에 규정된 불공정한 법률행위는 객관적으로 급부와 반대급부 사이에 현저한 불균형이 존재하고 주관적으로 위와 같은 균형을 잃은 거래가 피해 당사자의 급박, 경솔 또는 무경험을 이용하여 이루어진 경우에 한하여 성립하는 것으로서 약자적 지위에 있는 자의 급박, 경솔 또는 무경험을 이용한 폭리행위를 규제하려는 데에 그 목적이 있으므로, 피해 당사자가 급박, 경솔 또는 무경험의 상태에 있었다고 하더라도 그 상대방 당사자에게 위와 같은 피해당사자 측의 사정을 알면서 이를 이용하려는 의사 즉 폭리행위의 악의가 없었다면 불공정한 법률행위는 성립하지 않는다.”

31) 김상중, 앞의 글(2011), 749-750면.
32) 권영준, “계약법의 사상적 기초와 그 시사점”, 저스티스 통권 제124호, 2011, 186면; 이동진, 앞의 글(2011), 127-128면.
33) 서정, “사적 거래행위에 대한 규제와 경제적 효율성”, 고학수·허성욱 편, 경제적 효율성과 법의 지배, 박영사, 2009, 177-182면.

의 유지 또는 보호와 무관한 개별 거래의 사적 분쟁에 대하여 개입하는
것은 민법 제2조, 제103조, 제104조 등을 적용하는 것으로 충분하다고 본
다. 따라서 사법상 무효인 법률행위를 한 사업자에게 공정거래법을 통한
추가적인 제재를 가하여야 하는지에 대해서 의문을 제기한다. 사법상 유
효로 인정되는 행위에 대해서도 사인 간 거래의 공정성에 대해 개입하
는 것이 부적절하다고 비판한다.

둘째로, 불공정거래행위를 금지하는 것은 사업자의 이익분배 차원의
민사 분쟁에 정부가 개입한다는 점에서 적절하지 않다고 비판하는 견해
도 있다.[34] 하지만, 이 견해는 경제력 집중이 심화되고 양극화가 상당부
분 고착화 또는 심화되고 있는 경제현실에서 갑을관계를 시정하라는 요
구에 따라 공정거래법에서 거래상 지위 남용행위를 금지하고 있다고 지
적하면서, 불공정거래행위에 대한 집행오류의 가능성을 최소화할 필요
가 있다고 제안한다.[35]

셋째로, 사법과 공정거래법상의 불공정성의 의미를 조화롭게 해석하
여, 양자가 서로 보완적인 지위에서 집행되어야 한다고 보는 견해가 있
다.[36] 불공정거래행위를 민법 제103조의 공서양속과 비교해보면, 불공정
거래행위란 계약의 자유를 침해하여 윤리적인 '양속'의 위반에 해당하는
행위 유형들과, 경쟁이라는 사회질서에 반하는 '공서'의 위반에 해당하
는 행위 유형들이 혼합되어 있다고 한다.

공정거래법은 경쟁질서의 보호를 목적으로 한다는 점에서, 시장의 관
점에서 경쟁이라는 사회질서 즉 공서에 반하는 '경쟁과의 관련'이 있는

34) 이황, "불공정거래행위로서의 거래거절행위의 위법성-그 본질과 판단기준-판례
를 중심으로-", 경제법연구 제9권 제2호, 2010, 136면.
35) 이황, "공정거래법에서 '거래상 지위'의 개념과 판단기준", 법제연구 제51호,
2016, 66면.
36) 홍대식, "불공정거래행위의 위법성 판단기준에 대한 재검토", 법·경제분석그룹
(LEG) 연구보고서, 공정거래조정원, 2009(상반기), 103-105면; 홍대식, "공정거래
법상 불공정거래행위의 위법성 판단기준에 대한 재검토-경쟁질서와의 관련성
을 중심으로", 경쟁법연구 제37권, 2018, 188-192면.

불공정거래행위를 금지하는 것이 적절하다고 한다. 그와 달리 '양속'의 위반에 해당하는 불공정거래행위들은 경쟁과의 관련이 높지 않고, 불공정경쟁 또는 불공정거래, 소비자법의 성격을 갖는데, 이는 경쟁의 전제가 되는 경제활동의 자유나 거래질서의 건전성 등 사적 자치를 보호하기 위한 것이라고 한다. 이러한 행위는 공정거래법이 아닌 사법을 통해 금지하는 것이 적절하다고 한다.[37]

다만, 민법상 무효는 거래의 안정성을 해치는 위험이 있기에 절대적 무효이고 전부 무효가 원칙인데, 공정거래법상 불공정거래행위의 효력은 법규 위반의 반사회성이나 주관적 인식의 정도에 따라서 개별적이고 구체적으로 판단하여야 하므로, 계약의 효력을 부정하는 다양한 방법을 고안할 필요가 있다고 한다.[38]

나. 독자성을 인정한 학설

경쟁법 학계의 다수설은 민법과 독자적으로 공정거래법상 불공정거래행위를 금지하는 것이 필요하다고 한다. 공정거래법이 경쟁법이라는 본연의 임무에 맞게 경쟁제한성의 문제를 금지해야 하는 것이 적절하나, 우리나라의 현실에 비추어볼 때, 사법적 권리구제의 수단이 발전하지 않은 상황이기에, 공정거래법상 불공정거래행위를 금지하는 것이 필요하다는 견해가 있다.[39]

근대 민법의 기본원리인 사적 자치의 원칙은 자유롭고 평등한 인격자를 전제로 하였기 때문에, 거래상 지위의 차이가 존재하는 현실에서 불공정거래행위를 금지하는 것이 필요하다는 견해도 있다. 다만, 사적 자치의 원칙이 훼손되지 않도록 거래상 지위 남용행위의 인정범위를 적

---

37) 홍대식, "사법적 관점에서 본 공정거래법-시장지배적 지위남용행위를 중심으로-", 상사법연구 제27권 제2호, 2008, 346면.
38) 홍대식, "불공정거래행위와 공서양속", 비교사법 제14권 제1호, 2007, 127-131면.
39) 이호영, 앞의 글(2016), 369-370면.

절히 제한할 필요가 있다고 한다.[40]

공정하고 자유로운 경쟁을 위한 경제시스템을 보장하기 위해서 공정
위는 경쟁제한의 문제뿐만 아니라 불공정성의 문제에도 개입해야 한다
고 한다는 견해들도 있다.[41] 불공정거래행위를 금지하는 것은 민법상
개별적인 계약관계에서 발생하는 불공정 문제를 무효나 취소로 하는 차
원을 넘어서, 시장에서 계약의 자유가 실질적으로 이루어지도록 보장하
여 공정한 거래질서가 작동하도록 함으로써, 공정하고 자유로운 경쟁이
이루어질 수 있도록 경쟁의 과정을 보호하는 것이라고 한다.

다. 독자성을 인정한 판례

대법원도 '파스퇴르 유업' 판결[42]에서 민법과 독자적으로 공정거래법
이 거래당사자 간 내부 이해관계를 조정하는 것이 가능하다고 하였다.[43]
대법원은 불공정거래행위의 한 유형으로 사업자의 우월적 지위 남용행
위를 규정한 이유가 "현실의 거래관계에서 경제력에 차이가 있는 거래
주체 간에도 상호 대등한 지위에서 법이 보장하고자 하는 공정한 거래
를 할 수 있게 하기 위하여 상대적으로 우월적 지위에 있는 사업자에 대
하여 그 지위를 남용하여 상대방에게 거래상 불이익을 주는 행위를 금
지시키고자 하는 데" 있다고 하였다.

'SM 엔터테인먼트' 판결[44]에서 서울 고등법원은 사법상 무효로 인정
되는 행위에 대해 공정거래법이 적용될 수 있다고 하였다. 법원은 공정

---

40) 이민호, "거래상 지위의 남용행위와 거래질서", 경쟁법연구 제34권, 2016, 252-253면.
41) 이봉의, 앞의 책(2022), 827-828면; 황태희, "거래상 지위 남용으로서의 불이익제
   공행위의 부당성", 서울대학교 경쟁법센터 편, 공정거래법의 쟁점과 과제, 법
   문사, 2010, 280-281, 286-287면.
42) 대법원 2000.6.9. 선고 97누19427 판결.
43) 신영수, "거래상 지위남용 규제 법리의 형성과 전개", 상사판례연구 제28집 제1
   권, 2015, 632면.
44) 서울고등법원 2004.4.1. 선고 2002누13613 판결.

거래법상 거래상 지위 남용행위가 "사인 간의 거래를 금지하는 민법의 제규정과는 그 취지 및 요건을 달리하고 있으므로, 비록 과다한 손해배상액의 약정이 계약 내용을 규제하는 민법 제103조, 제104조, 제398조 제2항에 의하여 무효로 되거나 감액될 수 있다고 하더라도 공정한 거래질서를 유지하기 위하여 그 행위에 공정거래법을 적용하는 것"이 위법하지 않다고 하였다.

민법 제103조나 제104조 위반에 해당하여 무효가 되는 경우는 상당히 제한적이라고 할 수 있는데, 최근 대법원은 '대성산업' 판결[45]에서 거래상 지위 남용행위가 민법 제103조의 양속위반행위에 해당한다고 하였다. 대법원은 "거래상 지위의 남용행위가 공정거래법상 불공정거래행위에 해당하는 것과 별개로, 이 사건 행위를 실현시키고자 하는 사업자와 상대방 사이의 약정이 경제력의 차이로 인하여 우월한 지위에 있는 사업자가 그 지위를 이용하여 자기는 부당한 이득을 얻고 상대방에게는 과도한 반대급부 또는 그 밖의 부당한 부담을 지우는 것으로 평가할 수 있는 경우에는 선량한 풍속 기타 사회질서에 위반한 법률행위로서 무효"라고 하였다.

라. 독자성을 인정해야 하는 이유

민법과는 독자적으로 공정거래법상 불공정거래행위의 금지가 필요하다. 고대 로마법부터 계약의 공정성이라는 법리를 형성해온 민법은 공법적인 성격을 가진 경쟁법과 그 성격이 상당히 상이하다고 할 수 있다. 민법은 사적 자치의 원칙하에, 제한적으로 불공정성의 문제에 대해서 법원이 무효나 취소를 명령해왔다. 그와 달리 19세기 근대국민국가가 형성된 이후로, 국가는 시장에서 경쟁질서의 보호를 위해 적극적으로 개입해왔다. 공정거래법 역시 경쟁법으로서 시장에서 공정하고 자유로운 경쟁

---

45) 대법원 2017.9.7. 선고 2017다229048 판결.

을 보호하기 위해 공정위가 법을 집행하고 있다.

민법에서 금지하고 있는 '불공정'의 문제는 그 범위가 상당히 제한적이기 때문에, 현대 시장경제에서 경제주체들 간에 경제적 지위의 차이에서 발생하는 다양한 불공정 문제를 제대로 금지하기가 어렵다. 따라서 공정거래법의 역할이 필요하다.

게다가 불공정거래행위를 금지하는 것은 사인 간의 불공정 문제 또는 분쟁을 해결하는 차원을 넘어 경쟁의 과정을 보호하기 위한 것이다. 공정거래법상 대부분의 불공정거래행위 유형은 고객유인과 사업활동 방해행위 등을 제외하고는 거래상 지위에서 비롯한 불공정 문제와 관련이 있다. '파스퇴르 유업' 판결46)에서 대법원은 불공정거래행위는 경제력의 차이가 있는 경제주체들이 상호 대등한 지위에서 공정하게 거래할 후 있도록 보장하는 것이라고 하였다. 시장에서 경제주체들이 자유로운 경쟁을 할 수 없다면 공정한 거래질서도 존재할 수 없기에47), 공정하고 자유로운 경쟁이 제대로 기능하도록 하기 위해서는 계약의 자유를 실질적으로 제한하는 불공정한 행위도 금지해야 한다.

III. 부정경쟁방지법과의 구분

1. 부정경쟁방지법상의 부정경쟁

「부정경쟁방지 및 영업비밀보호에 관한 법률」(이하 "부정경쟁방지법")은 제1조에서 "국내에 널리 알려진 타인의 상표·상호(商號) 등을 부정하게 사용하는 등의 부정경쟁행위와 타인의 영업비밀을 침해하는 행위를 방지하여 건전한 거래질서를 유지함을 목적으로 한다."고 한다. 동

---

46) 대법원 2000.6.9. 선고 97누19427 판결.
47) 이봉의, 앞의 책(2022), 813-814면.

법은 부정경쟁행위로부터 상품표지 등을 선 사용한 자의 절대적이고 배타적인 권리를 보호하고, 동시에 기업윤리라는 행동규범을 제공하고 경쟁의 공정성을 확보하며, 거래자, 수요자의 권익과 일반공중의 포괄적인 이익을 보호하기 위한 법질서보호법이다.[48]

동법 제2조 제1호 가목 내지 파목은 부정경쟁행위를 정의하고 있는데, 이는 영업의 주체가 사업활동에 있어서 정당한 대가를 지불하지 않고 타인의 경쟁력에 편승하여 경쟁상의 우위를 확보하려는 행위로서, 영업상 필요한 상표나 상호 등을 자신의 노력이나 정당한 거래에 의하여 취득하고 사용하는 것이 아니라, 거래사회에 타인의 노력에 의하여 널리 알려진 것을 무임으로 사용하여 수요자에게 오인이나 혼동을 일으키는 행위를 의미한다.[49]

부정경쟁방지법은 부정경쟁행위와 관련하여 사적 집행수단으로서 법원에 금지청구권(법 제4조 제1항)과 손해배상청구권(제5조), 신용 회복권(제6조)을 부여한다. 또한 동법은 행정적 조치로서 특허청장, 시·도지사 또는 시장·군수·구청장이 위반행위의 중지나 표지 등의 제거나 수정, 향후 재발 방지, 그 밖에 시정에 필요한 권고를 내릴 수 있도록 한다(제8조).

2. 공정거래법의 독자성

공정거래법도 2020년 전부개정[50]을 통해 불공정거래행위에 대한 사인의 금지청구제도를 도입하였기에, 동법은 공적 집행을 중심으로 하지만 부정경쟁방지법은 사적 구제를 중심으로 한다면서 두 법을 구별하는 것은 더 이상 의미가 없게 되었다.

불공정거래행위에 관하여 두 법은 계약자유에 대한 침해행위를 불공정한 것으로 본다는 점에서 그 본질이 동일하다고 보는 견해가 있다.[51]

---

48) 황의창, 부정경쟁방지법 및 영업비밀보호법(제3정판), 세창출판사, 2004, 제1장, 9면.
49) 황의창, 위의 책, 제2장, 22면.
50) 2020.12.29., 전부개정, 법률 제17799호.

이 견해는 독일 UWG는 사적 구제를 중심으로 일원적으로 운영되고 있
다면서, 우리나라의 부정경쟁방지법과 공정거래법이 이원화되어 있는
것은 입법 부주의 때문이라고 지적한다. 그러면서 현실적으로 공정위의
공적 집행이 불공정한 행위의 금지에 효과적이지만, 장기적으로는 공정
위가 경쟁의 문제를 금지하는데 집중하고 사인 간의 분쟁은 사법적인
구제로 가는 것이 적절하다고 한다.

　이와 유사한 견해는 부정경쟁방지법의 부정경쟁행위와 공정거래법의
불공정거래행위가 한정적으로 열거되어 있어, 중복의 우려가 높지 않지
만, 광의의 부정경쟁행위와 불공정거래행위가 본질적으로는 차이가 없
다고 한다.52)

　하지만 공정거래법은 부정경쟁방지법에 대하여 독자적인 의의를 갖
는다고 보는 것이 적절하다.53) 그 이유는 첫째로, 두 법은 보호법익에
차이가 있기 때문이다. 공정거래법은 사인 간의 거래에서 거래의 대등성
이 상실된 경우 계약의 자유를 실질적으로 보호하여 공정한 거래질서를
확립하고, 그로부터 얻어지는 공정하고 자유로운 경쟁이라는 공익을 보
호법익으로 한다. 그와 달리 부정경쟁방지법은 부정한 경쟁으로부터 개
인의 배타적인 권리를 보호함으로써, 그러한 권리가 침해되지 않고 정당
한 방법에 의한 공정한 경쟁이 이루어질 수 있도록 보장한다.

　둘째로, 부정경쟁방지법이 금지하는 부정경쟁의 영역은 공정거래법
이 금지하는 불공정거래행위의 범위를 포섭하지 못한다. 1934년 제정된
부정경쟁방지법은 같은 해에, 1909년 제2차 개정된 독일 UWG를 그대로
모방한 일본법을 계수하였다가, 1962년 새로이 법을 제정하였는데, 이는
구법과 별다른 차이가 없었다. 그런데 1909년 개정된 UWG 제1조에서 양
속위반행위를 금지하는 일반조항을 도입하였던 것과 달리, 부정경쟁방
지법은 일반조항을 제외하고 금지행위 유형들에 관한 규정들만을 받아

---

51) 정호열, 경제법(제7판), 박영사, 2022, 389-390면.
52) 정상조, 부정경쟁방지법 원론, 세창출판사, 2007, 146면.
53) 권오승·홍명수(제14판), 322-323면.

들였기 때문에, 경쟁수단 일반을 금지하는 법적 성격을 갖지 못하였다.
　이후 부정경쟁방지법은 개정을 통해, 공정거래법과의 중복을 피하기
위해 적용범위를 더욱 축소하였다. 1986년 개정법[54]에서는 공정거래법
에 규정이 있다면 부정경쟁방지법의 적용을 배제하도록 하였다(동법 제
15조 제2항). 1991년 개정법[55]에서는 공정거래법이 제정됨에 따라 타인
의 상표·상호등을 부정하게 사용하는 등의 부정경쟁행위와 타인의 영업
비밀을 침해하는 행위를 금지하는 것을 동법의 목적으로 국한하였고(동
법 제1조), 공정거래법과 중복될 수 있는 금지규정들을 삭제하였다.
　셋째로, 부정경쟁방지법의 연원이 된 독일 UWG는 1930년대 이후 양
속위반행위란 경쟁자에 대한 이익침해행위뿐만 아니라 경쟁자와 소비자
에 대한 이익 침해행위도 포함한다고 해석되면서, 경쟁법의 성격을 갖게
되었다. 그러다가 2004년 법개정을 통해서 UWG는 법 제1조에서 경쟁자
와 소비자, 시장참여자, 왜곡되지 않은 경쟁으로부터의 일반이익을 보호
한다고 명시하였다. 동법은 공정하고 자유로운 경쟁체제에서 특정한 행
위가 경쟁의 왜곡을 발생시키지 않도록 불공정한 행위를 금지하였다.[56]
그와 달리 우리나라의 부정경쟁방지법은 지식재산권의 보호법의 성격에
국한되었다.
　넷째로, 2013년 개정된 부정경쟁방지법은 제2조 제1항 차목(현행법
파목)을 신설하였는데, 이는 부정경쟁 행위의 한 유형으로 "그 밖에 타인
의 상당한 투자나 노력으로 만들어진 성과 등을 공정한 상거래 관행이
나 경쟁질서에 반하는 방법으로 자신의 영업을 위하여 무단으로 사용함
으로써 타인의 경제적 이익을 침해하는 행위"를 말한다.
　위 규정은 다양한 형태의 부정경쟁행위를 탄력적으로 금지하기 위한
보충적인 일반조항이다. 과거에는 부정경쟁방지법 제2조 제1항에서 정
하고 있지 않은 부정경쟁행위에 대해서는 민법상 불법행위 법리가 적용

---

54) 1986.12.31. 전부개정, 법률 제3897호.
55) 1991.12.31. 개정, 법률 제4478호.
56) Volker Emmerich, Unlauterer Wettbewerb(7. Auflage), C.H.Beck, 2004, S. 84.

될 수밖에 없었기 때문에, 일반조항이 도입되었다. 이는 법 제2조 제1항
의 다른 규정들과 달리 일반적이고 추상적으로 규정되었다.

하지만 법 제2조 제1항 파목은 지식재산권을 보호하기 위한 동법의
성격에 따라 성과모방행위에 한하여 적용되고 있다.[57] 대법원은 위 규
정은 "종전 부정경쟁방지법의 적용 범위에 포함되지 않았던 새로운 유
형의 부정경쟁행위에 관한 규정을 신설한 것"이고, "이는 새로이 등장하
는 경제적 가치를 지닌 무형의 성과를 보호하고, 입법자가 부정경쟁행위
의 모든 행위를 규정하지 못한 점을 보완하여 법원이 새로운 유형의 부
정경쟁행위를 좀 더 명확하게 판단할 수 있도록 함으로써, 변화하는 거
래관념을 적시에 반영하여 부정경쟁행위를 규율하기 위한 보충적 일반
조항"이라고 하였다.[58]

따라서 대법원은 위 규정은 "그 보호대상인 '성과 등'의 유형에 제한
을 두고 있지 않으므로 유형물뿐만 아니라 무형물도 이에 포함되고, 종
래 지식재산권법에 따라 보호받기 어려웠던 새로운 형태의 결과물도 포
함될 수 있"고, "'성과 등'을 판단할 때에는 위와 같은 결과물이 갖게 된
명성이나 경제적 가치, 결과물에 화체된 고객흡인력, 해당 사업 분야에
서 결과물이 차지하는 비중과 경쟁력 등을 종합적으로 고려해야" 하며,
"이러한 성과 등이 '상당한 투자나 노력으로 만들어진' 것인지는 권리자
가 투입한 투자나 노력의 내용과 정도를 그 성과 등이 속한 산업분야의
관행이나 실태에 비추어 구체적·개별적으로 판단하되, 성과 등을 무단
으로 사용함으로써 침해된 경제적 이익이 누구나 자유롭게 이용할 수
있는 이른바 공공영역(public domain)에 속하지 않는다고 평가할 수 있어
야 한다."고 하였다.

또한 대법원은 "'공정한 상거래 관행이나 경쟁질서에 반하는 방법으

---

57) 문선영, "부정경쟁행위 일반조항에 관한 주요 법적 쟁점 연구", 과학기술법연
구 제22권 제1호, 2016, 77, 79-80, 98, 108면; 박준석, "우리 부정경쟁방지법의 법
적 성격-공정거래법과의 관계를 중심으로-", 산업재산권 제69호, 2021, 45면.
58) 대법원 2020.7.9. 선고 2017다217847 판결.

로 자신의 영업을 위하여 무단으로 사용'한 경우에 해당하기 위해서는
권리자와 침해자가 경쟁 관계에 있거나 가까운 장래에 경쟁관계에 놓일
가능성이 있는지, 권리자가 주장하는 성과 등이 포함된 산업분야의 상거
래 관행이나 경쟁질서의 내용과 그 내용이 공정한지, 위와 같은 성과 등
이 침해자의 상품이나 서비스에 의해 시장에서 대체될 수 있는지, 수요
자나 거래자들에게 성과 등이 어느 정도 알려졌는지, 수요자나 거래자들
의 혼동가능성이 있는지 등을 종합적으로 고려해야 한다."고 하였다.

제3절 독일법상 불공정성과 불공정 행위의 의미

I. 불공정성의 의미

1. 질서자유주의 학파의 논의

가. 계약자유의 보호와 그 근거

1930년대 독일 '프라이부르크'(Freibrug) 학파를 중심으로 형성된 질서
자유주의(Ordoliberalism) 학파는 나치즘과 중앙관리체제에 반대하면서 개
인의 자유와 자생적 경제질서의 형성을 요구하는 신자유주의(Neo-liberalism)
철학을 전개하였다.[59] 이 학파에는 발터 오이켄(Walter Eucken)과 프란츠 뵘
(Franz Böhm), 알프레드 뮐러-아르막(Alfred Müller-Armack), 레온하르트 미키
쉬(Leonhard Miksch), 알렉산더 뤼스토브(Alexander Rüstow), 베른하르트 뫼쉘
(Wernhard Möschel) 등이 있다.[60]

---

[59] Alan Peacock·Hans Willgerodt, German Neo-liberals and the social market economy,
Trade Policy Research Centre, 1989, pp. 154-155. 이들은 막스주의(Maxist)나 사회
주의적 계획경제, 완전고용정책을 주장한 케인즈(John Maynard Keynes) 학파,
국가의 개입을 부정하고 자생적 시장경제를 주장한 프리드리히 하이에크
(Friedrich von Hayek)와 같은 오스트리아 학파의 주장을 비판하였다.

[60] 이봉의, 앞의 책(2016), 24-28, 31-32면: 질서자유주의적 정신은 GWB 제정에 큰
영향을 미쳤다. 루트비히 에르하르트(Ludwig Erhard)는 1948년 독일 경제부장관
에 취임하여 GWB 제정을 위한 '능률경쟁의 보호를 위한 법률'이라는 요스텐
초안(Josten-Entwurf)을 만들었다. 뵘(Böhm)은 국회의원이자 요스텐 초안을 제
출한 전문위원회(Ausschuß)의 위원이었다. 이 초안을 기초로 하였던 1952년
GWB 제정을 위한 정부초안(Regierungsentwurf) 역시 질서자유주의 학파의 영향
을 받아 완전경쟁시장을 모델로 삼고 있었다. 1957년 제정된 GWB도 그 영향
을 받았다. 뮐러-아르막(Müller-Armack)은 연방경제성에서 일하면서 GWB 초안
을 마련하였다.

이들은 국가가 법을 통해 개인의 경제적 자유(economic freedom)를 보장해야 한다고 보았다. 국가의 공권력이나 민간의 경제력에 의해 자유로운 권리의 행사가 왜곡되지 않도록, 법을 통해 국가나 민간의 힘을 통제해야 한다고 보았다. 경쟁법은 한 사업자가 다른 사업자의 경제적 자유를 불공정한 방법을 사용하여 제한하는 것을 금지해야 한다고 보았다.[61]

이와 같은 주장의 근거를 살펴보면, 첫째로, 이들은 법철학적으로 '의무론 철학'(deontological philosophy)에 근거를 두었다. 이들은 자본주의 체제에서 자유민주주의(liberal democracy)가 이루어지기 위해서는 '과정 또는 제도로서의 경쟁'이 법의 목적이자 '의무규범'[62]이 되어야 한다고 보았다. 이를 위하여 국가는 법을 통하여 모든 사업자들이 경쟁할 자유를 갖도록 하고, 시장의 과정에서 스스로의 힘만으로는 경쟁할 힘이 부족한 경제주체를 보호해야 한다고 하였다.[63]

또한 이들은 개인의 '권리'는 계량적으로 이해할 수 없고, 윤리의 측면에서 보호되어야 한다고 하였다. 경제주체들은 칸트(Kant) 식의 윤리관에 기초하여 윤리적, 도덕적인 전제조건으로서, 자기보다 사회적 약자 그리고 모든 상업상 거래에 있어서 도덕성에 대하여 분명하게 관심을 가져야 하기 때문이라고 하였다. 이를 통해 ① 정치경제의 공정한 질서를 유지하고, ② 기독교적 가르침에서 나온 사회적 의무를 다하며, ③ 개인의 자유와 자율성을 보존하는 3가지 광범위한 목적을 달성할 수 있다고 하였다.[64]

둘째로, 위 학파는 오스트리아 학파인 프리드리히 하이에크(Friedrich von Hayek)가 제안한, 자생적인 '발견절차'(Such-und Entdeckungsverfahren)

---

61) Pinar Akman, Ibid, pp. 56, 151-152; Alan Peacock·Hans Willgerodt, Ibid, pp. 151-152.
62) 오세혁, "켈젠의 법이론에 있어서 규범과 가치", 법철학연구, 2015, 105-106면.
63) Alan Peacock·Hans Willgerodt, Ibid, pp. 3-6; Oles Andriychuk, "Thinking inside the box: why competition as a process is a sui generis right-a methodological observation", The goals of Competition law, Edward Elgar, 2012, pp. 110-113.
64) Alan Peacock·Hans Willgerodt, Ibid, p. 105.

이자 동태적 과정으로서의 경쟁 개념을 받아들였다. 하지만 오스트리아 학파가 국가가 특정한 목적을 달성하기 위한 규제와 개입을 하는 것을 부정적으로 본 것과 달리, 질서자유주의 학파는 국가가 강력한 규제와 법의 집행을 통해 개인의 경제적 자유를 침해하는 행위를 금지하여 경쟁을 보호해야 한다고 보았다.[65] 뤼스토브(Rütow)는 국가가 경제의 규제자로서 강력한 역할을 행사해야 한다고 하였다.[66] 오이켄(Eucken)은 규모가 크지 않지만 '강력한 국가'(starken Staates)이자 '법국가'(Rechtsstaat)가 필요하다고 하였다.

셋째로, 이들은 국가가 개인의 경제적 자유를 보호하기 위한 근거를 헌법에서 찾았다. 국가는 경쟁법을 통하여 모든 시민에게 헌법에서 보장된 경쟁의 자유와 경제적 자유를 제공함으로써 시장에서 '제도 또는 과정으로서의 경쟁'이라는 법질서원칙(rechtliches Ordnungsprinzip)을 세우고, 제한되지 않은 사적인 경제적 힘의 남용과 정부의 임의적 개입을 막거나 분해해야 한다고 하였다.[67] 뵘(Böhm)은 경제헌법(Economic constitution)에 명시된 원칙에 따라 경쟁법이 집행되어야 정당하다고 하였다.[68] 헌법에 따라 국가는 강력한 역할을 해야 하고, 이는 재량의 결정이 아닌 법의 지배에 의한 것이어야 한다고 하였다.[69]

---

65) Ingo Schmidt, Wettbewerbspolitk und Kartellrecht, Oldenbourg Wissenschaftsverlag, 2012, S. 18-21; Oles Andriychuk, Ibid(2012), pp. 110-113.
66) Fritz Rittner, "Der „Leistungswettbewerb" als wirtschaftspolitisches Programm", ZWeR 2/2004, S. 306.
67) Heike Schweitzer, "Efficiency, political freedom and the freedom to compete - comment on Maier-Rigaud", The goals of Competition law, Edward Elgar, 2012, pp. 177-180.
68) Alan Peacock·Hans Willgerodt, Ibid, pp. 135-137. 뵘과 칼 슈미트(Carl Schmitt)는 경제와 국가의 정책에 관한 헌법논쟁을 벌였는데, 슈미트는 국가와 정부가 특정한 시장경제질서를 형성하는데 자유롭다고 하였다.
69) Alan Peacock·Hans Willgerodt, Ibid, p. 142.

나. 계약자유의 보호의 효과

질서자유주의 학파는 계약의 자유를 보호할 때 긍정적인 효과를 얻게 될 것이라고 믿었다. 첫째로, 공정한 시장경제질서 안에서 개인들은 정치의 영역에서의 선거권을 갖는 것처럼, 경제활동으로서 선택이라는 방식을 통하여 시장을 통치하는 '소비자주권'을 갖는다고 하였다.

둘째로, 계약의 자유가 보장되는 '사회적 시장경제'(social market economy)에서는 인간적인 가치(humanitarian values)와 사회정의(social justice), 경제적인 자유가 보장된다고 보았다.[70] 뵘(Böhm)과 뫼쉘(Möschel), 에른스트 메스메커(Ernst Mestmäcker)는 경제주체의 힘이 커질수록 자기의 목적을 위하여 정치적 힘을 발휘할 수 있다는 점을 지적하면서, 경쟁정책을 통하여 경제주체에게 제한을 가하게 되면 정치적으로 민주적이고 자유로운 사회를 보장할 수 있다고 하였다. 오이켄(Eucken)은 특정 집단의 사람에게 이익이나 특권을 부여하여 시장의 기능을 방해하지 않는, 공정하고 예외 없는 경제질서라는 공익이 보호되어야 한다고 하였다. 뤼스토브(Rüstow)는 사인의 탐욕스러운 사익추구와 계급 간 갈등을 막고 자유로운 가치를 지키기 위하여 시장에서의 윤리적 틀이 마련되어 있다고 하였다. 밀러-아르막(Müller-Armack)은 제도로서 경쟁시스템이 작동하는 사회를 궁극적으로 '좋은 사회'라고 하였다.

다. 성과경쟁의 보호

1930년 한스 칼 니퍼다이(Hans Carl Nipperdey) 교수는 '성과경쟁'(Leistung swettbewerb)과 비-성과경쟁인 방해행위를 구분하였다.[71] 성과경쟁이란

---

70) Meinrad Dreher, "The formation and development of EU competition law", 경쟁법의 국제기준과 국내기준(제2차 국제학술대회), 서울대학교 경쟁법센터·한국경쟁법학회, 2015, 79-85면.

71) David J. Gerber, "Constitutionalizing the Economy: German Neoliberalism, Competition

사업자들이 상품이나 서비스의 가격과 품질에 있어서 장점을 통하여 경쟁하는 것이다.

질서자유주의 학파인 뵘(Böhm)과 오이켄(Eucken), 뢰프케(Röpke)는 성과경쟁이 이루어지는 질서원리를 바람직한 시장경제 체제라면서, 국가가 완전경쟁이라는 이상적 모델을 지향해야 한다고 하였다.[72] 하지만 완전경쟁은 실현가능하지 않다는 점에서 비판을 받았고,[73] 독일의 경쟁정책은 성과경쟁질서를 실행할 사회적 시장경제체제를 목표로 하면서도, 특정한 경쟁모델을 상정하지는 않았다.[74] 대신 GWB와 UWG상 금지행위의 위법성을 판단할 때에는 '성과경쟁'에 반하지가 고려되었다.

2. 목적-수단 논쟁에서의 논의

가. 호프만의 경쟁의 자유

1960년대 독일에서 경쟁의 목적 대 수단에 관한 '호프만-칸첸바흐 논쟁'(Hoppmann-Kanzenbach kontroverse)은 경쟁을 보호하는 것이 경쟁법의 목적인가 아니면 다른 목적을 달성하기 위한 수단인가에 관한 것이었다. 에어리히 호프만(Erich Hoppmann)은 경쟁을 경쟁의 자유를 보호하는 것으로 이해하고, 이를 경쟁법의 목적으로서 보호해야 한다고 보았다. 에어하트 칸첸바흐(Erhard Kanzenbach)는 특정한 목적들을 달성하기 위한 수단으로서 유효경쟁을 보호해야 한다고 보았다.[75]

Law and the 'New' Europe", 42 The American journal of Comparative law 25, 1994, p. 53.
72) Fritz Rittner, a.a.O.(2004), S. 305-310.
73) 차성민 역, Fritz Rittner 저, "경쟁의 세 가지 기본문제", 서울대학교 경쟁법센터, 공정거래법의 쟁점과 과제, 법문사, 2010, 265면.
74) Fritz Rittner, a.a.O.(2004), S. 315-317.
75) 이봉의, 앞의 책(2016), 12면: Kantzenbach, Die Funktionsfähigkeit des Wettbewerbs(2. Aufl.), 1967; Ingo Schmidt, a.a.O., S. 14-16. 칸첸바흐(Kanzenbach)는 경쟁에 대한 정의를 내리지 않으면서도, 국가가 시장의 구조적인 측면에서 개입함으로써

호프만(Hoppmann)은 프라이부르크(Freibrug) 대학에서 오스트리아 학파인 프리드리히 하이에크(Friedrich von Hayek)의 뒤를 이어 교수직을 맡았다. 호프만(Hoppmann)은 하이에크(Hayek)처럼 경쟁의 자유를 경쟁법의 상위의 목적으로 보았다. 경쟁은 개인적 자유를 보호하는 과정에서 이루어지는 발견절차이기 때문에, 시장참여자들 간에 경쟁의 자유를 보장하게 되면 제도(Institution)로서의 경쟁질서가 보호된다는 것이었다.[76] 그는 개인적 자유를 보호하는 것과 제도로서 경쟁을 보호하는 목표 간의 충돌은 발생하지 않는다고 보았다.

그는 경쟁의 자유란 개인의 경제적 자유로서 '결정의 자유'(Entscheidungsfreiheit)와 '행위의 자유'를 의미한다고 하였다. 결정의 자유는 제3자에 대한 강제가 부재한 경우를 말하고, 행위의 자유는 시장참여자들이 시장에서 거래행위에 대한 제한이 부재한 경우를 말한다고 하였다.

이러한 경쟁의 자유를 보장하기 위하여 법은 시장에서 경쟁자들의 진입과 모방이 자유로운 '평행과정'(parallel prozess)과 참여자들의 거래상대방에 대한 선택이 자유로운 '교환과정'(Austausch prozess)을 보호해야 한다고 하였다.

나. 잉고 슈미트의 경쟁의 자유

잉고 슈미트(Ingo Schmitt)는 '경쟁의 목적 대 수단 논쟁' 중 어느 견해

최적의 경쟁상태, 즉 경쟁의 기능이 최적으로 달성될 수 있는 상태를 보호해야 한다고 보았다. 그는 이상적인 넓은 과점시장에서 최적의 '경쟁강도'(Wettbewerbsintensität) 또는 유효경쟁을 달성할 수 있다고 보았다. 이러한 경쟁은 5가지 경제적인 목적 즉, 정태적인 목적으로서 ① 성과에 적합한 소득분배와 ② 소비자주권의 행사를 통한 소득분배와 소비자 만족의 최대화, ③ 생산 자원의 최적의 배치, 동태적인 목적으로서 ④ 생산과 수요의 최적의 조절, ⑤ 생산혁신과 과정혁신을 통한 기술적 연구를 달성하기 위한 수단이라고 하였다.

76) Adrian Küzler, Effizienz oder Wettbewerbsfreiheit?, Walter Euken Institut Untersuchung zur Ordnungstheorie und Ordnungspolitik 56, Mohr Siebeck, 2009, S. 297 ff.

에 동의하던지 간에, 경쟁이라는 가치를 보호하게 되면 경쟁이라는 목적과 경쟁이라는 수단을 통해 달성할 목적을 어느 정도의 수준에서 모두 달성할 수 있다고 보았다. 그는 경쟁이라는 가치를 보호함으로써 경쟁의 자유라는 목적을 보호할 수 있을 뿐만 아니라, '소비자후생'이나 효율성 등 다른 목적들도 달성할 수 있다고 하였다. 그는 "경쟁이야말로 역사의 가장 커다란 방식이자 가장 천재적인 탈권력적(Entmachtungs) 도구다."라고 한 뵘(Böhm)의 말을 인용하면서, 유효경쟁이야 말로 그 자체로 목적이면서 동시에 다른 가치들을 달성할 유용한 도구라고 평가하였다.

그러면서 슈미트(Schmitt)는 경쟁의 기능 가운데 경제적 자유의 보호를 강조하였다.[77] 그는 경제주체인 사업자와 소비자 간의 거래의 자유를 실질적으로 보호해야 한다고 하였다. 경쟁법은 힘을 가진 자뿐만 아니라 누구나 계약에 있어서 결정의 자유 또는 행위의 자유를 누릴 수 있도록 보장해야 한다는 것이었다.

그는 이를 통해 경제적 힘을 상대적으로 폭넓게 분산시킴('탈-집중화')으로써 정치경제적 민주주의를 달성할 수 있다고 하였다. 이는 거대한 경제적 힘을 가진 이익집단이나 협회가 정부나 의회의 경쟁정책에 강력한 영향력을 행사하는 것을 막고 노동조합, 농민연합과 같은 경제적 약자들의 집단이나 피해자집단이 출현하여 다원적 민주주의를 이루어갈 수 있도록 하는 것이라고 하였다.

다만, 그는 경쟁정책을 추진함에 있어서 경쟁의 자유와 개인적 이익이 충돌하거나, 경제적 자유의 보호와 경제적 힘의 분산기능이 모순되거나, 후생정책적 필요들과 사회정책적 필요들이 충돌하는 경우, 유효경쟁의 보호와 다른 사회적 가치가 충돌하는 등의 '딜레마 상황들'이 발생할 수 있다고 지적하였다. 이 중 어떠한 가치를 우선으로 할 것인가는 의사결정자의 재량에 달려있기 때문에, 이는 판례의 발전에 맡겨야 한다고 하였다.

---

77) Ingo Schmidt, a.a.O., S. 35-43.

II. UWG상 불공정한 행위의 의미

1. 1909년 법 개정 이후 양속 위반행위

가. 경쟁자의 이익 침해

UWG는 1984년의 상표법을 개정하여 1896년에 제정되었다. 제정법은 금지행위에 관한 일반조항이 없어서, 사건을 개별적으로 해결할 수밖에 없었다.[78] 이러한 흠결을 1900년 제정된 독일 민법도 해소하지 못하였다. 법원은 부정경쟁행위에 대하여 민법상 불법행위와 공서양속 위반을 인정하는데 소극적이었기 때문이다.[79]

1909년 2차 개정된 UWG는 제1조에서 일반조항을 도입하여, "영업거래에 있어서 행위자의 경쟁의 목적을 위한 행위가 '선량한 풍속' 또는 양속(die gutten Sitten)을 위반하는 경우에 금지되고 손해배상 청구의 대상이 될 수 있다."고 하였다.[80]

양속 위반이란 불법행위로부터 현재 또는 잠재적 경쟁사업자의 '경쟁할 자유'로서 경제적 이익(재산권)이나 인격권(Persönlichkeit)을 침해당하는 것을 의미하였다. 경쟁자의 자유란 시장에서 모든 경쟁 행위들 즉 공급, 연구와 개발, 구매, 제조, 인사, 자금조달, 광고 등을 방해받지 않고 할 수 있는 자유를 의미하였다.

---

78) Gerhard Schricker, "Hundert Jahre Gesetz gegen den unlauteren Wettbewerb -Licht und Schatten", GRUR, 1996, S. 473.
79) 박윤석·안효질, "독일 부정경쟁방지법 최근 개정 동향", 저스티스 통권 제157호, 2016, 254면.
80) 권오승 역, 리트너 저, 독일경쟁법, 법문사, 1997, 38-44면; 법 제1조의 원문은 "Wer im geschäftlichen Verkehre zu Zwecken des Wettbewerbes Handlungen vornimmt, die gegen die guten Sitten verstoβen, kann auf Unterlassung und Schadensersatz in Anspruch genommen werden."

나. 소비자와 시장참여자, 일반이익의 이익 침해

법원은 UWG상 양속위반행위로부터 보호받는 대상을 점차 확대하였
다.[81] 1930년대 이후 독일의 지배적인 견해는 동법이 경쟁자뿐만 아니라
소비자와 시장참여자, 일반이익의 침해를 금지하는 포괄적이고 공익적
인 목적을 가진 법이라고 보았다. 또한 이러한 목적들은 서로 연관되어
있다고 보았다.[82]

첫 번째로 법원은 소비자의 이익침해행위를 양속위반으로 보았다.
이는 간접적으로 왜곡되지 않은 경쟁을 보호한다고 평가되었다. 경쟁의
자유란 경쟁자들의 경쟁할 자유뿐만 아니라 소비자가 소비자주권을 행
사하여 선택의 자유를 누리는 것을 포함하기 때문이었다.[83]

소비자의 이익을 침해하는 경우란 법원은 '평균적 영업자의 도의관
념'에서 벗어난 경우로 보았다. 소비자의 이익이란 현재 또는 잠재적으
로 수직적 관계에 있는 거래상대방의 정보를 제공받을 권리와 합리적으
로 결정할 자유를 의미하였다. 또한 소비자의 감정적인 부분으로서 신뢰
(trust)나 두려움(fear)에 영향을 주는 경우도 포함하였다.[84]

두 번째로 법원은 시장참여자의 이익을 침해하는 경우도 양속위반으
로 보았다. 1987년 개정법은 소비자와 중소기업과 같은 시장참여자를 경
쟁질서 내에서 특별히 보호하고자 하였다. 법 개정의 두 가지 목적은 소

---

81) Alfons Kraft, "Gemeinschaftsschädliche Wirtschaftsstörungen als unlauterer Wettbewerb?",
   GRUR, 1980, S. 966; Frauke Henning-Bodewig, "Der Schutzzweck des UWG und die
   Richtlinie über unlautere Geschäftspraktiken", GRUR, 2013, S. 238; Gerhard Schricker,
   a.a.O., S. 476; Peter Ulmer, "Der Begriff 'Leistungswettbewerb' und seine Bedeutung für
   die Anwendung von GWB und UWG-Tatbeständen", GRUR, 1977, S. 578.
82) 권오승 역, 리트너 저, 앞의 책, 25-26면; Rolf Sack, "Sittenwidrigkeit, Sozialwidrigkeit
   und Interessenabwägung", GRUR, 1970, S. 493; Volker Emmerich, a.a.O., S. 26-28.
83) Köhler·Bornkamm, UWG(35. Auflage), C.H.Beck, 2017, UWG Kapital 1. § 1 Rn. 17.
84) Sonya Margaret Willimsky, "Aspects of unfair competition law in Germany", European
   Competition Law Review, 1996, p. 315.

비자운동이 강화됨에 따라 소비자의 보호를 강화하고 중소기업의 보호를 강화하기 위한 것이었다.

세 번째로 법원은 GWB와 같이 경쟁정책적 고려 하에서, 왜곡되지 않은 경쟁으로부터의 일반이익(Interesse der Allgemeinheit)의 침해도 양속위반으로 보았다.[85] 법원은 UWG상의 양속이란 민법에서와 같이 '사실상 통용되고 지배적인 윤리, 관행, 습속'이 아니라 사업자의 '경쟁활동의 법적 윤리'를 의미한다고 보았다. 법원은 규범적으로 경쟁윤리를 보호하여[86] 사회법적으로 공정한 경쟁질서의 확보라는 공익을 보호하고자 하였다.

일반이익이 침해되어 양속위반에 해당되는지를 판단하기 위해서는 관련 참여자들의 이익형량을 필요로 하였는데, 법원은 이익의 단순한 형량을 넘어서, 특정한 경쟁행위로 인하여 경쟁이 제한되거나 경제질서의 조종수단(Steuerungsmittel)인 경쟁상태가 위협을 받는지를 고려하였다. 1939년 제국법원은 불공정한 광고에 대하여 다른 사업자의 경제적 이익을 침해할 뿐만 아니라, 국민경제의 일반이익을 저해할 수 있다는 점에서 양속 위반을 인정하였다.[87]

그러므로 양속위반은 궁극적으로 제도로서의 경쟁을 보호하기 위한 측면에서 인정되었기 때문에,[88] GWB상 가치와 UWG상 보호 가치가 중복되게 되었다.[89] 사법(私法)인 UWG가 개인의 이익을 넘어서 사회적 이익을 보호하게 된 것은 20세기의 위대한 성과 중 하나로 평가되었다.[90]

85) Rolf Sack, a.a.O.(1970), S. 494.
86) 권오승 역, 리트너 저, 앞의 책, 41-42면.
87) 권오승 역, 리트너 저, 앞의 책, 36면: RGZ 160, 385, 388 "Lockenwickler".
88) Gerhard Schricker, a.a.O., S. 478.
89) Alfons Kraft, a.a.O., 1980, S. 966.
90) Gerhard Schricker, a.a.O., S. 476.

2. 2004년 법 개정 이후 불공정경쟁행위

2004년 개정된 UWG[91]는 제1조의 목적조항에서 위의 3가지 이익들을 보호한다고 하였다.[92] 동조는 "불공정한 경쟁행위로부터 경쟁자와 소비자 및 그 밖의 시장참여자를 보호함과 동시에 왜곡되지 않은 경쟁으로부터의 일반이익을 보호한다."고 하였다.[93]

동조는 동법이 개별 경쟁자의 '주관적인 권리'(subjektiven Rechte)나 인격권을 보호하는 것을 넘어, 여러 단체들에게도 소송 청구권을 부여하여 객관적 행동규범(objektive Verhaltensnormen)으로 기능한다는 것을 명시한 것이었다. 동법은 경쟁질서의 원활한 기능을 담보하는 제도(Institutionen)를 보호하고자 하였다.[94]

동법 제2조는 경쟁자란 "상품이나 서비스를 공급하거나 구매하는 하나 이상의 사업자(자연인 또는 법인)로서 구체적인 경쟁관계에 있는 자"라고 하였다. 소비자는 민법 제13조의 규정을 준용한다고 하였는데, 민법은 "자연인으로서 법적인 거래를 목적으로 하는데 주로 상업적으로나 독립적인 직업활동에 귀속될 수 있지 않는 자"라고 하였다. 시장참여자는 "상품이나 서비스를 공급하거나 구매하는 활동을 하는, 경쟁자와 소비자를 제외한, 모든 자연인"이라고 하였다.

---

91) 2004년 이후 UWG의 입법연혁과 구체적인 규정에 대한 자세한 소개는 박윤석·안효질, 앞의 글, 또는 심재한, "독일의 개정 부정경쟁방지법 고찰", 경영법률 제16권 제1호, 2005 또는 유주선, 앞의 글 등 참조.

92) 유주선, 앞의 글, 143면; Harte-Bavendamm·Henning-Bodewig, UWG(4. Auflage), C.H.Beck, 2016, Kapital 1. § 1 Rn. 10-11.

93) "Dieses Gesetz dient dem Schutz der Mitbewerber, der Verbraucherinnen und der Verbraucher sowie der sonstigen Marktteilnehmer vor unlauterem Wettbewerb. Es schützt zugleich das Interesse der Allgemeinheit an einem unverfälschten Wettbewerb."

94) 하헌주, "독일 경쟁법(Wettbewerbsrecht)의 위상과 체계", 비교법학 제16권, 2005, 6-7면; Harte-Bavendamm·Henning-Bodewig, a.a.O., Kapital 1. § 1 Rn. 13; Frauke Henning-Bodewig, "Das neue Gesetz gegen den unlauteren Wettbewerb", GRUR, 2004, S. 715; Volker Emmerich, a.a.O., S. 28-30.

동법 제1조의 '왜곡되지 않은 경쟁으로부터의 일반이익'이라는 문언
은 종래 판례에서 말하는 일반이익의 개념이 불명확하였다는 점을 고려
하여, 입법자가 경쟁과의 관련성을 고려하도록 범위를 한정한 것이었다.
따라서 이러한 이익이란 불공정한 경쟁행위로 인하여 침해되지 않고 자
유롭게 행해질 수 있는 공정하고 자유로운 경쟁과정 그리고 가격과 품
질에 기초한 성과경쟁으로부터의 일반이익을 의미하였다.

3. 2008년 법 개정 이후 불공정거래행위

2005년 유럽연합은 '불공정상행위 지침'[95]을 제정하였다. 지침은 역내
시장에서 사업자와 소비자 간의 거래에서 소비자의 경제적 이익을 해치
는 사업자의 불공정거래행위로부터 소비자를 보호하고자 하였다. 지침
은 유럽연합 역내시장의 사업자에게 직접 효력을 미치지 못하였다. 지침
제19조는 2007.6.12.까지 회원국이 지침의 내용을 수용하여 입법을 하고
이를 12.12.까지 시행하도록 하였다.

지침의 제정 과정에서 지침이 유럽연합 차원에서 사업자 간의 공정
경쟁법을 통합하기 위한 가교 역할을 해줄 것이라는 기대도 있었다. 하
지만, 회원국 간의 정치적 합의가 이루어지지 못하여 지침은 소비자법에
국한되었다.[96] 지침 제3조 제5항에서는 2013.6.12.까지 소비자 보호를 위
해 필요하고 적합하다면 회원국의 입법자는 지침보다 더 강하게 소비자
를 보호할 수 있도록 허용하였다. 각 회원국의 법체계와 불공정에 대한
이해가 달랐기 때문에, 회원국마다 다른 입법이 이루어졌다.[97]

---

95) Umsetzung der Richtlinie 2005/29/EG über unlautere Geschäfts praktiken (Directive
   2005/29/EC of the European Parliament and of the Council concerning Unfair
   Business-to-Consumer Commercial Practices in the Internal Market; The Unfair practices
   Directive).
96) 홍대식, "유럽연합(EU)의 불공정한 상관행 지침", 서울대학교 경쟁법센터 편,
   공정거래법의 쟁점과 과제, 법문사, 2010-b, 295면.
97) 홍대식, 위의 글(2010-b), 295, 307-308면.

2008년 개정된 UWG는 2004년 개정법 제3조[98])의 불공정경쟁행위 (Unlautere Wettbewerbshandlungen) 대신, 제3조 제1항[99])에서 불공정거래 행위(Unlautere geschäftliche Handlungen)를 금지하는 한편, 소비자 보호를 강화하였다. 다만, 동법은 경제학의 영향에 따라 '현대화'(modernized) 되 었다는 유럽연합의 기준에 따라서 보호대상인 소비자의 기준을 '합리적 인 평균소비자'로 상향하였다.[100])

하지만 독일의 입법자는 2004년 개정된 UWG 제1조의 목적을 2008년 개정법에도 그대로 유지하였다.[101]) 입법자는 소비자뿐만 아니라 경쟁자 를 보호할 수 있는 재량이 있었기 때문이다.[102]) 입법자는 동법이 소비자 보호에 국한될 것이 아니라 '불공정경쟁과의 전투'(Bekämpfung unlauteren Wettbewerbs)를 목적으로 한다고 하였다.[103])

2015년 개정된 UWG는 유럽연합 집행위원회가 구법이 위 지침과의 더욱 조화와 일치를 이룰 필요가 있다고 비판함에 따라, 보다 많은 부분 에서 지침을 수용하였다.[104]) 그럼에도 동법은 구법 제1조의 목적조항을 그대로 유지하였다.[105])

---

98) "Unlautere Wettbewerbshandlungen, die geeignet sind, den Wettbewerb zum Nachteil der Mitbewerber, der Verbraucher oder der sonstigen Marktteilnehmer nicht nur unerheblich zu beeinträchtigen, sind unzulässig."

99) "Unlautere geschäftliche Handlungen sind unzulässig, wenn sie geeignet sind, die Interessen von Mitbewerbern, Verbrauchern oder sonstigen Marktteilnehmern spürbar zu beeinträchtigen."

100) Ansgar Ohly, "Das neue UWG im Überblick", GRUR, 2016, S. 4.

101) Harte-Bavendamm·Henning-Bodewig, Einleitung A, Rn. 17: Gesetzesbegründung UWG-Novelle 2015, BT-Drucks. 18/6571, S. 1.

102) Frauke Henning-Bodewig, a.a.O.(2013), S. 238.

103) Frauke Henning-Bodewig, a.a.O.(2013), S. 238-239, 243-244.

104) Nikolai Klute, "Die aktuellen Entwicklungen im Lauterkeitsrecht", NJW, 2016, S. 3344.

105) Harte-Bavendamm·Henning-Bodewig, a.a.O., Einleitung A, Rn. 32.

제4절 미국법상 불공정성과 불공정 행위의 의미

I. 불공정성의 의미

1. 성과경쟁과 사회·정치적 가치를 보호하려는 견해

미국에서 경쟁법은 성과경쟁 또는 비경제적인 가치로서 사회·정치적
인 가치들도 보호해야 한다는 견해들이 있다. 이러한 주장을 하는 이들
은 정당하지 않은 경제적 힘으로부터 사회적이고 정치적인 과정을 보호
하기 위해, 경쟁법은 경제적 힘을 분산해야 한다고 한다. 또한 사업자들
이 '장점에 의한 경쟁'(competition on the merits) 또는 성과경쟁을 할 자유
와 기회를 촉진하고, 소비자들의 재산과 계약에 대한 권리를 보호하며,
시장에서 경쟁과정을 보호해야 한다고 한다.[106)]

해리 겔라(Harry S. Gerla) 교수[107)]는 경쟁법이 성과경쟁을 보호해야
한다고 주장하였다. 그는 경쟁법은 성과에 의한 경쟁을 할 유인을 만들
어야 하는 원칙이 있고, 성과에 반하는 행위에 대하여 당연위법을 적용
해야 한다고 하였다. 성과경쟁이란 사업자들이 끼워팔기나 배타적 거래
와 같은 조건을 거는 것이 아니라, 상품의 본질적인 품질을 통한 경쟁을
하거나 상품의 품질을 개선하거나 혁신하는 것을 의미한다고 하였다. 그
는 과거 연방대법원이 성과경쟁이 아닌 불공정한 방법을 통한 행위에
대하여 당연위법을 적용하였는데, 예를 들어 'Jefferson Parish' 판결[108)]에

---

106) Darren Bush, "Too BIG to bail: The role of Antitrust in distressed industries",
    Symposium: The Effect of Economic Crises on Antitrust Policy, 77 Antitrust law
    journal 277, 2010, pp. 5-6.
107) Harry S. Gerla, "Competition on the merits-A sound industrial policy for Antitrust
    law", 36 Florida law review 553, 1984, pp. 558-590.
108) Hyde v. Jefferson Parish Hops. Dist. No. 2, 513 F. Supp. 532 (E.D. La. 1981).

서 연방대법원은 끼워팔기행위에 대하여 성과경쟁에 반한다는 점에서 당연위법을 적용하였던 것은 타당하다고 하였다.

겔라(Gerla)는 성과경쟁을 보호하는 것은 개인 사업자들과 미국 경제 전체에 걸쳐 부정적인 영향을 미칠 것을 방지하기 위한 것이라고 하였다. 그러면서 경쟁법의 목적이 경제적인 배분적 효율성에 있다는 주장은 경제이론적인 주장이고 실증적인 현실과 정확히 맞지 않은 한계가 있다고 지적하였다. 이러한 점에서 그는 배분적 효율성뿐만 아니라 성과경쟁 역시 경쟁법의 목적으로 중요하게 고려되어야 한다고 하였다.

모리스 스터키(Maurice E. Stucke) 교수[109]는 경쟁법의 목적으로 경제적인 측면에서 소비자후생(consumer welfare)의 최대화뿐만 아니라 비경제적인 측면에서 정치적이거나 사회적, 도덕적인 요소들을 고려해야 한다고 주장하였다. 그는 입법자들이 경쟁법의 목적에 공정경쟁과 경제적 힘의 분산, 경제적 기회와 개인의 자율성(autonomy)의 증대가 포함된다고 보았다고 하였다. 특히 의회는 지속적으로 민주주의와 정치제도가 순조롭게 기능하기 위해서는 경제적 힘의 분산이 중요하다고 해왔다고 하였다.

그 근거로 스터키(Stucke)는 여러 학자들의 견해를 인용하였다. 첫째로, 고대 그리스 철학자인 아리스토텔레스는 '공정론'에서 어느 사회 계층이 지배적이지 않도록 해야 한다고 하였던 것을 들었다. 둘째로, 질서자유주의자인 뵘(Böhm)도 경쟁이야말로 경제적 힘을 탈집중화하도록 하는 도구라고 주장하였던 것을 들었다. 셋째로, 하버드(Harvard) 학파인 알프레드 칸(Alfred Kahn)[110]은 자유로운 경제체제를 위해서는 자유로운 시장이 전제되어야 한다고 하면서, 경쟁이 항상 후생을 증대하는 것은 아니지만, 경쟁적인 시장구조가 경제적인 기회와 개인의 자율성을 보장하기 때문에, 이는 웰빙(well-being)의 핵심적인 요소라고 하였다고 하였다.

---

109) Maurice E. Stucke, "Should Competition Policy Promote Happiness?", 81 Fordham law review, 2013, pp. 2637-2642.

110) Alfred E. Kahn, "Standards for Antitrust Policy", 67 Harvard law review 28, 39, 1953.

2. 반론

가. 소비자후생 증대를 추구하려는 견해

1980년대 이후 미국 경쟁법의 목적은 사회·정치적인 가치가 아니라, 소비자후생(consumer welfare)이나 경제적 효율성(economic efficiency)과 같은 경제적 가치에 있다는 견해가 주류가 되었고, 법집행에도 영향을 미쳤다.[111] 이러한 경제적 접근방법론은 선험적인 공리주의(utilitarianism) 철학에 기반을 두었는데, 이는 경쟁 원리는 경제적 목적을 위한 수단으로서 하위단계에 있다고 본다.[112]

반독점법의 목적이 소비자후생에 있다고 보는 견해로는 로버트 보크(Robert Bork)와 리차드 포즈너(Richard Posner), 조지 스티글러(George Stigler) 등 시카고 학파(Chicago school)가 있다. 이들은 후생경제학적 관점에서 생산적 효율성과 배분적 효율성이 증대되는지를 기준으로 시장을 분석하고, 시장은 기본적으로 기업의 이익을 최대화하는 방향으로 작동할 수 있다고 믿었다. 따라서 경쟁법은 시장에 대한 개입을 최소화하여, 소비자후생을 저해하는 행위만을 금지해야 한다고 보았다.[113]

보크(Bork) 판사는 경쟁과 소비자후생, ‘배분적 효율성’(allocative efficiency)을 동의어로 사용하면서 소비자후생을 셔먼법의 목적이라고 하였다.[114] 그는 의회가 셔먼법을 경제적 효율성을 높이기 위하여 제정한

111) Oles Andriychuk, Ibid(2012), pp. 107-109.
112) 조혜신, "경쟁법의 목적으로서의 '효율성'(Efficiency)에 대한 법철학적 검토", 가천법학 제7권 제3호, 2014, 90면.
113) Herbert Hovenkamp, "Antitrust Policy After Chicago", 84 Michigan law review, 1985, 213, pp. 226-229.
114) Barak Orbach, "Was the Crisis in Antitrust a Troian horse?", 79 Antitrust law journal 881, 2014; Gregory J. Werden, "Antitrust's rule of reason: only competition matters", 79 Antitrust law journal 713, 2014, pp. 4-6; George L. Priest, "Bork's strategy and the influence of the Chicago school on modern antitrust law", 57 The journal of

것이라고 주장하였다.[115] 1979년 연방대법원 판결[116]을 계기로, 경쟁법의 목적은 소비자후생의 증진에 있다는 것이 지배적인 견해가 된다.

보크(Bork)의 견해는 후대 경제학자들의 많은 비판을 받았다. 그들은 경쟁법을 제정함에 있어서 의회가 셔먼법의 목적을 소비자후생이라고 보았다는 것은 오해였다고 지적하였다. 셔먼법은 셔먼(Sherman) 상원의원의 안이 아닌, 조지 에드먼스(George Edmunds)와 조지 호어(George Hoar) 상원의원의 안으로 최종 통과되었기 때문이었다.[117]

로버트 랜디(Robert H. Lande) 교수는 보크(Bork)가 소비자후생과 배분적 효율성 또는 총후생을 동일시한 것을 비판하였다.[118] 의회가 입법 당시 고려한 경쟁법의 주요한 목적은 사업자가 시장의 지배력을 불공정하게 사용하여 소비자가 더 많은 비용을 지불하게 하고, 소비자들로부터 부(wealth)를 가져가는 것을 막는 것이었다고 하였다. 따라서 그는 소비자후생을 의미하는 소비자잉여(consumer surplus)가 경쟁법의 목적이고, 경제적 효율성은 부차적인 목적에 불과하다고 하였다.

또한 그는 의회가 시장에서 '큰 기업은 나쁘고 작은 기업은 좋다.'는 점에서 중소기업을 보호하고, 사회적이고 정치적인 요소들을 경쟁법의 목적으로 삼은 것은 아니었다고 하였다. 대신 의회는 소비자들에게 피해를 끼치지 않는 범위 내에서 작은 기업을 보호하고자 한 것이었다고 하였다.[119]

---

law and economics S1, 2014, p. 5; Oles Andriychuk, Ibid(2012), pp. 107-109.

115) Robert H. Bork, "Legislative Intent and the Policy of the Sherman Act", 9 The journal of law and economics 7, 26, 1966; Robert H. Bork, The Antitrust Paradox, Free Press, 1978.

116) Reiter v. Sonotone Corp., 442 U.S. 330 (1979).

117) 셔먼법 제정 과정에 대한 자세한 설명은 Barak Orbach, "How Antitrust lost its goal", Fordham law review, 2013-b, pp. 2258-2261.

118) Gregory J. Werden, Ibid(2014), p. 5; Robert H. Lande, "A traditional and textualist analysis of the goals of Antitrust: Efficiency, preventing theft from consumers, and consumer choice", Fordham law review, 2013, p. 2354.

119) Robert H. Lande, "Chicago's false foundation: Wealth transfers(not just efficiency) should

나. 사회 총후생 증대를 추구하려는 견해

현대 후생경제학자들은 경쟁법의 목적은 소비자잉여를 가리키는 소비자후생보다는 소비자와 생산자잉여를 합한 총잉여를 기준으로 한 '사회 총후생'으로 보아야 한다고 하였다. 이들은 총후생 증대효과를 소비자후생 증대효과보다 파레토(pareto) 최적의 균형상태를 가리킨다고 여겼다.

시장의 '거래'라는 교환과정을 통하여 거래당사자들은 금전적 이익을 얻게 되는데, 사회 총후생이 증대되는 경우란 거래 구매자의 몫(소비자잉여)과 생산자의 몫(생산자 잉여)의 총량이 증대되는지를 계산하는 것이다. 예를 들어, 기업결합으로 가격인상효과가 나타나 소비자후생이 저해되더라도, 기업결합으로 인한 비용절감효과와 효율성 증대효과로 총후생이 증대된다면 기업결합을 규제하지 않는 방식이다.[120]

또한 후생경제학자들은 자유로운 경쟁과 경제적 효율성은 긍정적인 상관관계를 갖는다고 평가하였다. 시장은 완전경쟁적일 수 없고, 정태적인 비효율성이 항상 존재하는데, 어느 정도의 독점이나 시장지배력이 존재하는 경쟁상태는 규모의 이익을 통하여 생산적 효율성과 연구개발활동을 통한 동태적 효율성의 최적화를 가져온다는 것이었다. 이들은 시장에서 독점이윤이 발생하면 새로운 시장진입자가 등장하게 되기에, 장기적 관점에서 시장은 자생적으로 파레토 최적의 상태를 달성할 수 있고, 경쟁법의 인위적이고 과도한 개입이 그에 오히려 부정적인 영향을 미칠 수 있다고 보았다.[121]

guide Antitrust", 58 Antitrust law journal 631, 1989, pp. 1-3.
120) Thomas Paul, Behinderungsmissbrauch nach Art.82 EG und der 'more economic approach', FIW-Schriftenreihe, Carl Heymanns Verlag, 2009, S. 46-48, 50-53.
121) Thomas Paul, a.a.O., S. 45-46.

3. 독점자의 권리를 공정하게 보호하려는 견해

가. 권리에 대한 공정한 형량의 필요성

이스라엘의 법경제학자 아디 아얄(Adi Ayal) 교수는 미국 경쟁법의 목적은 경쟁과 효율성, 공정성이라고 하면서, '공정성'이란 경쟁을 평가함에 있어서 권리들을 공정하게 형량하는 절차적 측면을 의미한다고 하였다.

그는 경쟁법상 개인의 '권리'란 헌법이 보장하는 재산권과 계약의 자유를 의미하고, 이는 시장에서 혁신을 해내고 자신을 표출할 수 있는 자유와 재화의 교환을 통해 이윤을 얻을 수 있는 권리나 자율성이라고 하였다.

그는 권리는 '이익'과 비교함으로써 파악할 수 있는데, 이익은 개인의 노력을 통해 얻을 수 있는 것으로서 정당화되지만, 권리는 단순한 이익을 넘어서 타인이 특정한 행동을 하도록 하는 것 또는 외부의 개입으로부터의 보호받는 것을 의미한다고 하였다.[122]

그러면서 그는 권리는 비교형량의 대상이 될 수 있다고 하면서, 헌법적인 차원에서 정치적이고 사회적인 질서에서 충돌하는 각자의 권리의 성격과 범위를 정확하게 정의하고, 그 권리들이 갖는 재산권적인 성격은 비교가 가능하다고 하였다. 따라서 사회가 큰 비용을 감수하더라도 시장에서 개인의 권리를 보호해주는 것이 중요하다고 하면서, 이를 위하여 시장 참여자들의 권리를 '공정'한 관점에서 객관적으로 비교형량해야 한다고 하였다.[123]

---

122) Adi Ayal, Fairness in Antitrust-Protecting the Strong from the Weak, Hart Publishing, 2014, pp. 129-134.
123) Adi Ayal, Ibid, p. 154.

나. 피해자들의 권리의 의미

아얄(Ayal)은 반독점행위의 피해자들인 소비자와 경쟁자, 노동자 및 지역사회의 권리의 의미를 검토하였다. 첫째로, 그는 소비자의 권리의 의미를 재산권과 계약의 권리라는 2가지 측면에서 살펴보았다.

재산권 측면에서 보면, 그는 소비자란 최종소비자뿐만 아니라 모든 구매자를 의미하고, 소비자의 재산권이란 한계비용수준에서 살 수 있는 권리를 토대로 경쟁가격에서라면 발생하였을 소비자잉여를 의미한다고 하였다. 이는 가정적인 것이고 제한적인 상황에서만 발생할 수 있는 이론적인 것이기에 권리로서 인정할 수는 없다고 하였다.

계약의 권리 측면에서 보면, 거래는 자유의지의 결과이기에, 다른 대안이 없는 계약적 강제가 있었던 경우에 권리의 침해가 있다고 볼 수 있지만, 가격탄력성을 고려할 때 소비자와 재화의 유형에 따라서 강제의 여부가 달라질 수도 있다고 하였다. 또한 상품의 다양성과 혁신의 강화가 반드시 소비자에게 배분적 차원에서 이익이 되는지 명백하지 않고, 그에 관하여 충분한 선택가능성에 관한 소비자의 재산권이 있는지는 실질적으로 새로운 선택을 할 수 있는 일부 소비자들에게 국한된 것이라고 하였다. 이러한 점에서 소비자가 경쟁의 과정을 보호해달라고 주장할 권리는 분명하지 않다고 하였다.[124]

둘째로, 아얄(Ayal)은 경쟁자들의 권리의 의미에 대해서도 살펴보았다. 그는 경쟁법은 경쟁자가 아니라 경쟁을 보호하고 소비자후생 증대를 위한 법으로 이해되어 왔지만, 권리의 측면에서 경쟁자는 독자적인 권리주체로 인식될 수 있다고 하였다.

그는 경쟁자는 자율시장에서 비효율성으로 인하여 퇴출된 희생자가 아니라, 누구나 자유시장에서 참여할 수 있는 공간에서 자유로운 거래를 하고 참여할 권리를 가진다고 하였다. 또한 자신의 재산을 자유롭게 처

---

124) Adi Ayal, Ibid, pp. 81-116.

분할 수 있는 권리로부터 경쟁시장에서 이익을 얻을 수 있고, 시장에서 거래를 통하여 독창적인 창의력을 발휘하고 물질적인 차원을 넘어서 삶과 노동에 관련된 자기 표현을 할 수 있다고 하였다. 따라서 경쟁자는 반독점행위로부터 직접적이고 구체적인 피해가 발생할 때 보호받을 권리와 재산권을 갖는다고 하였다.

그러면서 그는 정부가 경쟁자의 권리를 공정성의 원칙에 따라서 보호해주어야 한다고 하였다. 그 이유는 한편으로 시장은 누구의 소유도 아니며, 사업자는 자유로운 시장으로부터 이익을 얻을 수 있는 권리가 있기에, 정부는 독점사업자가 경쟁사업자를 퇴출시키거나 진입을 방해하는 경우 개입할 수 있기 때문이라고 하였다.[125]

다른 한편으로 경쟁은 누구에게는 기회와 이익을 제공하지만 다른 누구에게는 반대의 효과를 낳는다는 점에서, 경쟁법상 경쟁만을 보호하고 경쟁자를 보호하지 않는다면, 기존의 경쟁자들이 모두 파산하고 결국 하나의 독점사업자만 시장에 남게 되어 경쟁이 저해되기 때문이라고 하였다. 이러한 점에서 그는 미국 경쟁법도 입법 당시 보호할 가치가 있는 소규모 기업들에 초점을 두고 제정되었다고 지적하였다.[126]

셋째로, 그는 노동자 및 지역사회도 권리를 갖는다고 하였다. 그런데 이들은 독점기업으로부터 피해를 볼 수도 있지만 이익을 볼 수도 있다는 점에서, 경쟁법의 직접적인 보호의 대상이 아니라고 하였다.

다. 독점자의 권리 보호의 필요성

아얄(Ayal)은 독점기업들(monopolists)의 권리의 의미에 대해서도 검토하였다. 그는 독점기업은 시장지배력을 가진 자와 시장지배력을 얻기 위해 경쟁하는 자, 시장진출을 위한 합병을 하는 자 등을 포함다고 보았다.

---

125) Adi Ayal, Ibid, pp. 116-119.
126) Adi Ayal, Ibid, pp. 65-66.

그러면서 독점기업들은 단순히 소비자에게 착취적인 생산자이자 비효율
적인 집단으로 치부될 것이 아니라, 기본권으로서 그들이 운영하는 사업
을 소유하고 그로 인해 발생하는 이익을 갖는 재산권을 갖고, 그들이 원
하는 대로 그들의 물건을 팔고 처분할 수 있는 계약의 자유를 갖는 경제
적 권리의 주체라고 하였다. 뿐만 아니라, 그들은 다양한 개인의 권리를
대리하기도 하는데, 주주의 이익, 고용된 노동자들의 이익, 채권자들의
이익, 나아가 지역사회의 이익까지 대리하고 있다고 하였다.[127]

또한 그는 롤즈(Rawls)의 절차적 정의를 강조한 '무지의 베일'에 관한
논의를 인용하면서, 경쟁법 역시 무지의 상태에서 모든 사람의 입장을
고려하여 그들에게 나타난 이득과 피해를 형량해야 한다고 하였다. 그런
데 역사적으로 볼 때 경쟁법은 시장실패를 해결하고자 하였고, 경제적
영향을 갖는 자들이 정치적 영향력을 갖고 민주주의를 위협하는 것을
우려하여, 국가가 개인의 권리를 제한하는 것을 용인하였는데, 그 결과
정부실패의 문제를 야기하였다고 비판하였다.[128] 또한 국가 권력은 경
쟁법의 집행에 있어서 소비자나 경쟁자와 같은 경쟁의 피해자의 권리를
중요하게 고려하면서, 독점자의 권리를 상당히 침해하고 그의 권리를 공
정하게 보호해주지 않았다고 비판하였다.

따라서 그는 반독점행위로부터의 피해자들과 행위를 한 독점기업의
권리를 '공정하게' 형량해야 한다고 주장하였다. 그러면서 계량경제학적
으로 객관적인 비용과 편익을 분석하는 '공정성 분석'(fairness analysis)이
라는 균형테스트를 통하여 형량할 수 있다고 제안하였다. 그렇다면 독점
행위는 '명백하고 현존한 위험'(clear and present danger)이 존재하는 경우
에만 금지되어야 하고, 독점기업이 권리의 주체로서 시장에서 자유롭게
활동할 수 있도록 가능한 한 허용하여야 공정한 것이라고 주장하였다.[129]

하지만 헌법이 보장하는 권리들을 계량하여 단순하게 비교분석할 수

127) Adi Ayal, Ibid, pp. 122-143.
128) Adi Ayal, Ibid, pp. 100-101.
129) Adi Ayal, Ibid, pp. 191-192.

있는 것인지 의문이 든다. 또한 시카고학파식의 믿음에 따라, 시장에 대한 개입은 최소화하고 독점행위는 예외적으로 금지해야 한다는 것인데 경쟁자의 권리를 실질적으로 보호할 수 있는지 의문이다.

II. FTC법 제5조상 불공정한 행위의 의미

1. 1914년 법 제정 이후 불공정한 경쟁방법

1914년 미국 연방의회는 FTC법을 제정하고, 제5조 (a) (1)에서 '불공정한 경쟁방법'(unfair methods of competition)을 금지하였다. 입법의 첫 번째 배경은 연방대법원의 판결로 셔먼법의 적용범위가 축소된 것에 있었다. 연방대법원은 'Standard Oil' 판결130)과 'American Tobacco' 판결131)에서 화이트(White) 대법원장이 제시한 바대로, 셔먼법 제1조의 거래제한 행위에 대하여 당연위법 대신 '합리의 원칙'(rule of reason)을 도입하여, 비합리적인 거래제한만을 위법한 것으로 보겠다고 하였다. '합리의 원칙'이란 거래제한행위의 목적이나 의도, 당해 사업분야의 특수성이나 제반사정, 그의 실제적 및 잠재적 효과 등을 종합적으로 고려하여 위법성을 판단하는 것을 의미하였다.132)

그러자 의회는 셔먼법의 적용 범위가 축소될 것을 우려하여 FTC법을 제정하였다. 사법부가 위법성 판단에 지나친 재량을 갖게 될 것이라는 초당파적인 우려를 있었기 때문이었다. FTC법에 따라 셔먼법 위반이 아닌 '불공정한 경쟁방법'에 대해서 연방거래위원회는 시정명령을 내릴 수

---

130) Standard Oil Co. of New Jersey v. United States (1911).
131) United States v. American Tobacco Co., 221 U.S. 106 (1911).
132) 조성국, "미국 카르텔 규제법리의 발전과 우리나라에 주는 시사점", 중앙법학 제9집 제1호, 2007, 349-361면; 오승한, "독점규제법상 공동행위에 대한 위법성 판단 방법의 문제", 경쟁법연구 제20권, 2009, 188-189면.

있었다.[133] 연방거래위원회는 미국에서 주간통상위원회(ICC)에 이어 두 번째로 설립된 독립행정청이자 독립규제위원회였다.[134]

FTC법 입법의 두 번째 배경은 당시 미국의 정치, 경제, 사회적 배경에 따른 것이었다. 1913년부터 우드로 윌슨(Woodrow Wilson) 대통령이 새로운 입법패키지들의 제정을 추진하는 과정에서 FTC법도 제정되었다. 이러한 입법의 취지는 절대적인 경제적 자유주의를 극복하고, '새로운 자유주의'(New freedom)라는 사회적이고 경제·정치적 목적을 달성하기 위한 것이었다. 따라서 FTC법은 대기업의 불공정하거나 배타적인 행위로부터 중소기업을 보호하는 목적도 갖는 것으로 이해되었다.[135]

FTC법 제5조는 '불공정한 경쟁방법'을 금지하는 일반조항을 도입함으로써, 다양한 형태의 사업관행을 금지할 수 있도록 하였다.[136] 연방거래위원회는 전통적으로 반독점법 위반이 될 맹아단계에 있는 불공정한 경쟁방법뿐만 아니라, 강제행위, 기만행위, 공모행위 등 다양한 불공정하거나 기만적인 행위를 금지하였다. 연방대법원 역시 다수의 판결에서 반독점법이 적용되지 않는 경우에도 FTC법 제5조가 적용가능하다고 하였다.[137]

2. 1938년 법 개정 이후 불공정하거나 기만적인 행위

1938년에는 FTC법 제5조의 개정이 이루어졌다. 연방대법원은 'Raladam'

---

133) 김성훈, "미국 연방거래위원회법 제5조의 해석 동향", 공정거래법의 쟁점과 과제, 서울대학교 경쟁법센터, 2010-a, 314-315면; William E. Kovacic·Marc Winerman, "Competition policy and the application of Section 5 of the Federal trade commission act", 76 Antitrust law journal 929, 2010, pp. 930-931.
134) 정하명, "미국법에서의 공법과 사법의 구별", 공법연구 제37집 제3호, 2009, 65면; 안경환, "미국헌법의 구도", 서울대학교 법학 제31권 제1호, 1990, 123-126면; Oliver Lepsius, Verwaltungsrecht Unter Dem Common Law: Amerikanische Entwicklungen Bis Zum New Deal(German Edition), Mohr Siebeck, 1997, S. 116-119.
135) Herbert Hovenkamp, Federal Antitrust Policy, WEST, 2011, p. 59.
136) 김성훈, 앞의 글(2010-a), 316면.
137) 김치걸, "미국 FTC법 제5조와 서면법 제2조간의 관계", 경쟁저널 제157호, 2011, 54면

판결138)에서 소비자의 이익을 침해하는 행위가 '불공정한 경쟁방법'에 해당하기 위해서는 경쟁에 대한 부정적 영향이 있는지를 입증해야 한다고 하였다. 이에 반발한 의회는 1938년 '휠러-리 수정법안'(Wheeler-Lea Amendments)에 의하여 FTC법 제5조 (a) (1) 후단에 '불공정하거나 기만적인 행위나 관행'(unfair and deceptive acts or practices)을 금지하는 규정을 추가하였다. 그에 따라서 경쟁제한성 여부와 무관한, 기만이나 사기, 오인 야기 등 광범위한 범위의 불공정거래행위도 금지할 수 있게 되었다.

그러다가 1980년 연방거래위원회는 FTC법 제5조 (a) (1) 후단의 불공정성에 관한 성명서139)에서 불공정성의 의미를 소비자 피해를 기준으로 한정하였다. 따라서 위 규정은 연방상표법(Federal Trade Markt Act)인 랜햄법(Lanham Act)과 함께 연방차원에서 소비자보호를 위한 핵심규정으로 평가되었다.140)

1994년 빌 클린턴(Bill Clinton) 정부 시절, 입법자는 FTC법 제5조 (n)을 신설하였다. 위 규정은 입증 기준(Standard of proof)으로서 '공공정책적 고려사항들'(public policy considerations)이라는 제목이 붙어 있고, FTC법 제5조의 불공정한 행위에 대하여 적용된다. 동조는 위 성명서가 불공정성의 기준으로 소비자 피해 기준을 제한하였던 것을 법문화한 것이었다. 동조 (n)은 "소비자에게 '상당한 피해'(substantial injury)를 야기하거나 그럴 가능성이 있는데, 이를 소비자 스스로 합리적으로 회피할 수 없고, 소비자나 경쟁에 대한 이익을 상쇄하지도 않는 경우가 아닌 한" 연방거래위원회는 이를 불공정하다고 하지 않는다고 한다.

---

138) FTC v. Raladam Co., 283 U.S. 643, 545-49 (1931).
139) Commission Statement of Policy on the Scope of the Consumer Unfairness Jurisdiction.
140) 이기종, "기만적 표시·광고의 규제", 경제법연구 제10권 제2호, 2011, 160-161면.

제3장
불공정거래행위의 부당성 판단기준

제1절 공정거래법상 기준

Ⅰ. 학설과 문리적 해석론

1. 학설

가. 다원설

불공정거래행위의 부당성 판단기준에 관한 학설은 크게 ① 경쟁제한성 일원주의와 ② 경쟁제한성과 불공정성 등 다원주의, ③ 불공정성 일원주의로 나눌 수 있다.

다수설은 다원주의를 취하는데, 그에 관한 구체적인 이해는 다양하다. 첫 번째 견해[1]는 공정한 거래(fair trade)가 공정경쟁(fair competition)보다 넓은 개념이고, 경쟁의 수단이나 방법의 공정성, 경쟁의 자유를 제한하는 경쟁제한성, 거래조건의 공정성을 포괄하는 개념이라 본다.

두 번째 견해[2]는 공정거래저해성은 경쟁저해성뿐만 아니라 경쟁수단의 불공정성 및 거래관계의 불공정성을 망라하는 개념이라고 한다. 공정거래저해성은 시장구조를 악화시키는 경쟁제한적 영업행태, 우월한 지위를 이용한 거래 내용이나 조건의 불공정성, 소비자를 표적으로 하는 남용적 영업행태를 의미한다고 한다. 이는 UWG와 같이 경쟁자에 대한 이익 침해와 소비자의 의사결정의 자유 침해, 공공이익에 대한 침해 등 불공정경쟁과 불공정거래의 전반을 포괄한다고 한다.

세 번째 견해[3]는 공정거래저해성이 경쟁제한성과 불공정성을 포함하

---

1) 권오승·홍명수(제14판), 314면.
2) 정호열(제7판), 390-392면.
3) 홍명수, "불공정거래행위의 유형에 따른 위법성 판단", 경희법학 제50권 제3호, 2015, 45면.

는 개념인데, 경쟁제한성이란 시장지배적 지위에 있지 않은 사업자가 야기하는 경쟁제한의 문제를 의미하고, 불공정성은 경쟁제한효과와 무관하게, 거래상의 불이익이나 계약자유의 침해를 의미한다고 본다. 경쟁제한성을 금지하는 것은 시장지배적 지위 남용행위의 금지만으로 충분하지 않은 영역도 금지하기 위함이라고 하고, 불공정성을 금지하는 것은 불공정성이 경쟁을 보호하는 것과 무관하지 않기 때문이라고 한다.

네 번째 견해4)는 공정거래저해성은 공정경쟁보다 넓은 개념이라는 통설에 동의하면서, 이는 경쟁 수단이나 방법이 불공정한 경우뿐만 아니라 거래의 내용이나 조건이 불공정하여 상대방의 결정의 자유를 침해하는 경우를 포함한다고 한다.

다섯 번째 견해5)는 공정거래저해성이란 자유경쟁성, 경쟁수단의 공정성, 거래결정의 자주성, 거래내용의 공평성을 제한하는 것으로 본다. 공정거래저해성을 공정경쟁보다 넓은 개념으로 보는 이유는 민사법적 구제가 제대로 마련되어 있지 못한 현실을 감안하여 공법적인 개입이 필요하기 때문이라고 한다. 공정거래법 본래의 규제영역은 경쟁질서의 유지에 국한되는 것이 바람직하고, 궁극적으로 불공정거래에 대한 피해구제는 사적 집행으로 이루어지는 것이 적절하다고 한다.

여섯 번째 견해6)는 경쟁을 제한하는 행위를 금지하는 법제와 불공정경쟁을 금지하는 법제는 경쟁을 보호하기 위한 것이고, 일본법의 영향으로 공정거래법은 공법적인 규제를 통해 불공정거래를 금지하고 있다고 본다. 하지만 불공정거래 규제는 경쟁당국의 역량에 한계가 있기 때문에, 궁극적으로 당사자의 사법상 권리구제를 통하여 해결하도록 하고, 경쟁당국은 본연의 임무인 경쟁제한성의 문제에 집중하는 것이 필요하다고 한다.

일곱 번째 견해7)는 경쟁제한성이 인정되는지의 여부가 불확실한 계

---

4) 황태희, 앞의 글(2010), 285-287면.
5) 신현윤, 경제법(제8판), 법문사, 2020, 277면.
6) 이호영, 앞의 글(2016), 368-370면.

약자유의 침해의 문제는 당사자 간의 이해관계의 문제를 조정하는 민사법의 문제와 사실상 다르지 않지만, 우리나라의 경제상황이나 문제 해결 방식을 고려하여 공정거래법을 통해 해결할 수도 있다고 본다. 그러면서 불공정거래행위에 대한 현실상 피해구제가 적절하지 못한 상황을 감안할 때 공법적 개입이 필요하고, 불공정성을 야기하는 문제가 반복되어 시장 전체적 차원에서 시정할 공익적인 이유가 있는 경우 공법적으로 개입하는 것이 타당하다고 한다.

여덟 번째 견해[8]는 공정거래법상 불공정거래행위 유형 중 거래상 지위 남용행위의 경우에는 공법적 관점에서 '거래질서 관련성'이 필요하다고 본다. 거래상 지위 남용행위에 대한 민사법적인 해결이 충분하지 않기에, 공정위는 거래질서를 저해하는 행위에 개입하고, 거래질서와의 관련성이 없는 경우에는 개입하지 않음으로써 과도하게 공법적인 규제를 가하지 않도록 해야 한다는 것이다. 대법원은 '금보개발' 판결[9]에서 최종소비자들에 대한 거래상 지위 남용행위의 경우에는 다수의 소비자에게 피해가 우려되거나 유사한 행위가 반복될 우려가 있는 등 거래질서와의 관련성을 고려해야 한다고 하였다.

나. 경쟁제한성 일원설

불공정거래행위의 부당성 판단기준을 경쟁제한성으로 보는 견해들도 있다. 첫째로, 공정거래저해성을 경쟁의 촉진이라는 법의 목적에 비추어 경쟁제한성 또는 경쟁질서의 침해라는 좁은 의미에서 해석해야 한다는 견해들이 있다.[10] 사법질서의 원리인 사적 자치의 원칙을 최대한 존중

---

7) 이황, "불공정거래행위 중 끼워팔기에 관한 소고-대법원 2006.5.24. 선고 2004두3014 판결을 대상으로-", 경쟁법연구 제14권, 2006, 280-281면.
8) 이민호, 앞의 글(2016), 252-253면.
9) 대법원 2015.9.10. 선고 2012두18325 판결.
10) 변동열, "거래상 지위의 남용행위와 경쟁-대법원 2000.6.9. 선고 97누19427 판결-",

해야 하기 때문에, 공정거래법은 경쟁 즉 자유경쟁과 공정경쟁에 관한 공익적 가치만을 보호해야 한다고 한다.

또한 경쟁질서의 침해와 무관한, 계약의 공정성의 문제는 거래상대방 간의 개별적인 사적 분쟁에 해당하기에 금지하는 것이 적절하지 않다고 한다. 자유경쟁의 기반을 보호한다는 명목으로, 경제적 약자라는 이유로 그의 자유를 보장하는 것은 사적 자치에 대한 과도한 개입으로서 강자의 자유를 제한하는 것에 불과하고, 경쟁과 무관한 개별거래의 과정에 과도한 국가개입이 이루어져 경쟁의 기반을 오히려 약화시킬 우려가 있다고 한다.

둘째로, 불공정거래를 민법상 '공서양속'(公序良俗)과 비교해보았을 때, 이는 '공서' 즉 사회질서 위반과 같은 의미에서 이해하는 것이 적절하고, 공정거래법상 공서 위반으로서 불공정거래행위에 해당하는 경우란 동법의 목적인 경쟁 질서와 관련성이 있는 경우로서 '경쟁질서저해성'이 있는 경우로 보아야 한다는 견해가 있다.[11] 판례에서 불공정거래행위의 부당성 판단기준을 경쟁제한성과 불공정성으로 확립한 상황에서, 두 기준의 공통적인 기반을 설정할 필요성이 있다고 하면서, 불공정성 기준도 시장에서 경쟁에 부정적인 영향을 미쳤는가라는 경쟁관련성을 고려하는 것이 적절하다고 한다.[12]

다. 불공정성 일원설

불공정거래행위의 부당성 판단기준을 불공정성으로 일원화해야 한다는 견해도 있다.[13] 공정거래저해성이란 계약자유의 침해나 계약자유의

저스티스 제34권 제4호, 2001; 서정, 앞의 글(2009), 173-174면.
11) 홍대식, 앞의 글(2007), 129면.
12) 홍대식, 앞의 글(2009), 136면.
13) 이봉의, "불공정거래행위의 위법성-계약질서의 관점에서", 권오승 편, 공정거래 와 법치, 법문사, 2004-d, 661, 668면.

남용에 따른 건전한 거래질서의 저해를 의미하는 '계약자유침해' 또는 '거래침해'로 보아야 한다고 한다.

그 이유는 시장에서 공정하고 자유로운 경쟁이 이루어지기 위해서는 그 전제조건으로서 계약의 자유가 실질적으로 보장되어야 하기 때문이라고 한다. 공정거래법은 계약의 자유나 상대방선택의 자유를 침해하는 경우를 금지함으로써, 경제적 힘 또는 경제력의 행사에 일정한 한계를 설정하여, 공정하고 자유로운 경쟁 과정이 이루어지도록 해야 한다는 것이다.[14]

2. 문리적 해석론

공정거래법 제45조 제1항의 문언[15]은 공정한 거래를 저해할 우려가 있는 행위를 불공정거래행위로서 금지한다고 한다. 여기서 '공정'과 '거래'의 의미는 무엇인가?

첫째로, '공정'에 관한 문언의 의미는 법 제1조를 참고할 수 있다. 동조는 동법이 사업자의 시장지배적 지위의 남용과 과도한 경제력의 집중을 방지하고, 부당한 공동행위 및 불공정거래행위를 규제하여 공정하고 자유로운 경쟁을 촉진함으로써 창의적인 기업활동을 조장하고 소비자를 보호함과 아울러 국민경제의 균형있는 발전을 도모함을 목적으로 한다고 한다. 동조는 '수단'으로서 특정한 행위를 규제함으로써, '직접적인 목적'인 공정하고 자유로운 경쟁을 촉진하여 '궁극적인 목적'들을 도모한

---

14) 이봉의, 위의 글(2004-d), 661면.

15) 권순희, "전통적 법해석방법과 법률해석의 한계", 법학연구 제4권 제1호, 2009, 137-156면. Franz Bydlinski, Grundzüge der juristischen Methodenlehre: Bearbeitet von Peter Bydlinski(2. Auflage), UTB GmbH, 2012, S. 26-60. 사비니(Savigny)의 전통적 법해석방법론에는 문리적 해석(die grammatische Auslegung)과 체계적·논리적 해석(die systematisch-logische Auslegung), 역사적·주관적 해석(die historische-subjektive Auslegung), 객관적·목적론적 해석(die objektiv-teleologische Auslegung)이 있다.

다는 구조를 취하고 있다.16) 이는 공정하고 자유로운 경쟁을 촉진하기 위한 '수단'의 하나로서, 불공정거래행위를 규제하도록 하고 있다는 점에서, 공정거래저해성이 경쟁제한성을 의미한다고 할 이유는 없다.

또한 법 제1조에서 '수단'의 유형으로 규정하고 있는 법 제40조 제1항의 부당한 공동행위나 제9조의 기업결합 제한규정은 경쟁제한성을 요건으로 두고 있다. 그와 달리, 불공정거래행위는 공정거래저해성을 요건으로 두고 있다는 점에서 차이가 있다.

둘째로 '거래'에 관한 문언에 관하여, 대법원은 "불공정거래행위에 관한 법률상의 관련 규정과 입법 취지 등에 의하면 불공정거래행위에서의 '거래'란 통상의 매매와 같은 개별적인 계약 자체를 가리키는 것이 아니라 그보다 넓은 의미로서 사업활동을 위한 수단 일반 또는 거래질서를 뜻하는 것으로 보아야 한다."고 하였다.17) 그렇다면, 문언상으로 공정거래저해성이란 사업활동이나 거래질서에서의 공정성을 저해하는 문제와 관련이 있다고 할 수 있다.

II. 실무상 불공정성 기준

1. 공정위의 불공정성 개념의 이원화

공정위는 2005년 불공정거래행위 심사지침을 제정하면서 불공정거래행위의 부당성 판단기준을 경쟁제한성과 불공정성으로 이원화하고, 불공정성도 '경쟁수단의 불공정성'과 '거래내용의 불공정성'으로 이원화하였다.

심사지침은 경쟁수단의 불공정성은 "상품 또는 용역의 가격과 질 이

---

16) 신영수, 앞의 글(2011), 371면.
17) 대법원 2010.1.14. 선고 2008두14739 판결('삼성화재해상보험' 판결).

외에 바람직하지 않은 경쟁수단을 사용함으로써 정당한 경쟁을 저해하
거나 저해할 우려가 있음"을 의미한다고 한다. 또한 거래내용의 불공정
성은 "거래상대방의 자유로운 의사결정을 저해하거나 불이익을 강요함
으로써 공정거래의 기반이 침해되거나 침해될 우려가 있음"을 의미한다
고 한다. 심사지침은 경쟁수단의 불공정성을 고려해야 하는 행위유형에
는 부당한 고객유인이나 거래강제, 사업활동 방해가 있고, 거래내용의
불공정성을 고려해야 하는 유형에는 거래상 지위 남용이 있다고 한다.

불공정성을 이원화하는 것은 적절하지 않다는 비판이 제기된다.[18]
첫째로, 불공정거래행위의 부당성의 본질은 문제가 된 행위로서 시장참
여자들이 갖게 되는 불이익의 구체적인 내용을 파악하는 것이기 때문이
라는 것이다. 둘째로, 불공정성을 수단과 내용으로 구분하는 것이 유의
미하지 않고, 특정한 행위유형이 전적으로 특정 기준에 해당한다고 보기
도 어렵기 때문이라는 것이다.

공정위의 실무를 보면, 실질적으로는 불공정거래행위가 거래결정의
자유를 얼마나 침해하는지의 여부를 고려할 뿐, 경쟁수단이나 거래내용
의 불공정성에 따라 판단기준을 달리하고 있지 않다.

2. 공정위의 불공정성 범위의 축소

공정위는 2015년 심사지침을 개정하면서, 2가지 측면에서 거래상 지
위 남용행위의 범위를 축소하였다. 첫째로, 심사지침은 거래상 지위의
의미를 축소하였다. 과거 지침에서는 거래상 지위를 판단함에 있어서
'대체 거래선 확보의 용이성'을 고려하도록 하였는데, 2015년 개정된 지
침에서는 '계속적 거래'에 있는지와 '상당한 거래의존도'가 있는지를 중
심으로 판단하도록 하였다. 계약의 자유를 실질적으로 보호하기 위해서
는 거래상 대등한 지위에 있지 못한 거래당사자 간의 남용행위를 금지

---

18) 홍명수, 앞의 글(2015), 73면.

해야 하는데, 개정 지침은 거래상 지위의 존재를 입증해야 하는 기준을 상향한 것이었다.

둘째로, 개정 심사지침은 "불특정 다수의 소비자에게 피해를 입힐 우려가 있거나 유사한 위반행위 유형이 계속적·반복적으로 발생하는 등 거래질서와의 관련성이 인정되는 경우"에는 거래상 지위를 인정하지 않는다고 하면서 거래상대방의 범위를 축소하였다.

이는 '금보개발' 판결[19]에서 대법원이 판시한 것을 반영한 것이었다. 대법원은 "단순히 거래관계에서 문제 될 수 있는 행태 자체가 아니라, 널리 거래질서에 미칠 수 있는 파급효과라는 측면에서 거래상 지위를 가지는 사업자의 불이익 제공행위 등으로 불특정 다수의 소비자에게 피해를 입힐 우려가 있거나, 유사한 위반행위 유형이 계속적·반복적으로 발생할 수 있는 등 거래질서와의 관련성이 인정되는 경우에 한하여 공정한 거래를 저해할 우려가 있는 것으로 해석함이 타당하다."고 하였다.

하지만, 어느 정도까지를 불특정 다수의 소비자로 정할 수 있을지 의문이다. 소비자의 범위를 임의로 제한하지 말고 소비자가 결정의 자유를 상당히 침해당한다면, 불공정한 것으로 판단하는 것이 적절하다. 소비자가 결정의 자유를 누리도록 보장하는 것은 소비자 피해를 구제하는 차원을 넘어서, 소비자 주권이 행사되는 왜곡되지 않은 경쟁이 기능하도록 보장하기 위함이기 때문이다.[20]

3. 판례의 계약자유의 침해 기준

법원은 불공정거래행위의 부당성을 계약자유의 침해라는 불공정성을 기준으로 보고 있다. '포스코' 판결[21]에서 대법원은 "시장지배적 지위 남

---

19) 대법원 2015.9.10. 선고 2012두18325판결.
20) 황태희, "공정거래법상 거래상 지위남용행위의 법리", 선진상사법률 제81호, 2018, 79면.
21) 대법원 2007.11.22. 선고 2002두8626 전원합의체 판결.

용행위로서 거래거절행위의 '부당성'은 불공정거래행위로서의 거절행위
의 부당성과는 별도로 '독과점적 시장에서의 경쟁촉진'이라는 입법목적
에 맞추어 독자적으로 평가·해석하여야 하므로, 시장지배적 사업자가
개별 거래의 상대방인 특정 사업자에 대한 부당한 의도나 목적을 가지
고 거래거절을 한 모든 경우 또는 그 거래거절로 인하여 특정 사업자가
사업활동에 곤란을 겪게 되었다거나 곤란을 겪게 될 우려가 발생하였다
는 것과 같이 특정 사업자가 불이익을 입게 되었다는 사정만으로는 그
부당성을 인정하기에 부족"하다고 하였다. 대법원은 법의 체계를 봤을
때 두 금지행위 규정의 부당성을 구분해야 한다면서 불공정거래행위의
부당성은 "특정 사업자가 불이익을 입게 되었다는 사정", 즉 불공정성에
있다고 보았다.

불공정거래행위에 관한 다수의 판결에서도 대법원은 불공정거래행위
의 부당성을 불공정성 즉, 계약자유의 침해 양상인 강제성(coercion), 지
위남용 또는 불이익제공, 위계, 선택의 자유 침해 등으로 해석하였다.[22]
예를 들어 대법원은 "경제력에 차이가 있는 거래주체 간에도 상호 대등
한 지위에서 법이 보장하고자 하는 공정한 거래를 할 수 있게 하기 위하
여" 거래상 지위 남용행위를 금지하고 있다면서, 부당성은 "정상적인 거
래관행을 벗어난 것으로서 공정한 거래를 저해할 우려가 있는지 여부를
판단하여"야 한다고 하였다.[23] 또한 대법원은 선택의 자유를 제한함으로
써, 가격과 품질에 관한 성과경쟁을 중심으로 한 공정거래질서를 저해할
우려가 있는지 판단해야 한다고 하였다.[24]

---

22) 이봉의, 앞의 글(2004-d), 681-682면.
23) 대법원 2000.6.9. 선고 97누19427 판결('파스퇴르 유업' 판결)
24) 대법원 2001.2.9. 선고 2000두6206 판결('대우자동차' 판결); 대법원 2006.5.26. 선
    고 2004두3014 판결('한국토지공사' 판결)

4. 계약자유 침해의 양상에 따른 판례의 분석

불공정성은 계약자유 침해의 양상에 따라, ① 강제성, ② 지위 남용·불이익, ③ 위계, ④ 거래상대방 선택의 자유 침해의 경우로 나누어볼 수 있다.

거래상 우월한 지위를 이용하여 정상적인 거래관행을 벗어나 상대방의 의사에 반하여 강제를 행사한 행위라면 상대방의 계약자유를 침해할 가능성이 높고,[25] 위계행위는 사실과 현저히 다르게 하여 고객을 기만하거나 오인하게 하기 때문에 공정거래저해성을 인정하기 쉽다.

가. 강제성

1) 해당행위 유형

첫 번째 불공정성의 양상으로 '강제성'이 있다. 이러한 성격을 가진 행위로는 시행령 [별표 2]에 따라 거래강제행위(제5호)로서 끼워팔기(가목), 사원판매(나목), 그 밖의 거래강제행위(다목)가 있고, 거래상 지위 남용행위(제6호) 중 구입강제(가목), 이익제공강요(나목), 판매목표강제행위(다목)가 있다.

가) 거래강제행위

첫째로, 시행령 [별표 2]에 따르면, 끼워팔기는 '거래상대방에 대하여 자기의 상품 또는 용역을 공급하면서 정상적인 거래관행에 비추어 부당하게 다른 상품 또는 용역을 자기 또는 자기가 지정하는 사업자로부터 구입하도록 하는 행위'를 말한다. 따라서 끼워팔기는 ① 별개의 상품을 끼워팜으로써(별개상품성), ② 거래상대방에게 경제적 부담이나 불이익을 주는 거래의 강제성이 있는 행위(거래강제성)인 경우에 성립하고, ③

---

25) 황태희, 앞의 글(2010), 276면.

정상적인 거래관행에 비추어 거래상대방의 선택권을 침해하는 경우에 공정거래저해성 또는 부당성이 인정된다.

둘째로, 시행령 [별표 2]에 따르면, 사원판매행위는 '부당하게 자기 또는 계열회사의 임직원으로 하여금 자기 또는 계열회사의 상품이나 용역을 구입 또는 판매하도록 강제하는 행위'를 말한다. 회사의 소유주나 경영자가 임직원에게 위계질서를 이용해 업무의 정상적인 범위를 넘어서 그 의사에 반해 사원판매를 강제하고 그에 따르지 않으면 불이익을 주는 행위를 의미한다. 이는 건전한 직업윤리에 반하고, 회사가 경쟁사업자에 비해 부당하게 우위에 설 수 있도록 한다.[26]

셋째로, 시행령 [별표 2]에 따르면, 그 밖의 거래강제행위는 '정상적인 거래관행에 비추어 부당한 조건 등 불이익을 거래상대방에게 제시하여 자기 또는 자기가 지정하는 사업자와 거래하도록 강제하는 행위'를 말한다. 이는 종된 상품을 구매하도록 강제하는 끼워팔기와 달리, 주된 상품을 구매하도록 강제한다는 점에서 차이가 있다. 또한 거래상대방과의 거래관계가 없어도 성립할 수 있다는 점에서 '거래상 지위남용행위로서 구입강제행위'(시행령 [별표 2] 제6호 가목)와 차이가 있다.[27]

나) 거래상 지위 남용행위 중 강제행위

첫째로, 시행령 [별표 2]에 따르면, 거래상 지위 남용행위 중 구입강제행위는 '거래상대방이 구입할 의사가 없는 상품 또는 용역을 구입하도록 강제하는 행위'를 말한다. 사업자가 공급하거나 지정하는 상품이나 용역에 대해 거래상대방이 구입의사가 없는데 강제하고 이를 따르지 않은 경우 불이익을 주거나 객관적으로 그럴 수밖에 없도록 하는 경우를 의미한다.[28]

둘째로, 시행령 [별표 2]에 따르면, 거래상 지위 남용행위 중 이익제공

---

26) 이봉의, 앞의 책(2022), 895면.
27) 이봉의, 앞의 책(2022), 897면.
28) 대법원 2002.1.25. 선고 2000두9359 판결('부관훼리' 판결).

강요행위는 '거래상대방에게 자기를 위하여 금전·물품·용역 그 밖의 경제상 이익을 제공하도록 강요하는 행위'를 말한다. 이는 거래상대방에게 경제적 가치가 있는 이익을 제공하도록 강요하거나 비용을 전가하여 경제적 이익을 누리는 행위를 의미한다.

셋째로, 시행령 [별표 2]에 따르면, 거래상 지위 남용행위 중 판매목표 강제행위는 '자기가 공급하는 상품 또는 용역과 관련하여 거래상대방의 거래에 관한 목표를 제시하고 이를 달성하도록 강제하는 행위'를 말한다. 이는 "지정한 판매목표를 달성하지 못하면 불이익을 줄 것으로 위협하고 강제하는 행위나 객관적으로 상대방이 목표를 달성할 수밖에 없도록 하는 상황을 만들어내는" 것이나 합의된 계약 형식인 경우도 포함한다.[29)]

2) 끼워팔기행위의 부당성

'한국 토지공사 판결'[30)]에서 대법원은 "끼워팔기에 해당하기 위하여는 주된 상품을 공급하는 사업자가 주된 상품을 공급하는 것과 연계하여 거래상대방이 그의 의사에 (반함에도) 불구하고 종된 상품을 구입하도록 하는 상황을 만들어낼 정도의 지위를 갖는 것으로 족하고 반드시 시장지배적 사업자일 필요는 없다."고 하면서, "끼워팔기가 정상적인 거래관행에 비추어 부당한지 여부는 종된 상품을 구입하도록 한 결과가 상대방의 자유로운 선택의 자유를 제한하는 등 가격과 품질을 중심으로 한 공정한 거래질서를 저해할 우려가 있는지 여부에 따라 판단하여야 한다."고 하였다.

그러면서 대법원은 공공부문 택지개발사업의 40% 이상을 점하고 있는 한국주택공사가 '비인기토지'인 공동주택지의 매입 시 '인기토지'인 공동주택지에 대한 매입우선권을 부여함으로써, 비인기토지를 매입하지 않고서는 사실상 인기토지를 매입할 수 없게 만들어, 주택사업자들의 상

---

29) 대법원 2011.5.13. 선고 2009두24108 판결('씨제이헬로비전' 판결).
30) 대법원 2006.5.26. 선고 2004두3014 판결.

품 선택의 자유를 제한하는 등 공정한 거래질서를 침해할 우려가 있다고 보았다.

3) 사원판매행위의 부당성

'대우자동차판매' 판결[31]에서 대법원은 "회사가 그 임직원에 대하여 가지는 고용관계상의 지위를 이용하여 상품과 용역의 구입 또는 판매를 강제함으로써 공정한 거래질서를 침해하는 것을 방지하고자", "이러한 사원판매에 해당하기 위하여는 문제된 행위의 태양과 범위, 대상 상품의 특성, 행위자의 시장에서의 지위, 경쟁사의 수효와 규모 등과 같은 구체적 상황을 종합적으로 고려할 때 당해 행위가 거래상대방인 임직원의 선택의 자유를 제한함으로써 가격과 품질을 중심으로 한 공정한 거래질서를 침해할 우려가 있다고 인정되어야 하지만, 당해 행위에 의하여 구입, 판매와 같은 거래가 반드시 현실적으로 이루어져야 하거나 혹은 공정한 거래질서에 대한 침해의 우려가 구체적일 것까지 요구되는 것은 아니"라고 하였다.

그러면서 대법원은 생산 차종을 전담 판매하는 회사가 관리직 대리급 이상 임직원과 전입 직원들에게 1인당 차량 한 대를 구매하도록 조직적으로 강제하여 사원의 78.9%가 구매한 것은 임직원들의 차량 구입 및 차종에 대한 '선택의 기회를 제한'하므로, 부당하다고 보았다.

4) 구입강제행위의 부당성

'부관훼리' 판결[32]에서 대법원은 최초로 구입강제행위의 부당성을 인정하였다. 대법원은 거래상 지위 남용행위를 금지하는 취지는 "현실의 거래관계에서 경제력에 차이가 있는 거래주체 간에도 상호 대등한 지위에서 법이 보장하고자 하는 공정한 거래를 할 수 있게 하기 위하여 상대

---

31) 대법원 2001.2.9. 선고 2000두6206 판결.
32) 대법원 2002.1.25. 선고 2000두9359 판결.

적으로 우월한 지위 또는 적어도 상대방의 거래활동에 상당한 영향을
미칠 수 있는 지위에 있는 사업자에 대하여 그 지위를 남용하여 상대방
에게 거래상 불이익을 주는 행위를 금지시키고자 하는 데" 있다고 하였
다. 그러면서 "당사자가 처하고 있는 시장 및 거래의 상황, 당사자 간의
전체적 사업능력의 격차, 거래의 대상인 상품 또는 용역의 특성, 그리고
당해 행위의 의도·목적·효과·영향 및 구체적인 태양, 해당 사업자의 시
장에서의 우월한 지위의 정도 및 상대방이 받게 되는 불이익의 내용과
정도 등에 비추어 볼 때 정상적인 거래관행을 벗어난 것으로서 공정한
거래를 저해할 우려가 있는지 여부를 판단하여 결정하여야" 한다고 하
였다.

그러면서 대법원은 부관훼리가 "해상운송계약 체결에 있어서 거래상
대방인 화주들에 대하여 우월한 지위에 있다 할 것이고, 컨테이너를 이
용한 육·해상 복합운송의 경우 육상운송업체의 지정은 운송료 및 필요
한 서비스의 내용 등을 종합적으로 고려한 화주의 자유로운 의사에 따
라 이루어져야 할 것으로서 특별한 사정이 없는 한 해상운송업체가 이
를 제한할 수는 없고, 또한 해상운송업체로서는 특별한 사정이 없는 한
화주가 지정하는 육상운송업체에 대하여 컨테이너를 배정하여야 할 것
인데, 그럼에도 부관훼리가 화주들에 대하여 지정한 육상운송업체를 이
용하도록 안내문을 발송하고 일부업체에 대하여는 그 이용을 적극적으
로 권유하였을 뿐만 아니라 합리적인 이유 없이 주식회사 환광을 이용
하려는 화주들에게는 컨테이너를 배정하지 않"은 행위는 화주들에게 사
실상 거래를 강요한 것이라고 보았다.

5) 이익제공강요행위의 부당성

'남양유업' 판결33)에서 서울고등법원은 남양유업이 2009.1.부터 2013.4.

---

33) 서울고등법원 2015.1.30. 선고 2014누1910 판결; 대법원 2015.6.11. 선고 2015두
38962 판결.

까지 위탁판매를 한 대리점에게 대형유통업체에 파견하는 판촉사원의 임금의 50%를 전가한 행위는 부당하다고 하였고 대법원은 상고를 기각하였다. 원심은 "원고가 제품의 판매를 위한 판매처 개척, 판매계약 체결 등 진열판촉사원에 대한 전반적인 영업활동은 물론 파견기준, 판매교육 및 출퇴근 시간의 지정, 근무태도 점검, 인센티브 지급 등을 모두 결정한 반면, 각 대리점은 채용 관련서류를 심사하거나 근로 계약서를 작성하지 않았"고, "원고는 진열판촉사원의 투입에 관련된 위탁판매계약서 작성 과정에서 대리점에 대하여 이 부분을 설명하거나 검토할 기회를 부여하지 않은 채 이를 일방적으로 결정하였다."고 하였다. 또한 "진열판촉사원의 투입으로 인하여 매출이 증가하더라도 비교적 낮은 위탁수수료를 받는 대리점보다 원고가 직접적인 이익을 누릴 가능성이 높음에도, 대리점은 원고의 진열판촉사원 배치에 따른 비용 분담 요구를 거절할 경우 대리점 계약이 해지되는 등 불이익이 있을 수 있어 이를 거절할 수 없었던 것으로 보인다."고 하였다.

6) 판매목표 강제행위의 부당성

'씨제이헬로비전' 판결[34]에서 대법원은 판매목표 강제행위의 "의도와 목적, 효과와 영향 등과 같은 구체적 태양과 상품의 특성, 거래의 상황, 해당 사업자의 시장에서 우월적 지위의 정도 및 상대방이 받게 되는 불이익의 내용과 정도 등에 비추어 볼 때 정상적인 거래관행을 벗어난 것으로서 공정한 거래를 저해할 우려가 있는지를 판단하여 결정하여야 한다."고 하였다.

그러면서 대법원은 "복합 종합유선방송사업자인 씨제이헬로비전이 그 소속 종합유선방송사업자가 관할하는 지역 내에서 전적으로 케이블방송 등의 설치, 관리 및 유지 등의 업무를 위탁받는 중소기업인 협력업체들에 대해, 케이블방송 및 인터넷의 신규가입자 유치목표를 설정하고,

---

34) 대법원 2011.5.13. 선고 2009두24108 판결.

이를 달성하지 못할 경우 지급할 업무위탁 수수료를 감액하는 불이익을 주는 방법으로 협력업체들의 자유로운 의사결정을 저해하거나 불이익을 강요"한 것은 부당하다고 하였다.

'쌍용자동차' 판결에서는 대법원은 "판매목표가 상품 또는 용역의 특성과 거래의 상황 등을 고려하여 합리적이고 차별 없이 결정·적용되었는지 여부와 해당 행위의 의도·목적·효과·영향 등 구체적 태양, 당해사업자의 시장에서의 우월한 지위의 정도, 상대방이 받게 되는 불이익의 내용과 불이익 발생의 개연성 등에 비추어 정상적인 거래관행을 벗어난 것으로서 공정한 거래를 저해할 우려가 있는지 여부를 판단하여 결정하여야" 한다고 하였다.

그러면서 대법원은 이 사건 행위의 부당성은 인정하지 않았다. 대법원은 "쌍용자동차가 대리점에 판매목표 달성을 촉구하거나 차량의 선출고를 요청하는 공문 또는 문자메시지를 보낸 행위 등은 대리점의 판매목표 달성을 독려한 것에 불과하고, 특별한 불이익을 주지 않은 것을 보이며, 원고가 일부 대리점과의 계약관계를 종료한 것은 판매목표 미달성에 대한 제재라기보다는 경영위기를 극복하기 위해 판매실적이 저조한 대리점과의 관계를 정리하고자 하는 경영상의 필요에 따른 행위라고 봄이 타당하다."고 보았기 때문이다.

나. 지위 남용·불이익

1) 해당행위 유형

두 번째 불공정성의 양상으로는 거래상의 상대적 지위를 전제로 하여 일방적으로 계약의 자유를 상당히 침해하는 '지위 남용 및 불이익제공'이 있다. 이는 그러한 행위 자체만으로 계약자유를 침해하지는 않고, '정상적인 거래관행'에 비추어 계약의 자유를 상당히 침해하여 공정한 거래를 저해할 우려가 있어야 한다.

이러한 성격을 가진 행위로는 시행령 [별표 2]의 거래거절(제1호)과 차별취급(제2호), 경쟁자배제(제3호), 거래상 지위의 남용행위(제6호) 중 불이익제공(라목)과 경영간섭(마목), 구속조건부거래(제7호), 사업활동 방해행위(제8호)가 있다.

가) 거래거절행위

시행령 [별표 2]에 따르면, 거래거절행위에는 공동의 거래거절(제1호 가목)과 그 밖의 거래거절행위(나목)가 있다. 전자는 '정당한 이유 없이 자기와 경쟁관계에 있는 다른 사업자와 공동으로 특정사업자에 대하여 거래의 개시를 거절하거나 계속적인 거래관계에 있는 특정사업자에 대하여 거래를 중단하거나 거래하는 상품 또는 용역의 수량이나 내용을 현저히 제한하는 행위'이다. 후자는 '부당하게 특정사업자에 대하여 거래의 개시를 거절하거나 계속적인 거래관계에 있는 특정사업자에 대하여 거래를 중단하거나 거래하는 상품 또는 용역의 수량이나 내용을 현저히 제한하는 행위'이다.

시장에서 거래거절은 사업자의 자유에 달렸지만, 합리적인 이유없이 거래거절을 통해 거래상대방에게 불이익을 주어 공정한 거래를 저해하는 경우에는 금지될 수 있다. 사업자는 거래상대방과 원칙적으로 거래를 계속해야 하는 의무를 갖지 않지만, '듀폰' 판결[35]에서 대법원은 계속적인 거래관계에서는 거래처보호의 의무가 있다고 하였다.

나) 차별취급행위

시행령 [별표 2]에 따르면, 차별취급행위(제2호)에는 가격차별(가목)과 거래조건차별(나목), 계열회사를 위한 차별(다목), 집단적 차별(라목)이 있다. 차별행위가 효율성이나 한계비용의 차이를 단순히 반영한 경우에는 정당하나, 합리적인 이유없이 거래상대방을 현저히 불리하게 취급하

---

35) 대법원 2005.5.27. 선고 2005두746 판결.

여 그의 사업활동을 곤란하게 한 경우에는 부당하다.[36]

첫째로, 시행령 [별표 2]에 따르면, 가격 차별행위는 '부당하게 거래지역 또는 거래상대방에 따라 현저하게 유리하거나 불리한 가격으로 거래하는 행위'이다. '5개 신용카드회사' 판결에서 서울고등법원은 가격차별행위는 "① 동일한 행위자(공급자 등)에 대하여 적어도 둘 이상의 거래상대방이 있을 것을 필요로 하고, ② 그 거래상대방들이 동일한 시장 내에서의 경쟁관계에 있어야 하며, ③ 나아가 거래지역이나 거래상대방에 따라 현저한 가격의 차이가 존재하여야' 하여야 성립한다고 하였다.[37]

둘째로, 시행령 [별표 2]에 따르면, 거래조건 차별행위는 '부당하게 특정사업자에 대하여 수량·품질 등의 거래조건이나 거래내용에 관하여 현저하게 유리하거나 불리한 취급을 하는 행위'이다. 가격 이외의 거래조건을 차별하는 경우를 의미한다. '한국토지공사' 판결[38]에서 대법원은 거래조건 차별행위는 "특정사업자에 대한 거래조건이나 거래내용이 다른 사업자에 대한 것보다 유리 또는 불리하여야 할 뿐만 아니라 그 유리 또는 불리한 정도가 현저하여야' 성립한다고 하였다.

셋째로, 시행령 [별표 2]에 따르면, 계열회사를 위한 차별행위는 "정당한 이유 없이 자기의 계열회사를 유리하게 하기 위해 가격·수량·품질 등의 거래조건이나 거래내용을 현저하게 유리하거나 불리하게 하는 행위"를 말한다. 이러한 행위는 ① 동일한 기업집단에 속하는 계열회사 간의 거래조건이나 거래내용의 차별행위가 존재하여야 하고, 그 경제적 효과가 차별적으로 계열회사에게 귀속되는 경우도 그러한 경우에 포함되며[39], ② 차별의 정도가 현저해야 하고, ③ 계열회사를 유리하게 하려는 의도가 존재해야 성립한다. 대법원은 "특정 사업자가 자기의 이익을 위하여 영업활동을 한 결과가 계열회사에 유리하게 귀속되었다는 사실만

---

36) 이봉의, 앞의 책(2022), 858-859면.
37) 서울고등법원 2004.4.7. 선고 2003누416 판결.
38) 대법원 2006.5.26. 선고 2004두3014 판결.
39) 대법원 2004.12.9. 선고 2002두12076 판결('SKT' 판결).

으로는 인정하기에 부족하고, 차별행위의 동기, 그 효과의 귀속주체, 거래의 관행, 당시 계열회사의 상황 등을 종합적으로 고려하여 사업자의 주된 의도가 계열회사가 속한 일정한 거래분야에서 경쟁을 제한하고 기업집단의 경제력 집중을 강화하기 위한 것이라고 판단되는 경우에 한하여 인정된다."고 하였다[40]

넷째로, 시행령 [별표 2]에 따르면, 집단적 차별행위는 '집단으로 특정사업자를 부당하게 차별적으로 취급하여 그 사업자의 사업활동을 현저하게 유리하거나 불리하게 하는 행위'이다. 이는 사업자들이 공동으로 특정사업자를 차별하는 행위를 의미한다. 하지만 공정위가 집단적 차별행위를 금지한 사례를 찾기는 어렵다.

다) 경쟁사업자 배제행위

시행령 [별표 2]에 따르면, 경쟁사업자 배제행위(제3호)에는 부당염매(가목)와 부당고가매입행위(나목)가 있다. 전자는 '자기의 상품 또는 용역을 공급함에 있어서 정당한 이유 없이 그 공급에 소요되는 비용보다 현저히 낮은 대가로 계속하여 공급하거나 그 밖에 부당하게 상품 또는 용역을 낮은 가격으로 공급하여 자기 또는 계열회사의 경쟁사업자를 배제시킬 우려가 있는 행위'를 말한다. 후자는 '부당하게 상품 또는 용역을 통상거래가격에 비해 높은 가격으로 구입하여 자기 또는 계열회사의 경쟁사업자를 배제시킬 우려가 있는 행위'이다.

경쟁사업자 배제행위는 현실적 또는 잠재적 경쟁자를 배제하기 위해 불공정한 행위를 하는 경우로서, 경쟁자 배제의 결과가 초래될 추상적 위험성이 인정되면 족하다.[41] 예컨대, 염매행위는 사업자들이 전형적으로 사용하는 경쟁방법이고, 소비자에게는 이익이 되기에 그러한 행위만으로 위법하지 않다.[42] 하지만 경쟁사업자의 사업활동이 상당히 어려워

---

40) 위의 판결.
41) 대법원 2001.6.12. 선고 99두4686 판결.
42) 이봉의, 앞의 책(2022), 875면.

질 우려가 있는 행위라면 금지될 수 있다.

그런데 시장지배적 지위를 갖고 있지 않는 사업자가 위와 같은 행위로 경쟁사업자를 배제하기는 어렵다. 2000~2003년까지 공정위가 경고 이상의 시정조치를 내린 경쟁사업자 배제행위는 7건이었으나, 2004년 이후에는 경쟁자 배제행위 규정을 적용한 예가 없다.

라) 불이익제공행위와 경영간섭행위

첫째로, 시행령 [별표 2]에 따르면, 거래상 지위 남용행위로서 불이익제공행위(제6호 라목)는 구입강제나 이익제공강요, 판매목표강제 외의 방법으로 '거래상대방에게 불이익이 되도록 거래조건을 설정 또는 변경하거나 그 이행과정에서 불이익을 주는 행위'를 말한다. 이러한 행위는 적극적으로 상대방에게 불이익을 주는 경우뿐만 아니라, 자신이 부담해야할 부담이나 비용을 이행하지 않아서 불이익을 주는 경우도 포함한다.

대법원은 '조선일보사' 판결43)에서 불이익제공행위란 "그 행위의 내용이 상대방에게 다소 불이익하다는 점만으로는 부족하고, 구입강제, 이익제공강요, 판매목표강제 등과 동일시할 수 있을 정도로 일방 당사자가 우월적 지위를 남용하여 그 거래조건을 설정한 것"을 의미한다고 하였다.

둘째로, 시행령 [별표 2]에 따르면, 거래상 지위 남용행위 중 경영간섭행위(제6호 마목)는 '거래상대방의 임직원을 선임·해임함에 있어 자기의 지시 또는 승인을 얻게 하거나 거래상대방의 생산품목·시설규모·생산량·거래내용을 제한함으로써 경영활동을 간섭하는 행위'를 말한다. 이는 거래상대방의 경영활동에 있어서 자유로운 의사결정을 제한하는 경우를 의미한다.

마) 구속조건부거래행위

시행령 [별표 2]에 따르면, 구속조건부거래행위(제7호)에는 배타조건

---

43) 대법원 1998.3.27. 선고 96누18489 판결.

부거래행위(가목)와 거래지역 또는 거래상대방의 제한행위(나목)가 있다. 전자는 '부당하게 거래상대방이 자기 또는 계열회사의 경쟁사업자와 거래하지 아니하는 조건으로 그 거래상대방과 거래하는 행위'를 말하고, 후자는 '상품 또는 용역을 거래하는 경우에 그 거래상대방의 거래지역 또는 거래상대방을 부당하게 구속하는 조건으로 거래하는 행위'를 말한다. 구속조건부거래행위는 수직적 비가격제한행위로서, 거래당사자 간에 자발적으로 거래의 안정성과 효율성을 높이기 위해 이루어질 수 있지만, 일방적으로 이루어져서 거래상대방의 계약자유를 부당하게 침해할 수도 있다.

바) 사업활동 방해행위

시행령 [별표 2]에 따르면, 사업활동 방해행위(제8호)에는 기술의 부당이용행위(가목)와 인력의 부당유인·채용행위(나목), 거래처 이전 방해행위(다목), 그 밖의 사업활동 방해행위(라목)가 있다.

가목의 행위란 '다른 사업자의 기술을 부당하게 이용하여 다른 사업자의 사업활동을 상당히 곤란하게 할 정도로 방해하는 행위'이고, 나목의 행위란 '다른 사업자의 인력을 부당하게 유인·채용하여 다른 사업자의 사업활동을 상당히 곤란하게 할 정도로 방해하는 행위'를 말한다. 다목의 행위란 '다른 사업자의 거래처 이전을 부당하게 방해하여 다른 사업자의 사업활동을 심히 곤란하게 할 정도로 방해하는 행위'를 말하고, 라목의 행위란 '그 외의 부당한 방법으로 다른 사업자의 사업활동을 심히 곤란하게 할 정도로 방해하는 행위'를 말한다. 이러한 행위에 해당하려면, 대법원은 '하이트진로음료' 판결[44]에서 "사업자의 행위가 부당한 방법으로 다른 사업자의 사업활동을 심히 곤란하게 할 정도로 방해하는 경우이어야" 한다고 하였다.

사업활동 방해행위는 시장에서 공정한 경쟁을 저해할 정도로 다른

---

44) 대법원 2018.7.11. 선고 2014두40227 판결.

사업자의 사업활동을 방해하는 경우 금지될 수 있다. 다만, 기술 부당이용행위를 금지한 예가 없고, 인력의 유인·채용행위와 거래처 이전 방해행위도 그러한 예가 거의 없다.[45] 특히 2009년 이후로 공정위가 사업활동 방해행위를 금지한 사례는 찾기 어렵다.[46]

2) 거래거절행위의 부당성

첫째로, 공동의 거래거절행위는 시행령 [별표 2]에 따르면, 정당한 이유가 없는 한 원칙적으로 부당하다고 한다. 여러 사업자가 거래를 거절한다는 점에서 그러할 정당한 이유가 없는 한 거래상대방의 자유를 침해할 가능성이 높다. 하지만 공동의 거래거절을 당한 사업자가 다른 거래처를 용이하게 찾을 수 없게 되었다거나 거래상대방 선택의 자유에 부당한 제한을 받게 되지 않는 경우에는 부당하지 않다는 점에서 부당성의 여부를 따져볼 필요가 있다.

'CD 공동망' 판결[47]에서 대법원은 "CD공동망의 운영에 있어서는 전산망 구축과 유지에 상당한 비용과 노력을 투자한 참가은행들의 의사가 존중되어야 하는 점, 신용카드회사가 CD공동망을 이용함으로써 참가은행들보다 부당하게 경쟁우위에 설 가능성이 크고, 위와 같은 공동의 거래거절로 인하여 신용카드시장에서 다른 거래처를 용이하게 찾을 수 없어 거래기회가 박탈되었다고는 할 수 없는 점 등에 비추어" 정당한 사유가 있다고 보았다.

둘째로, 그 밖의 거래거절행위에 대하여 '코카콜라' 판결[48]에서 대법원은 "그 거래 상대방이 종래 계속적 거래관계에 있은 경우에도, 자유시

---

45) 전자의 경우 공정위 1997.12.8. 의결 제97-181호가 있고, 후자의 경우 공정위 1997.4.12. 의결 제97-52호가 있다.
46) 정재훈, "공정거래법상 불공정거래행위 개편 방안에 관한 고찰", 법학논집 제23권 제3호, 2019, 25면.
47) 대법원 2006.5.12. 선고 2003두14253 판결.
48) 대법원 2001.1.5. 선고 98두17869 판결.

장경제 체제하에서 일반적으로 인정되는 거래처 선택의 자유라는 원칙에서 볼 때, 또 다른 거래거절의 유형인 '공동의 거래거절'과는 달리, 거래거절이라는 행위 자체로 바로 불공정거래행위에 해당하는 것은 아니"라고 하였다.

그러면서 대법원은 거래거절행위가 금지될 수 있는 3가지의 경우로 "① 특정 사업자의 거래기회를 배제하여 그 사업활동을 곤란하게 할 우려가 있거나, ② 오로지 특정사업자의 사업활동을 곤란하게 할 의도를 가진 유력 사업자에 의하여 그 지위 남용행위로서 행하여지거나, ③ 같은 법이 금지하고 있는 거래강제 등의 목적 달성을 위하여 그 실효성을 확보하기 위한 수단으로 부당하게 행하여진 경우"를 들었다. 위와 같은 기준은 후속 판결들에서 그 밖의 거래거절행위의 부당성 판단기준으로 자리 잡았다.[49)

위 사건에서 대법원은 음료사업의 구조개편을 위해 소외 회사와 자산매수협상을 벌이다 그것이 결렬되자, 22년여 동안 갱신해오던 원액 제공 계약을 중단한 행위가 "① 원고 측이 그가 제시한 가격과 조건으로 소외 회사의 자산을 인수하려는 목적 아래 그 실효성을 확보하기 위한 수단으로 이루어진 것이라고 단정할 수가 없을 뿐만 아니라, 나아가 ② 원고 측에서 오로지 소외 회사의 사업활동을 곤란하게 할 의도로서 이 사건 거래거절행위를 하였다거나 혹은 ③ 그로 인하여 소외 회사의 거래기회가 배제되었다고 단정하기도 어렵다."고 보았다.

3) 차별취급행위의 부당성

첫째로[50), 거래조건 차별행위 사건을 보면, '한국주택공사' 판결[51)에서 대법원은 대한주택공사가 "지체상금과 같은 계약조건을 설정함에 있

---

49) 대법원 2005.5.27. 선고 2005두746 판결('듀폰' 판결); 대법원 2004.7.9. 선고 2002두11059 판결('하이트맥주' 판결).
50) 가격차별행위에 대해서는 제3장 제1절 Ⅲ. 1. 나.에서 살펴본다.
51) 대법원 2007.1.26. 선고 2005두2773 판결.

어 독립된 거래주체인 뉴하우징과 비자회사 간에 차별을 둘 합리적 이 유가 없"는데, "뉴하우징은 원고와의 계약에서 지체상금 부과조항을 두 지 않아 계약이행과 관련하여 이행지체로 인한 부담을 덜게 됨으로써 경영활동에 유리한 환경이 조성되었다는" 점에서, 자기의 자회사를 유리 하게 하기 위하여 부당하게 거래상대방을 차별 취급하는 행위가 부당하 다고 판단하였다.

그와 달리 '골프존' 판결52)에서 서울고등법원은 "원고가 신규 GS시스 템인 H 출시 전에 H에 관하여 가맹사업을 실시하기로 하여 그 가맹계약 체결 여부에 따라 가맹점에는 H를 공급하면서도 비가맹점에는 H도 공 급하지 않고 어떠한 신규 GS시스템도 공급하지 않은 행위"는 거래조건 차별에 해당한다고 보기 어렵다고 하였다. 법원은 "원고는 공정거래법의 준수를 넘어, 원고의 GS시스템을 매수한 기존 사업자가 매출을 안정적 으로 유지하면서 사업 활동을 영위할 수 있도록 기존 사업자를 보호할 의무를 부담하지 않"고, "스크린골프 사업자가 사업을 영위하기 위해 H 를 확보해야 한다거나, 비가맹점이 H를 확보하지 못한다는 점만으로 가 맹점과 경쟁에서 현저히 불리한 상황에 놓인다고 단정하기에 부족하다." 고 하였다.

둘째로, 계열회사를 위한 차별행위에 대하여, 시행령 [별표 2]는 정당 한 이유가 없는 한 원칙적으로 부당하다고 한다. 이러한 행위가 성립하면, 기업집단의 계열회사가 시장에서 퇴출되는 것을 막아 시장기능을 저해하 고 경제력 집중을 심화시키는 등 공정거래저해성이 있기 때문이다.53)

하지만 'SKT' 판결54)에서 대법원은 "위법성을 평가함에 있어서 단순 한 사업경영상 또는 거래상의 필요성 내지 합리성이 인정된다는 사정만 으로 곧 그 위법성이 부인되는 것은 아니지만, 차별적 취급의 원인이 된

---

52) 서울고등법원 2019.10.2. 선고 2018누76721 판결.
53) 정호열(제7판), 403면.
54) 대법원 2004.12.9. 선고 2002두12076 판결. 이를 인용한 판결은 대법원 2007.2.23. 선고 2004두14052 판결.

사업경영상의 필요성 등은 다른 사유와 아울러 공정한 거래질서의 관점에서 평가하여 공정거래저해성의 유무를 판단함에 있어서 고려되어야 하는 요인의 하나가 될 수 있다."고 하였다.

4) 염매행위의 부당성

심사지침은 부당염매행위를 상당기간에 걸쳐 반복해서 이루어지는 '계속적 염매'와 1회 또는 단기간(1주일이내)에 걸쳐 이루어지는 '일시적 염매'로 구분하고 있다.

계속거래상의 부당염매행위에 대하여 '현대정보기술' 판결[55]에서 대법원은 이러한 행위는 "사업자가 채산성이 없는 낮은 가격으로 상품 또는 용역을 계속하여 공급하는 것을 가리키므로 그 행위의 외형상 그에 해당하는 행위가 있으면 '정당한 이유가 없는 한' 공정한 거래를 저해할 우려가 있다고 보아야 할 것"이라고 하였다.

그와 달리, 기타 거래상의 부당염매행위에 대하여 대법원은 "그 행위 태양이 단순히 상품 또는 용역을 낮은 가격으로 공급하는 것이어서 그 자체로 이를 공정한 거래를 저해할 우려가 있다고 보기 어려운 만큼 그 것이 '부당하게' 행하여진 경우라야 공정한 거래를 저해할 우려가 있다고 보아야 할 것"이라고 하면서, 부당성은 "당해 염매행위의 의도, 목적, 염가의 정도, 반복가능성, 염매대상 상품 또는 용역의 특성과 그 시장상황, 행위자의 시장에서의 지위, 경쟁사업자에 대한 영향 등 개별 사안에서 드러난 여러 사정을 종합적으로 살펴 그것이 공정한 거래를 저해할 우려가 있는지의 여부에 따라 판단하여야 한다."고 하였다. 그러면서 "경쟁사업자를 배제시킬 우려는 실제로 경쟁사업자를 배제할 필요는 없고 여러 사정으로부터 그러한 결과가 초래될 추상적 위험성이 인정되는 정도로 족하다."고 하였다.

그러면서 대법원은 최소한의 인건비조차 반영되지 않은 저가(1원)에

---

55) 대법원 2001.6.12. 선고 99두4686 판결.

응찰하여 낙찰된 행위는 신규시장에 진입하여 기술과 경험을 축적할 목적에서 이루어졌고, 1회성에 그쳤기 때문에, 기타 거래상의 부당염매행위로서 부당하지 않다고 보았다.

5) 불이익제공행위의 부당성

대법원은 '조선일보사' 판결[56]에서 불이익제공행위의 부당성은 "정상적인 거래관행에 비추어 상대방에게 부당하게 불이익을 주어 공정거래를 저해할 우려가 있어야" 하고, "문제가 되는 거래조건에 의하여 상대방에게 생길 수 있는 불이익의 내용과 불이익 발생의 개연성, 당사자 사이의 일상거래과정에 미치는 경쟁제약의 정도, 관련 업계의 거래관행과 거래형태, 일반 경쟁질서에 미치는 영향, 관계 법령의 규정 등 여러 요소를 종합하여 판단하여야 할 것"이라고 하였다.

'파스퇴르 유업' 판결[57]에서 대법원은 "경제력에 차이가 있는 거래주체 간에도 상호 대등한 지위에서 법이 보장하고자 하는 공정한 거래를 할 수 있게 하기 위하여", 불이익제공행위의 부당성은 "당해 행위의 의도와 목적, 효과와 영향 등과 같은 구체적 태양과 상품의 특성, 거래의 상황, 해당 사업자의 시장에서의 우월적 지위의 정도 및 상대방이 받게 되는 불이익의 내용과 정도 등에 비추어 볼 때 정상적인 거래관행을 벗어난 것으로서 공정한 거래를 저해할 우려가 있는지 여부를 판단하여 결정하여야 한다."고 하였다.

'대한주택공사' 판결[58]에서 대법원은 불이익제공행위가 "정상적인 거래관행에 비추어 상대방에게 부당하게 불이익을 주어 공정거래를 저해할 우려가 있어야 하며, 또한 상대방에게 부당하게 불이익을 주는 행위인지 여부는, 문제가 되는 거래조건 등에 의하여 상대방에게 생길 수 있는 불이익의 내용과 불이익 발생의 개연성, 당사자 사이의 일상거래과정

---

56) 대법원 1998.3.27. 선고 96누18489 판결.
57) 대법원 2000.6.9. 선고 97누19427 판결.
58) 대법원 2001.12.11. 선고 2000두833 판결.

에 미치는 경쟁제약의 정도, 관련 업계의 거래관행과 거래형태, 일반 경
쟁질서에 미치는 영향, 관계 법령의 규정 등 여러 요소를 종합하여 판단
하여야 한다."고 하였다.

'국민신용카드' 판결[59]에서 대법원은 '파스퇴르 유업' 판결[60]을 인용
하면서, "원고가 제휴은행들에게 자기의 가맹점에 적용되는 수수료율을
일괄적으로 동일하게 적용하도록 하고 이를 따르지 않을 경우 업무제휴
계약을 해지할 수 있다고 통보함으로써 제휴은행들로 하여금 가맹점 수
수료율을 변경하도록 한 행위는 제휴은행들의 시장에서의 경쟁력을 필
요 이상으로 제한하는 것으로서 정상적인 거래관행을 벗어나 공정한 거
래를 저해할 우려가 있는 부당한 행위"라고 하였다.

6) 경영간섭행위의 부당성

'한국도로공사' 판결[61]에서 대법원은 경영간섭행위는 "그 규제의 목
적과 당해 규정의 내용 등에 비추어 볼 때 문제된 행위의 의도와 목적,
효과와 영향 등 구체적 태양과 거래상품의 특성, 유통거래의 상황, 당해
사업자의 시장에서의 지위 등에 비추어" 부당성을 판단해야 한다고 하
였다.

그러면서 대법원은 고속도로상의 주유소에 관한 운영계약에서 그 유
류 공급 정유사를 임대인인 한국도로공사가 지정하기로 한 행위가 "각
노선별로 유류 공급 정유사를 안배함으로써 고속도로 이용객들의 선택
권을 보장하기 위한 것일 뿐만 아니라 구체적인 운영계약 체결에 있어
서도 피고의 공급 정유사 지정에 관한 사항을 사전 명시한 상태에서 계
약 체결에 이르렀던 것이므로" 부당하지 않다고 보았다.

---

59) 대법원 2006.6.29. 선고 2003두1646 판결.
60) 대법원 2000.6.9. 선고 97누19427 판결.
61) 대법원 2000.10.6. 선고 99다30817, 30824 판결. '한국수자원공사' 판결(대법원
    2007.1.11. 선고 2004두3304 판결)에서도 대법원은 경영간섭행위의 부당성을 인
    정하지 않았다.

'롯데쇼핑' 판결[62)에서는 대법원은 롯데백화점이 납품업체에게 다른 경쟁 백화점 시스템 접속권한을 받아 매출현황을 확인하고 매출대비율을 일정한 수준으로 유지하는 내용의 특별관리방안을 시행한데 대하여, "납품업체로서는 영업 비밀인 다른 백화점에서의 매출정보를 자발적으로 공개할 이유가 없으므로", 비록 납품업체들이 "거래상 우월적 지위에 있는 원고의 요구를 거부할 수 없었기 때문이라고 봄이 상당한 이상, 원고는 자유로운 의사결정을 저해하는 등 납품업체들의 거래내용을 제한함으로써 경영활동을 간섭하였다."고 하였다.

그와 달리 '신세계' 판결[63)에서 대법원은 신세계가 납품업체에게 다른 경쟁 백화점 시스템 접속권한을 받았지만, 매출대비율을 유지하라는 등의 강요행위를 하지 않았다는 점에서, 부당하지 않다고 보았다.

위의 두 사건에서는 경영정보를 요구한 행위를 한 사업자가 매출대비율을 유지하도록 하는 등의 추가적인 강요를 하였는지에 따라서 결론이 달라졌다.[64) 이후 2011.11. 제정된 대규모유통업법 제14조 제1항에서는 대규모유통업자가 부당하게 '납품업자가 다른 사업자에게 공급하는 상품의 공급조건(공급가격을 포함)에 관한 정보'에 관한 3가지 '경영정보 제공 요구행위'를 금지하였다. 또한 동조 제2항에서는 이러한 정보를 요구할 때에는 요구목적, 비밀유지에 관한 사항 등을 적은 서면을 제공하도록 하였다. 입법자는 추가적인 강요행위가 있었는지와 무관하게, 부당한 경영정보 제공 요구행위에 대한 금지를 강화하고자 하였다.

7) 사업활동 방해행위의 부당성

'한국휴렛팩커드' 판결[65)과 '세방' 판결[66) 및 '국보 외 10인' 판결[67)에

---

62) 대법원 2011.10.13. 선고 2010두8522 판결.
63) 대법원 2011.10.27. 선고 2010두8478 판결.
64) 이봉의, 앞의 책(2022), 914면.
65) 대법원 2006.1.13. 선고 2004두2264 판결.
66) 대법원 2012.4.26. 선고 2010두4858 판결.

서 대법원은 그 밖의 사업활동 방해행위의 부당성을 인정하지 않았다. 대법원은 컨테이너 전용장치장의 설치에 투자된 비용과 운영 및 관리비용을 회수하기 위하여 자가운송업자들에게 운송관리비를 징수하는 것은 비용발생을 시킨 원인자가 비용을 부담하는 것이 수익자 부담의 원칙에 부합한다고 보았기 때문이다.[68]

대법원은 '하이트진로음료' 판결[69]에서는 그 밖의 사업활동 방해행위의 부당성을 인정하였다. 대법원은 그 밖의 사업활동 방해행위의 부당성은 "해당 사업자의 시장에서의 지위, 사용된 방해 수단, 그 수단을 사용한 의도와 목적, 사용된 수단과 관련한 법령의 규정 내용, 문제된 시장의 특성, 통상적인 거래 관행, 방해행위의 결과 등을 종합적으로 고려하여 그 행위가 공정하고 자유로운 거래를 저해할 우려가 있는지 여부에 따라 판단하여야 한다."고 하였다.

그러면서 대법원은 원고가 8개 대리점의 계약기간이 남았음에도 경쟁사업자와 거래를 종료하는 대신 기존 거래보다 현저히 유리한 조건으로 자신과 새로운 대리점 계약을 체결하도록 하였고, 경쟁사업자가 대리점에게 제기할 것으로 예상되는 소송에 대한 변호사비용 중 50%를 8개 대리점에게 지원하기로 약정하였으며, 실제 지원한 행위는 부당하다고 하였다.

대법원은 "특히 사용된 방해 수단이 더 낮은 가격의 제시에 그칠 경우에는 그것만으로 부당성을 인정하는 데에는 신중해야" 하지만 "제시된 거래조건이나 혜택 자체가 경쟁사업자와 기존에 전속적 계약관계를 맺고 있는 대리점에 대한 것이고, 그 혜택이나 함께 사용된 다른 방해 수단이, 통상적인 거래 관행에 비추어 이례적이거나 선량한 풍속 기타 사회질서에 반하는 등으로 관련 법령에 부합하지 않는다면, 단순히 낮은 가격을 제시한 경우와 똑같이 취급할 수는 없다."고 하였다. 그러면서,

---

67) 대법원 2012.5.10. 선고 2010두4896 판결.
68) 이봉의, 앞의 책(2022), 932면.
69) 대법원 2018.7.11. 선고 2014두40227 판결.

"사정들을 종합적으로 살피면서 그 방해 수단을 사용한 사업자가 단순히 경쟁사업자와 대리점의 기존 거래계약 관계를 알고 있었던 것에 불과한지, 아니면 더 나아가 경쟁사업자와 기존 대리점 계약관계의 해소에 적극 관여하거나 그 해소를 유도하였는지 여부, 그로 인하여 경쟁사업자의 사업활동이 어려워지게 된 정도 역시 중요하게 고려하여야 한다."고 하였다.

다. 위계

1) 해당행위 유형

불공정한 행위의 세 번째 양상은 위계이고, 이러한 성격을 가진 행위로는 시행령 [별표 2]의 위계에 의한 고객유인행위(제4호 나목)가 있다. 이러한 행위는 "부당한 표시·광고 외의 방법으로 자기가 공급하는 상품 또는 용역의 내용이나 거래조건 및 그 밖의 거래에 관한 사항을 실제보다 또는 경쟁사업자의 것보다 현저히 우량 또는 유리한 것으로 고객이 잘못 알게 하거나 경쟁사업자의 것이 실제보다 또는 자기의 것보다 현저히 불량 또는 불리한 것으로 고객을 잘못 알게 하여 경쟁사업자의 고객을 자기와 거래하도록 유인하는 행위"이다.

위계에 의한 고객유인행위가 성립하려면, ① 사실과 현저히 다르게 하여 고객을 기만하거나 오인하게 하는 위계행위가 있고, ② 경쟁사업자의 고객을 유인할 가능성이 있어야 한다.

'한국오라클' 판결[70]에서 대법원은 '고객유인성'이란 "고객이 오인될 우려가 있음으로 충분하고, 반드시 고객에게 오인의 결과가 발생하여야 하는 것은 아니"고, 오인이란 "고객의 상품 또는 용역에 대한 선택 및 결정에 영향을 미치는 것"을 말하며, 오인의 우려란 "고객의 상품 또는 용역의 선택에 영향을 미칠 가능성 또는 위험성을 말한다."고 하였다.

---

70) 대법원 2002.12.26. 선고 2001두4306 판결.

2) 위계에 의한 고객유인행위의 부당성

위계에 의한 고객유인행위는 행위의 성립요건으로 위계라는 불공정한 방법을 사용하는 것을 요구하기에, 거래상대방에게 오인성을 야기하여 그의 선택의 자유를 침해하여 공정거래저해성이 인정될 가능성이 높다.

'SK 텔레콤' 판결[71])에서 대법원은 "위계에 의한 고객유인행위를 금지하는 취지는 위계 또는 기만행위로 소비자의 합리적인 상품선택을 침해하는 것을 방지하는 한편, 해당 업계 사업자 간의 가격 등에 관한 경쟁을 통하여 공정한 경쟁질서 내지 거래질서를 유지하기" 위한 것이라고 하였다.

또한 대법원은 "사업자의 행위가 불공정거래행위로서 위계에 의한 고객유인행위에 해당하는지를 판단할 때에는, 그 행위로 보통의 거래 경험과 주의력을 가진 일반 소비자의 거래 여부에 관한 합리적인 선택이 저해되거나 다수 소비자들이 궁극적으로 피해를 볼 우려가 있게 되는 등 널리 업계 전체의 공정한 경쟁질서나 거래질서에 미치게 될 영향, 파급효과의 유무 및 정도, 문제 된 행위를 영업전략으로 채택한 사업자의 수나 규모, 경쟁사업자들이 모방할 우려가 있는지 여부, 관련되는 거래의 규모, 통상적 거래의 형태, 사업자가 사용한 경쟁수단의 구체적 태양, 사업자가 해당 경쟁수단을 사용한 의도, 그와 같은 경쟁수단이 일반 상거래의 관행과 신의칙에 비추어 허용되는 정도를 넘는지, 계속적·반복적인지 여부 등을 종합적으로 살펴보아야 한다."고 하였다.

그러면서 대법원은 "이동통신 단말기 제조 3사와 통신 3사가 단말기의 공급가 또는 출고가를 부풀린 다음 소비자들에게 대리점 등을 통해 약정 외 보조금을 지급하여 단말기를 저렴하게 구입한 것처럼 오인시킨 행위"가 "원고의 단말기 등에 대한 거래조건에 관하여 실제보다 '현저히' 유리한 것으로 고객(소비자)을 오인시키거나 오인시킬 우려가 있다는 점에서 부당하다고 보았다.

---

71) 대법원 2019.9.26. 선고 2014두15047 판결.

라. 거래상대방 선택의 자유 침해

1) 해당행위 유형

불공정한 행위의 네 번째 양상은 거래상대방에 대한 선택의 자유 침해이다. 이러한 행위는 소비자에게 편익을 제공할 수 있어 행위 자체만으로 불공정성을 내포하지 않지만, 그러한 행위가 정상적인 거래관행 등에 비추어볼 때 과도하여 거래상대방인 사업자나 소비자의 선택의 자유를 침해하는 것을 말한다.[72] 이러한 행위는 간접적으로 경쟁자의 고객을 유인하여 경쟁자의 이익을 침해하는 것이기도 하다.[73]

이러한 성격을 가진 행위유형으로는 시행령 [별표 2]의 부당한 고객유인행위(제4호) 중 부당한 이익에 의한 고객유인행위(가목)와 그 밖의 부당한 고객유인행위(다목)가 있다. 전자는 "정상적인 거래관행에 비추어 부당하거나 과대한 이익을 제공하거나 제공할 제의를 하여 경쟁사업자의 고객을 자기와 거래하도록 유인하는 행위"를 말하고, 후자는 "경쟁사업자와 그 고객의 거래에 대하여 계약성립의 저지, 계약불이행의 유인 등의 방법으로 거래를 부당하게 방해함으로써 경쟁사업자의 고객을 자기와 거래하도록 유인하는 행위"를 말한다.

부당한 이익에 의한 고객유인행위가 성립하려면, ① 고객에게 적극적으로나 소극적으로 경제적 이익이 제공되지만, ② 그러한 이익이 과도하여 경쟁사업자의 고객에 대한 유인가능성이 있어야 한다. 예컨대 배타조건부거래행위를 하면서 판매장려금이나 판촉지원금, 리베이트를 제공하는 경우가 해당될 수 있다.[74]

그 밖의 부당한 고객유인행위가 성립하려면, ① 부당한 이익 제공이나 위계 외의 방법으로 경쟁사업자와 고객(잠재적인 고객을 포함)의 거

---

72) 홍명수, "공정거래법상 부당 고객유인행위 규제에 관한 대법원 판결 검토", 행정법연구 제31호, 2011-a, 234면.

73) 정호열(제7판), 410면.

74) 이봉의, 앞의 책(2022), 882면.

래를 방해하는 행위가 있고, ② 고객을 유인할 가능성이 있어야 한다. 다만 이러한 행위를 공정위가 규제한 예는 찾기 어렵다.

2) 부당한 이익제공에 의한 고객유인행위의 부당성

부당한 이익제공행위의 대표적인 예는 의약품 제조나 도매 또는 의료기기 판매사업자가 의료기관이나 의료인에게 리베이트를 제공한 것이다. '한미약품' 판결75)에서, 대법원은 "의약품의 판매를 촉진하기 위하여 병·의원, 약국 등에 물품·현금·상품권 등 지원, 골프 등 접대, 할증 지원, 세미나 등 행사경비 지원, 인력 지원, 시판 후 조사 등의 이익을 제공한" 행위는 "의사가 의약품을 선택하는 데에 그 품질과 가격의 우위에 근거하지 않고 제약업체가 제공하는 부적절한 이익의 대소에 영향을 받게 된다면 소비자의 이익은 현저하게 침해될 수밖에 없고 의약품시장에서의 건전한 경쟁도 기대할 수 없게 되므로", "투명성, 비대가성, 비과다성 등의 판단 기준 하에 정상적인 거래관행에 비추어 보아 부당하거나 과다한 이익의 제공에 해당되는지 여부를 가려야 할 것"이라고 하였다.

그러면서 대법원은 이 사건 행위는 "한국제약협회에서 제정한 보험용 의약품의 거래에 관한 공정경쟁규약"에서 예외적으로 허용하는 금품류 제공 행위에 해당되지 않고, "그 금액 또는 규모도 사회통념상 정상적인 상관행 또는 정당한 영업활동으로 인정될 수 있는 범위를 초과한" 점에서 부당하다고 판단하였다.

'한국피앤지' 판결76)에서 대법원은 "부당한 이익에 의한 고객유인행위를 금지하는 취지는 부당한 이익 제공으로 인하여 가격, 품질, 서비스(이하 "가격 등") 비교를 통한 소비자의 합리적인 상품 선택을 침해하는 것을 방지하는 한편, 해당업계 사업자 간의 가격 등에 관한 경쟁을 통하여 공정한 경쟁 질서를 유지하기 위한 데에 있다."고 하였다. 그러면서

---

75) 대법원 2010.11.25. 선고 2009두9543 판결.
76) 대법원 2014.3.27. 선고 2013다212066 판결.

대법원은 "이로 인하여 사업자와 경쟁사업자 상품 간의 가격 등 비교를 통한 소비자의 합리적인 선택이 저해되는지 여부, 해당 업계 사업자 간의 공정한 경쟁질서가 저해되는지 여부와 함께 사업자가 제공하는 경제적 이익의 정도, 제공의 방법, 제공기간, 이익 제공이 계속적·반복적인지 여부 등을 종합적으로 고려하여야 한다."고 하면서, 화장품 공병을 가져오면 1개월간 에센스를 무료로 제공한 행위의 부당성을 인정하지 않았다.

한편, 'KNN 라이프' 판결[77]에서 대법원은 부당한 이익제공행위의 부당성은 "경쟁사업자들 사이의 상품가격 등 비교를 통한 소비자의 합리적인 선택이 저해되거나 다수 소비자들이 궁극적으로 피해를 볼 우려가 있게 되는 등 널리 거래질서에 대해 미칠 파급효과의 유무 및 정도, 문제 된 행위를 영업전략으로 채택한 사업자들의 수나 규모, 경쟁사업자들이 모방할 우려가 있는지, 관련되는 거래의 규모 등에 비추어 해당 행위가 널리 업계 전체의 공정한 경쟁질서나 거래질서에 미치게 될 영향 등과 함께 사업자가 제공하는 경제적 이익의 내용과 정도, 제공의 방법, 제공기간, 이익제공이 계속적·반복적인지 여부, 업계의 거래 관행 및 관련 규제의 유무 및 정도 등을 종합적으로 고려하여야 한다."고 하면서 경쟁 상조회사 고객들과 최대 36회분의 납입금 지급을 면제해주는 이관 할인 계약을 맺은 행위는 다수의 상조회사들이 위와 같은 이익제공행위를 하고 있는 상황에서, 상조시장 전체의 부담과 비효율을 초래하고 상조 용역과 상조회사에 대한 합리적인 선택에 상당한 지장을 초래하는 등 시장의 경쟁 또는 거래질서에 부정적인 영향을 미친다는 점에서 부당하다고 하였다.

---

77) 대법원 2018.7.12. 선고 2017두51365 판결. 피상고인 더 리본의 변경 전 상호는 KNN 라이프다.

III. 실무상 경쟁제한성 기준

1. 공정위 심사지침의 이원화된 기준

공정위는 2005년 불공정거래행위 심사지침이 제정되기 이전에는 공정거래저해성을 강제성이나 구속성, 불이익제공과 같은 불공정성을 기준으로 일원적으로 심사하였다.[78]

그런데 공정위는 위 심사지침을 제정하면서, 부당성 판단기준을 경쟁제한성과 불공정성으로 이원화하였고, 불공정거래행위 중 경쟁제한성을 부당성 판단기준으로 하는 행위유형으로 거래거절과 차별취급, 경쟁사업자 배제, 구속조건부거래행위를 들었다. 공정위는 지침 제정의 목적은 불공정거래행위에 대한 부당성 판단기준을 명확히 하고 '글로벌 스탠다드'(global standard)를 반영하여 집행을 선진화한 것이라고 하였다.[79]

게다가 2015년 개정된 심사지침에서 공정위는 거래강제행위의 한 유형인 '끼워팔기'도 부당성 판단기준을 불공정성에서 경쟁제한성으로 변경하였다. 그 이유에 대하여 공정위는 경쟁법 이론과 국제적 법 집행 관행을 반영하여 부당성 판단 기준을 경쟁제한성으로 합리화시킨 것이라고 하였다.[80]

이와 같은 지침의 제정과 개정의 이유는 이론적으로는 공정거래법의 본질은 경쟁과의 관련성이 있는 행위를 금지하는 것에 있고, 불공정한 행위는 사적 분쟁의 성격이 강한 것이라는 이해에서 비롯하였다. 현실적으로는 전국에서 이루어지는 모든 불공정거래행위에 대하여 공정위의 적은 인력으로는 감당하기가 어려웠고, 경쟁에 중요한 영향을 미칠 수 있는 주요사건이나 국민경제의 경제력 집중을 억제하기 위한 대규모기

---

78) 이봉의, 앞의 글(2004-d), 681-682면.
79) 송정원, "「불공정거래행위 심사지침」 제정배경 및 내용해설", 시장경제월보 제1호, 시장경제연구원, 2005, 2면.
80) 2016년 1월 7일자 공정위 보도자료, "불공정거래행위 심사지침 개정 내용 발표".

업집단 규제 등에 집중하고자 하였기 때문이었다.

하지만 일부 불공정거래행위 유형의 부당성 판단기준을 경쟁제한성으로 하는 것은 적절하지 않다. 그 이유는 첫째로, 공정위가 부당성 판단기준을 경쟁제한성으로 분류한 행위유형의 경우에도 계약의 자유를 상당하게 침해하는 불공정성이 문제될 수 있기 때문에, 특정한 행위유형에 따라서 부당성 판단기준을 경쟁제한성이나 불공정성으로 달리 보는 것은 적절하지 않기 때문이다.[81]

둘째로, 거래강제행위의 한 유형인 끼워팔기는 거래상 지위 남용행위의 유형인 구입강제 또는 불이익제공행위 등과 중복될 수 있는데, 2015년 심사지침에서 끼워팔기의 위법성 판단기준만을 불공정성에서 경쟁제한성으로 변경한 점도 문제가 있다.

셋째로, 경쟁법에서 경쟁을 제한하는 행위만을 금지하는 것이 선진적인 기준이라고 할 수 없다. 유럽연합 차원에서는 경쟁을 제한하는 행위를 금지하는 대신, 불공정거래행위에 대해서는 지침을 만들어 회원국들이 법을 강화하도록 하였다. 미국 FTC법 제5조는 불공정한 경쟁방법이나 불공정하거나 기만적인 행위를 금지하고 있고, 주법에 따라 불공정거래행위를 금지하는 경우가 존재한다.[82]

2. 공정위 심사지침의 시장력 기준

공정위는 2005년 심사지침에서 불공정거래행위의 부당성 판단기준인 '경쟁제한성'이란 "당해 행위로 인해 시장 경쟁의 정도 또는 경쟁사업자(잠재적 경쟁사업자 포함)의 수가 유의미한 수준으로 줄어들거나 줄어들 우려가 있음을 의미한다."고 하였다. 다만, 시장점유율 10%를 기준으로 또는 점유율 산정이 어려운 경우 연간매출액 20억 원 미만인 경우에는

---

81) 이봉의, 앞의 글(2004-d), 669-681면.
82) 김성훈, "배타조건부 거래의 위법성 요건", 법학논고 제32집, 2010-b, 260면.

안전지대에 해당한다고 하였다.

2015년 심사지침[83]에서 공정위는 불공정거래행위의 위법성 판단기준인 경쟁제한성의 의미를 축소하였다. 공정위는 경쟁제한성을 판단하기 위해서는 "사업자가 가격이나 거래조건에 어느 정도 영향을 미칠 수 있는 시장력(market power)을 보유하고 있는지 여부를 판단하고, 경쟁사업자가 배제되고 시장에서 경쟁이 제한되는 경쟁제한효과가 있는지"를 입증하도록 하였다.

공정위는 시장력을 판단하기 위한 구체적인 기준도 마련하였다. 점유율 30% 이상이면 시장력이 인정되고 20-30% 정도인 경우에는 제반사정에 대한 고려가 필요하며 10%인 이하인 경우에는 누적적 봉쇄효과가 있는 경우에 한하여 경쟁제한성이 인정된다고 하였다. 공정위는 시장지배적 지위(market dominant power)보다는 시장에 영향을 미칠 수 있는 정도가 낮은 시장력이라는 개념을 만들어, 불공정거래행위의 경쟁제한성을 판단하는 기준으로 사용하였다.

3. 판례가 경쟁제한성을 고려한 행위 유형

대법원은 대부분의 불공정거래행위 유형에 대한 부당성 판단기준을 불공정성을 기준으로 판단하고 있다. 다만, 일부행위 유형의 경우에는 공정거래저해성을 판단함에 있어서 경쟁제한성[84] 또는 '경쟁에 미치는 영향'[85]을 고려하였다.

첫째로, 시행령 [별표 2] 제2호 가목의 가격차별행위의 부당성 판단기준을 공정위가 경쟁제한성으로 보게 되면서, 계열회사를 위한 차별취급행위 외에 차별취급행위를 금지하였던 사례는 적었다. 그 예로는 '5개 신용카드

---

83) 2015.12.31. 개정 공정위 예규 제241호.
84) 대법원 2013.4.25. 선고 2010두25909 판결.
85) 대법원 2011.3.10. 선고 2010두9976 판결('한국캘러웨이' 판결); 대법원 2017.6.19. 선고 2013두17435 판결('필립스 전자' 판결).

사업자' 사건86)과 최근 '롯데쇼핑' 사건87)과 '골프존' 사건88)이 있다.

공정위와 달리, 대법원은 가격차별행위의 부당성 판단기준으로 경쟁제한성을 하나의 고려요소로 고려하였다.89) '5개 신용카드사업자' 사건에서 대법원은 "거래지역이나 거래상대방에 따라 현저한 가격의 차이가 부당하여 시장에서의 공정한 거래를 저해할 우려가 있는 경우에 성립한다."고 하면서 가격차별의 부당성은 "가격차별의 정도, 가격차별이 경쟁사업자나 거래상대방의 사업활동 및 시장에 미치는 경쟁제한의 정도, 가격차별에 이른 경영정책상의 필요성, 가격차별의 경위 등 여러 사정을 종합적으로 고려하여 그와 같은 가격차별로 인하여 공정한 거래가 저해될 우려가 있는지 여부에 따라 판단하여야 한다."고 하였다.

둘째로, 시행령 [별표 2] 제7호의 구속조건부거래행위의 유형인 배타조건부거래행위(가목)와 거래지역 또는 거래상대방의 제한행위(나목)는 수직적 비가격제한행위에 해당되는데, 이에 관하여 대법원은 부당성 판단기준으로 불공정성이나 경쟁제한성을 고려하였다.

대법원은 배타조건부거래행위의 부당성 판단기준으로 경쟁제한성과 함께 거래상대방에 대한 제한 여부를 고려하였다. 'S-OIL' 판결90)에서 대법원은 시장지배적 사업자의 배타조건부거래행위의 부당성의 의미는 일반사업자의 불공정거래행위의 부당성과 다르다고 하면서, 후자의 부당성은 "배타조건부거래행위가 물품의 구입 또는 유통경로의 차단, 경쟁수단의 제한을 통하여 자기 또는 계열회사의 경쟁사업자나 잠재적 경쟁사업자를 관련시장에서 배제하거나 배제할 우려가 있는지를 비롯한 경쟁제한성을 중심으로 그 유무를 평가하되, 거래상대방인 특정 사업자가 당해 배타조건부거래행위로 거래처 선택의 자유 등이 제한됨으로써 자유

---

86) 공정거래위원회 2002.11.28. 의결 제2002-341호.
87) 공정거래위원회 2015.3.6. 의결 제2015-070호.
88) 공정거래위원회 2018.11.15. 의결 제2018-341호.
89) 대법원 2006.12.7. 선고 2004두4703 판결.
90) 대법원 2013.4.25. 선고 2010두25909 판결.

로운 의사결정이 저해되었거나 저해될 우려가 있는지 등도 아울러 고려할 수 있다고 보는 것이 타당하다."고 하였다.

또한 거래지역 또는 거래상대방의 제한행위에 관한 사건을 보면, 대법원은 '한국도로공사' 판결[91]에서 "거래상대방에 대한 소정의 경영간섭행위와 구속조건부거래행위는 그 규제의 목적과 당해 규정의 내용 등에 비추어 볼 때 문제된 행위의 의도와 목적, 효과와 영향 등 구체적 태양과 거래 상품의 특성, 유통 거래의 상황, 해당 사업자의 시장에서의 지위 등에 비추어 우월적 지위의 남용행위로 인정되거나 경쟁제한적 효과가 인정되는 것이라야 한다."고 하면서, 구속조건부거래행위의 부당성을 경쟁제한성으로 보았다.

이후 '한국캘러웨이' 판결[92]과 '필립스 전자' 판결[93]에서 대법원은 거래지역 또는 거래상대방의 제한행위가 공정한 거래를 저해할 우려가 있는지 여부는 "해당 행위의 의도와 목적, 효과와 영향 등 구체적 태양과 거래의 형태, 상품 또는 용역의 특성, 시장 상황, 사업자 및 거래상대방의 시장에서의 지위, 제한의 내용과 정도, 경쟁에 미치는 영향, 공정거래법상 위법한 목적 달성을 위한 다른 행위와 함께 또는 그 수단으로 사용되는지 여부 등을 종합적으로 고려하여 판단하여야 한다."고 하였다. 대법원은 부당성 판단을 위한 한 요소로 '경쟁에 미치는 영향'을 고려하였을 뿐이다.

---

91) 대법원 2000.10.6. 선고 99다30817·30824 판결.
92) 대법원 2011.3.10. 선고 2010두9976 판결.
93) 대법원 2017.6.19. 선고 2013두17435 판결.

IV. 시장지배적 지위 남용행위와의 관계

1. 학설

공정위 심사기준과 같이 불공정거래행위의 부당성 판단기준을 불공정성과 경쟁제한성으로 이원화하게 된다면, 시장지배적 지위 남용행위와 불공정거래행위 모두 경쟁제한성을 부당성 판단기준으로 고려하게 된다.

시장지배적 지위 남용행위와 불공정거래행위의 관계는 어떻게 이해하는 것이 적절한가? 학설을 살펴보면, 첫째로, 다수설은 양자의 본질은 중복된다는 것이다. 두 규정이 모두 적용될 수 있는 경우 남용행위 규정이 우선 적용되어야 한다는 점에서 두 규정의 관계를 특별법적 관계로 설명하는 견해가 있다.[94] 시장지배적 사업자의 행위의 경우 남용행위 규정을 적용하고, 그러한 사업자가 아닌 경우 불공정거래행위 규정을 적용해야 한다는 것이다.[95]

둘째로, 양자의 관계를 일반법과 특별법의 관계로 정형화하는 것은 적절하지 않고, 규범의 중복현상이 다면적으로 발생한다는 점에서 두 법조를 선택적으로 적용하는 것이 적절하다는 견해도 있다.[96]

셋째로, 양자가 중복될 수 있다는 점에서, 입법적으로 경쟁을 제한하는 행위는 시장지배적 지위 남용행위로, 경쟁제한과 무관한 불공정거래행위는 별도로 금지하는 것이 필요하다는 견해도 있다.[97]

넷째로, 양자의 본질은 구분된다고 보는 견해가 있다. 시장지배적 지

---

94) 권오승·홍명수(제14판), 321-322면.
95) 심재한, "공정거래법상 불공정거래행위에 대한 연구", 안암법학 제27권, 2008, 565면; 홍명수, "시장지배적 지위 남용행위와 불공정거래행위의 관계와 단독행위 규제체계의 개선", 경쟁법연구 제33권, 2016, 59-60면.
96) 정호열(제7판), 387면.
97) 이호영(제6판), 51-52면.

위를 전제로 잔존경쟁의 저해행위나 지배력 강화·유지하는 행위는 남용행위로 금지하고, 불공정거래행위는 계약자유의 실질적 제한과 같은 불공정성에서 찾아야 한다는 견해도 있다.[98]

　다섯째로, 시장지배적 지위 남용행위와 불공정거래행위의 위법성을 구분할 명쾌한 설명을 제시하기가 어렵다는 평가도 있다.[99]

2. 두 규정을 중복 적용한 예

　공정위는 불공정거래행위 심사지침에서 불공정거래행위가 시장지배적 지위 남용행위 위반에도 해당될 경우에는 남용 규정을 우선적으로 적용함을 원칙으로 하고 있다. 공정위는 남용행위 규정과 불공정거래행위 규정이 입법목적과 보호법익이 다르다는 점에서 중복 적용될 수 있다고 보고, 다만 중복 적용하는 경우 법위반행위의 기초가 되는 사실이 하나인 것을 감안하여 법정 과징금 부과기준율이 더 높은 남용행위 위반에 따른 과징금만 부과하였다. 예를 들어, 공정위는 'Microsoft' 사건[100]에서 결합판매행위와, '현대모비스' 사건[101]에서 배타조건부거래행위, '퀄컴' 사건[102]에서 로열티 차별적 부과행위에 대하여 두 규정을 모두를 위반하였다고 결정하였다.

　대법원 역시 두 규정을 중복하여 적용하기도 하였고, 양자의 위법성이 구분된다고 하기도 하였다. 거래거절에 관한 전원합의체 판결인 '포스코' 판결[103]이나 배타조건부거래에 관한 'S-OIL' 판결[104]에서 대법원은

　98) 이봉의, 앞의 글(2004-d), 662-664면.
　99) 조성국, "시장지배적지위 남용행위에 대한 위법성 판단기준에 관한 연구-최근 대법원 판결을 중심으로-", 경쟁법연구 제19권, 2009.
100) 공정위 2006.2.24. 의결 제2006-42호.
101) 공정위 2009.6.5. 의결 제2009-133호.
102) 공정위 2009.12.30. 의결 제2009-281호.
103) 대법원 2007.11.22. 선고 2002두8626 전원합의체 판결.
104) 대법원 2013.4.25. 선고 2010두25909 판결.

두 규정의 부당성 판단기준은 구분되어야 한다고 하였다. 하지만 '현대모비스' 판결[105]에서 대법원은 배타조건부거래행위가 경쟁제한성이 있다는 점에서 두 규정을 모두 적용하였다.

3. 두 규정의 부당성 판단기준이 구분되지 않음에 따른 혼선

시장지배적 지위 남용행위와 불공정거래행위의 부당성 판단기준은 무엇인지, 그리고 어떠한 경우에 어떠한 규정이 적용되어야 하는지가 명확하지 않다.

'포스코' 판결 이후 실무상 시장지배적 지위 남용행위의 부당성을 입증하는 것이 어렵다는 점에서, 법 적용이 상대적으로 용이한 불공정거래행위 규정이 적용되는 경향이 있어왔다. '포스코' 판결에서 대법원은 남용행위의 부당성을 입증하기 위해서는 객관적인 경쟁제한효과를 입증하거나, 객관적 경쟁제한의 우려가 있는 경우 경쟁제한의 의도도 입증해야 한다고 하였다. 이후 법원은 객관적인 경쟁제한효과와 경쟁제한의도를 입증해야 남용행위에 해당된다고 인정하였다.

시장지배적 지위 남용행위 규정은 시장지배적 사업자로 인하여 구조적으로 시장에서 경쟁이 제한된 경우 시장의 잔존경쟁을 보호하기 위하여[106], 불공정거래행위보다 높은 수준의 과징금 상한과 형사적 제재 기준을 두고 있다. 그럼에도 '포스코' 판결 이후 시장지배적 지위 남용행위의 집행은 상당히 어려워지게 되었다.

그런데, '포스코' 판결의 다수의견이나 불공정거래행위에 관한 대부분의 판결에서 불공정거래행위의 부당성은 불공정성에 있다고 하였음에도, 공정위는 불공정거래행위의 부당성을 경쟁제한성과 불공정성으로 이원화하고 있다.

---

105) 대법원 2014.4.10. 선고 2012두6308 판결.
106) 이봉의, "공정거래법상 방해남용의 위법성 판단기준", 법조 제565호, 2003, 124면.

시장지배적 지위 남용행위와 불공정거래행위의 부당성 판단기준이 구분되지 않은 상황에서, 실무상 혼선도 발생하였다.[107] '현대자동차' 판결[108]과 '기아자동차' 판결[109]에서 대법원은 판매대리점의 거점 이전 승인 및 판매인원 채용등록을 지연하거나 거부하는 등 판매대리점의 사업활동을 방해한 행위에 대하여 '현대자동차' 판결에서는 시장지배적 지위 남용행위로서 부당성을 인정하였고, '기아자동차' 판결에서는 부당성을 인정하지 않았다. 이에 대하여 직영판매점과 판매대리점 사이에 경쟁관계가 존재하지 않음에도 남용행위 규정을 적용한 것은 적절하지 않았다는 비판이 제기되었다. 이는 거래상대방에게 거래상 지위 남용행위로서 불이익을 제공하였다는 점에서, 불공정거래행위 규정을 적용하는 것이 적절하였다는 것이었다.[110]

---

107) 이봉의, 앞의 글(2004-d), 662면.
108) 대법원 2010.3.25. 선고 2008두7465 판결.
109) 대법원 2010.4.8. 선고 2008두17707 판결.
110) 이봉의, "공정거래법상 부당한 사업활동방해의 경쟁제한성 판단", 경제법판례연구 제10권, 법문사, 2017-a, 39-42면; 홍대식, "시장지배적 지위 남용행위의 판단기준 개선방안", 경쟁법연구 제21권, 2010-a, 131면.

제2절 독일 UWG상 기준

Ⅰ. 불공정한 행위의 금지에 관한 일반조항의 기준

1. 2004년 개정법상 불공정한 경쟁행위

2004년 개정법은 영업상 거래에서 경쟁을 목적으로 하는 양속위반 행위를 금지하는 구법 제1조의 일반조항을 삭제하는 대신, 제3조의 일반조항에서 경쟁자와 소비자 및 그 밖의 시장참여자에게 피해를 주어 경쟁을 '사소하지 않게 제한하는'(nicht nur unerheblich zu beeinträchtigen) '불공정한 경쟁행위'(unlauteren Unlautere Wettbewerbshandlungen)를 금지할 수 있다고 하였다.

첫째로, 동조는 구법 제1조의 영업상 거래에서 경쟁을 목적으로 하는 행위뿐만 아니라 모든 행위에 대하여 적용되었다. 둘째로, 입법자는 경미한 경쟁 저촉행위로는 일반이익이 침해되지 않는다는 점에서 법 제3조에 '사소하지 않게'라는 문언을 추가하였다. 이는 불공정한 경쟁행위들 중 상당한 부분이 정당화되는 것이 아니라 미소한 행위(Bagatellfällen)에 대한 법적용을 배제하는 것이었다.[111]

2. 2008년 개정법상 불공정거래행위

2008년 개정법 제3조 제1항의 일반조항은 경쟁자, 소비자 또는 다른 시장참여자들의 '이익'을 '상당하게 제한하는'(spürbar zu beeinträchtigen) '불공정거래행위'(unlauteren geschäftlichen Handlungen)가 금지될 수 있다고 하였다.

---

111) 심재한, 앞의 글(2005), 10-11면; Volker Emmerich, a.a.O., S. 85-86.

2005년 유럽연합 공동체는 역내시장에서 소비자의 경제적 이익을 침해하는 불공정거래행위를 금지하는 회원국들의 법이 최대한의 '조화'(harmonisation)를 이룰 수 있도록, '불공정상행위 지침'을 제정하였다. 그에 따라, UWG는 '불공정한 경쟁행위'라는 문언을 '불공정거래행위'로 변경하였고, 경쟁이 아니라 이익의 침해행위를 금지하였던 것이었다.

직접적인 경쟁관계가 없는 행위에 관해서도 법이 적용될 수 있게 됨으로써, 동법은 2004년 개정법보다 소비자에 대한 보호를 더욱 강화하였다고 평가되었다.[112] 이러한 점에서 2008년 개정법은 더 이상 순수한 경쟁법이 아니라 불공정거래행위에 관한 법이 되었다는 평가를 받았다.

그런데 2008년 개정법 제3조 제1항은 불공정거래행위가 경쟁자나 소비자, 그 밖의 시장참여자의 이익을 '상당히 제한하는' 경우에 금지될 수 있다고 하였다. 동조는 불공정거래행위에 대하여 '상당성'을 요구함으로써, 경쟁에 미치는 영향이 미미하거나 단순한 이익침해에 그치는 행위에 대해서는 금지하지 않았다. 그럼으로써 동조는 소비자보호를 목적으로 한 유럽연합의 위 지침과는 차이를 두었다.

3. 2015년 개정법상 불공정거래행위

2015년 개정법 제3조 제1항[113]은 구법의 상당성 요건을 삭제하면서 불공정거래행위(Unlautere geschäftliche Handlungen)가 금지될 수 있다고 하였다. 이는 소비자보호를 강화하기 위하여 유럽연합의 '불공정상행위 지침' 제5조 제1항과 더욱 일치하도록 하기 위함이었다.

그러자 법원이 과거 판례와의 일관된 해석을 하기 위하여, 2015년 개

---

112) Carl von Jagowzur, "Auswirkungen der UWG-Reform 2008 auf die Durchsetzung wettbewerbsrechtlicher Ansprüche im Gesundheitsbereich", GRUR, 2010, S. 195; Harte-Bavendamm·Henning-Bodewig, a.a.O., Kapital 1. § 1 Rn. 15.

113) "Unlautere geschäftliche Handlungen sind unzulässig." 현행법인 2022년 개정법에서도 동조는 그대로이다.

정법의 적용에 있어서도 이익 침해가 상당하지 않은 미소한 사건
(Bagatellfall)을 금지할 것인지에 대한 논쟁이 있었다. 법원은 제3조 제1항
에 상당성 요건이 없더라도, 불공정성의 요건을 충족하기 위해서는 그
자체로 상당한 것이어야 한다고 해석하였다.[114]

한편, 구법 제4조 제11호였던 개정법 제3조에는 법위반행위(Rechtsbruch)
라는 제목이 붙었고, 동조는 시장참여자의 이익을 위해 시장행동을 규제한
법조항을 위반하여, 경쟁자, 소비자 또는 다른 시장참여자들의 이익을 '상당
히'(spürbar) 제한하는 경우 불공정하다고 하였다.[115] 이는 동법 제3조부터
제7조 위반에 해당하지 않는 행위에 대하여 적용될 수 있었다.

통설은 개정법 제3조a의 상당성 요건이 제3조 제1항의 위법성 판단에
보충적인 역할을 하여, 제3조 제1항의 불공정거래행위가 금지되기 위해
서는 여전히 상당성 요건이 요구된다고 하였다.[116] 또한 통설은 동법 제
1조가 2004년 개정법에서 명문화하였던 법의 목적에 관한 규정을 그대로
두고 있다는 점에서, 개정법 제3조는 종래 UWG가 왜곡되지 않은 경쟁
과정이 기능하도록 보장하기 위하여, 금지해오던 불공정성의 개념을 변
경한 것이 아니라고 하였다.[117]

---

114) Harte-Bavendamm·Henning-Bodewig, a.a.O., Kapital 1. § 3 Rn. 199-204; Köhler·
    Bornkamm, a.a.O., UWG Kapital 1. § 3 Rn. 2.20.
115) "Unlauter handelt, wer einer gesetzlichen Vorschrift zuwiderhandelt, die auch dazu
    bestimmt ist, im Interesse der Marktteilnehmer das Marktverhalten zu regeln, und der
    Versto β geeignet ist, die Interessen von Verbrauchern, sonstigen Marktteilnehmern
    oder Mitbewerbern spürbar zu beeinträchtigen."
116) Harte-Bavendamm·Henning-Bodewig, a.a.O., Einleitung A. Rn. 36.
117) Harte-Bavendamm·Henning-Bodewig, a.a.O., Kapital 1. § 3 Rn. 140-143.

II. 소비자 이익 침해행위에 관한 일반조항의 기준

1. 2008년 개정법 제3조 제2항의 소비자 이익 침해행위

2008년 개정법은 소비자의 보호에 관한 유럽연합 '불공정상행위 지침' 과 조화를 이루기 위하여, 동법 제3조 제2항에서 '소비자에 관한 일반조항'(Verbrauchergeneral klausel)을 도입하였다. 이 조항은 ① 사업자가 그에게 요구되는 '전문적 성실'(professional diligence)을 다하지 않고, ② 소비자의 정보에 기초한 의사결정을 '상당히'(spürbar) 제한할 우려가 있고, ③ 그렇지 않았더라면 하지 않았을 소비자의 거래 결정을 야기한 경우에, 불공정하여 금지될 수 있다고 하였다.[118]

이는 유럽연합 '불공정상행위 지침' 제5조에서 소비자에 대한 사업자의 불공정한 행위를 금지하는 일반조항을 수용한 것이었다. 동조 제2항은 불공정한 행위란 (a) 사업자가 '전문적 성실성'을 다하지 않고, (b) 소비자의 경제적 행동을 실질적으로 왜곡하거나 그러할 가능성이 있는 경우라고 하였다.[119]

여기서 '전문적 성실'이란 "선량한 풍속이나 신의의 일반적 원칙에 상응하는 개념으로, 전문적 성실을 사업자가 합리적으로 행사하도록 기대되는 능력과 주의를 다할 것"을 의미한다.[120]

---

118) "Geschäftliche Handlungen gegenüber Verbrauchern sind jedenfalls dann unzulässig, wenn sie nicht der für den Unternehmer geltenden fachlichen Sorgfalt entsprechen und dazu geeignet sind, die Fähigkeit des Verbrauchers, sich auf Grund von Informationen zu entscheiden, spürbar zu beeinträchtigen und ihn damit zu einer geschäftlichen Entscheidung zu veranlassen, die er andernfalls nicht getroffen hätte."

119) (a) it is contrary to the requirements of professional diligence, and (b) it materially distorts or is likely to materially distort the economic behaviour with regard to the product of the average consumer whom it reaches or to whom it is addressed, or of the average member of the group when a commercial practice is directed to a particular group of consumers.

또한 소비자란 평균소비자 집단 또는 특정한 소비자집단을 지향하는 경우 그러한 집단의 평균 구성원을 기준으로 한다. 특별히 정신적으로나 신체적으로 취약하거나 나이 들거나 속기 쉬워서 특별히 보호할 필요가 있고 분명하게 파악될 수 있는 소비자집단의 평균 구성원의 관점을 사업자가 예상가능하다면 그 집단을 기준으로 한다.

2008년 개정법 제3조 제2항은 소비자에 대한 '상당한' 이익침해행위를 금지하였다. 위 규정은 동조 제1항의 불공정거래행위를 금지하는 일반조항과 같이 상당성 요건을 요구하였다. 즉 소비자의 '결정의 자유 제한'(Beeinträchtigung der Entscheidungsfreiheit)이라는 이익침해의 정도가 상당한 또는 사소하지 않은 경우에는 금지될 수 있었다.[121]

제3조 제2항의 위반 여부를 판단하기 위해서는 전체적인 평가가 이루어져야 하는데, 거래행위의 빈도와 강도, 기간을 종합적으로 고려하고, 기간이 한번이나 짧은 기간이라도 고려할 수 있으며, 사업자의 시장에서의 힘도 중요하게 고려할 수 있었다. 하지만, 잠재적으로 영향을 받는 소비자의 전체 규모나 행위 한 사업자가 누리는 경쟁상 이익은 고려되지 않았다.[122]

2. 2015년 개정법 제3조 제2항의 소비자 이익 침해행위

2015년 개정법 제3조 제2항은 소비자를 향하거나 소비자에게 이르는 거래행위가 '사업자의 성실성'(unternehmerischen Sorgfalt)에 상응하지 않고, '소비자의 경제적 행동에 본질적인 영향이 있는' 경우 불공정하다고 하였다.[123]

---

120) 홍대식, 앞의 글(2010-b), 299-300면.
121) Carl von Jagowzur, a.a.O., S. 194.
122) Ohly·Sosnitza, UWG(7. Auflage), C.H.Beck, 2016, Kapital 1. § 3 Rn. 83; Peter W. Heermann·Jochen Schlingloff, Münchener Kommentar zum Lauterkeitsrecht(3. Auflage), 2020, Band. 1, B. Kommentierung Teil. UWG Kapital 1. § 3 Rn. 129.

동조를 2008년 개정법과 비교해보면, 첫째로, 위 규정은 '전문적 성실성' 대신 '사업자의 성실성'이라는 문구를 사용하였는데, 내용적인 변화가 있는 것은 아니었다.

둘째로, 2008년 개정법에서는 제3조 제1항의 불공정거래행위에 관한 일반조항과 제2항의 소비자에 관한 이익침해행위를 금지하는 일반조항의 관계를 어떻게 해석할지가 문제가 되었다.[124] 그러다가 2015년 개정법에서는 두 규정의 관계를 정리하였는데, 제3조 제2항에 해당되는 행위는 불공정하다고 변경함으로써, 이를 금지하기 위해서는 제1항에 근거하여야 하도록 하였다. 동조 제2항은 제1항의 불공정거래행위 중 소비자 보호를 위한 규정이라고 할 수 있게 되었다.

셋째로, 2015년 개정법에서는 소비자 피해에 대한 상당성 요건이 삭제되었음에도, 소비자에게 '본질적인 영향'이 있을 것을 요구하여 구법과 마찬가지로 사소하지 않은 행위가 불공정하였다.[125] 이는 유럽연합 '불공정상행위 지침' 제5조 제2항 (b)에서 "소비자의 경제적 행동을 실질적으로 왜곡하거나 그러할 가능성이 있을 것"을 요구한 것에 따른 것이었다.[126]

3. 2008년 개정법 이후 제3조 제3항 등

2008년 개정법 이후 제3조 제3항은 '취약한 소비자'(vulnerable consumer)군을 특별히 보호하고자 하였다. 이는 동법의 부록에 열거된 30개의 소비자와의 거래는 항상 금지된다고 하였다. 2022년 개정된 현행법에서는 32

---

123) "Geschäftliche Handlungen, die sich an Verbraucher richten oder diese erreichen, sind unlauter, wenn sie nicht der unternehmerischen Sorgfalt entsprechen und dazu geeignet sind, das wirtschaftliche Verhalten des Verbrauchers wesentlich zu beeinflussen."

124) 박윤석·안효질, 앞의 글, 265-266면.

125) Harte-Bavendamm·Henning-Bodewig, a.a.O., Kapital 1. § 3 Rn. 198-198b.

126) Harte-Bavendamm·Henning-Bodewig, a.a.O., Einleitung A, Rn. 30-31.

개의 행위가 항상 금지된다.

2015년 개정법은 제3조 제4항을 추가하여 평균소비자(durchschnittlichen Verbraucher)와 취약한 소비자군이 동조의 보호대상이라고 하였다. 이는 2008년 개정법 제3조 제2항의 소비자에 대한 판단기준을 떼어내어 제4항을 신설한 것이었다.

한편, 2022년 개정법에서 신설된 제5조c는 2017년 유럽연합의 지침[127] 제3조 제3항 등에 따라서 소비자의 이익을 '널리 침해하는'(widespread infringement) 행위를 금지한다.[128] 법에서 소비자 이익침해행위가 금지될 수 있음에도 불구하고, 제5조c를 신설한 이유는 유럽 전역에서 소비자 이익 침해행위를 보다 더 통일되고 효과적으로 금지할 수 있도록 하기 위함이었다. 고의나 과실로 위 규정을 위반한 자는 법 제19조 제1항과 제2항에 따라 질서위반(Ordnungswidrig)으로 최대 5만 유로의 벌금에 처해질 수 있고, 유럽연합 회원국에서 연간매출액이 큰 사업자에게는 매출액의 4%를 초과하지 않는 범위 내에서 더 높은 수준의 벌금이 부과될 수 있다.

---

127) Verordnung (EU) 2017/2394 des Europäischen Parlaments and of the Council.

128) "Die Verletzung von Verbraucherinteressen durch unlautere geschäftliche Handlungen ist verboten, wenn es sich um einen weitverbreiteten Verstoβ gemäβ Artikel 3 Nummer 3 der Verordnung (EU) 2017/2394 des Europäischen Parlaments und des Rates vom 12. Dezember 2017 über die Zusammenarbeit zwischen den für die Durchsetzung der Verbraucherschutzgesetze zuständigen nationalen Behörden und zur Aufhebung der Verordnung (EG) Nr. 2006/2004 (ABl. L 345 vom 27.12.2017, S. 1), die zuletzt durch die Richtlinie (EU) 2019/771 (ABl. L 136 vom 22.5.2019, S. 28; L 305 vom 26.11.2019, S. 66) geändert worden ist, oder einen weitverbreiteten Verstoβ mit Unions-Dimension gemäβ Artikel 3 Nummer 4 der Verordnung (EU) 2017/2394 handelt."

III. 불공정한 행위 규정의 기준

1. 불공정한 행위 규정의 연혁

2004년 개정법 제4조는 판례가 양속위반행위로 금지해왔던 대표적인 행위 유형들을 '불공정한 행위'로 열거하였다.[129] 법 개정 이유서는 동조를 신설한 이유는 법의 새로운 구조 체계를 마련하여 사업자에게 법위반행위에 대한 명확성을 제시하기 위함이라고 하였다.[130] 법 제4조 제1호부터 제6호는 주로 거래상대방을 보호하기 위한 것이었고, 제7호부터 제10호는 경쟁자를, 제11호는 양자를 모두 보호하기 위한 것이었다.[131]

2015년 개정법은 제4조를 경쟁자보호(Mitbewerberschutz)에 관한 조항으로 변경하였고, 제4조a를 신설하여 '공격적인 거래행위'(Aggressive geschäftliche Handlungen)로부터 소비자나 시장참여자를 보호하는 조항을 두었다. 이는 구법 제4조의 규정을 수평적 관계에 있는 경쟁자의 보호에 관한 규정과 수직적 관계에 있는 거래상대방이나 소비자에 대한 보호규정을 나눔으로써, 법의 명확성을 높였다고 평가되었다.[132]

따라서 구법 제4조 제7호부터 제10호는 2015년 개정법 제4조 제1항부터 제4항으로, 구법 제4조 제1호와 2호는 개정법 제4조a로, 구법 제4조 제11호는 개정법 제3조a로 변경되었다. 입법 개정서에 따르면, 구법 제4조 제3호부터 제6호는 개정법 제5조와 제5조a의 오인유발행위에 포함될 수 있게 되었다.[133]

---

129) Rolf Sack, "Leistungsschutz nach § 3 UWG", GRUR, 2016, S. 782.
130) 심재한, 앞의 글(2005), 11면.
131) Ansgar Ohly, a.a.O.(2016), S. 4.
132) Ohly·Sosnitza, a.a.O., 2016, Kapital 1. § 4 Rn. 1.
133) 2008년 개정법 제4조의 불공정행위에 관한 예시규정의 제3호는 광고로서의 성격을 은폐하는 행위, 제4호는 가격할인, 경품 또는 선물과 같은 판촉수단과 관련하여 그 제공 조건을 분명하게 제시하지 않는 행위, 제5호는 광고 성격의 현상 또는 추첨의 참가조건을 불명확하고 모호하게 제시하는 행위, 제6호

한편, 법 제5조부터 제7조는 오인유발과 비교광고, 성가시게 하는 행위에 관한 불공정한 행위에 관한 것이다. 2004년 개정법은 제5조에서 오인유발광고(Irreführende Werbung)와, 제6조에서 비교광고(Vergleichende Werbung), 제7조에서 시장참여자를 '성가시게 하는 행위'(Unzumutbare Belästigungen)가 불공정하다고 하였다. 제7조는 판례에서 양속위반으로 금지하던 행위들을 유형화한 것이었다.

2008년 개정법은 제5조를 '오인유발적 상행위'(Irreführende geschäftliche Handlungen)에 관한 규정으로 변경하였고, 제5조a에서 오인유발적 숨김행위(Irreführung durch Unterlassen)에 관한 규정을 신설하였다.

2. 불공정한 행위 규정들과 일반조항의 관계

2004년 개정법 제3조는 불공정경쟁행위를 금지하는 일반조항이었다. 법 제4조 내지 제7조는 '제3조의 의미 안에서 불공정한'(Unlauter im Sinne von § 3 handelt) 행위에 관한 것이었다. 위 규정들은 어떠한 행위가 불공정한 것인가에 대해서만 정하고 있었기에, 그러한 행위들은 법 제3조에 따라 금지되었다.

2008년 개정법은 제4조부터 제6조의 불공정한 행위에 관한 규정에서 구법상 '제3조의 의미 안에서'라는 문구를 삭제하였다. 하지만 제3조 제1항의 일반조항이 불공정거래행위를 금지하고 있기 때문에, 제4조부터 제6조에 해당하는 모든 불공정거래행위가 곧바로 금지되는 것은 아니었다. 즉 제3조 제1항에 따라 경쟁자나 소비자, 그 밖의 시장참여자의 이익을 상당하게 제한하는 불공정거래행위인 경우에 금지된다고 해석되었다. 다만, 동법 제7조에 해당하는 행위는 동조에 의해 금지될 수 있었다.

는 상품의 구입을 현상 또는 추첨에 참가하는 조건으로 하는 행위에 관한 것이었다.

3. 경쟁자 침해행위

2015년 개정 후, 법 제4조는 4가지 불공정한 경쟁자 침해행위 규정을 두었다. 여기에는 경쟁자에 대한 평가절하행위(Herabsetzung)와 비방행위(Anschwärzung), 모방행위(Nachahmung), '경쟁자를 겨냥한'(Mitbewerber gezielt) 방해(Behinderungs) 행위가 있다.

가. 평가절하행위

법 제4조 제1항은 경쟁자의 표지나 상품, 서비스, 활동들(Tätigkeiten), 인격적으로나 거래상 관계를 평가 저하시키거나(herabsetzen) 비난하는 (verunglimpft) 자는 불공정한 행위를 한 것이라고 한다.[134] 사업자는 헌법상 표현의 자유에 의하여, 객관적으로 경쟁자를 비판할 수 있고 이는 정당한 경쟁행위에 해당한다. 그에 반해, '객관적이지 않은'(unsachlicher) 방식으로 경쟁자를 가치절하하는 행위는 불공정할 수 있다.

이러한 행위는 결과적으로 관련시장에서 경쟁을 왜곡하고(verfälscht) 경쟁자의 사업상 이익을 불필요하게 침해하는 것이다. 따라서 이러한 행위를 금지하는 이유는 직접적으로는 개별적인 경쟁자의 이익을 보호하고, 간접적으로는 소비자와 시장참여자까지 보호하기 위함이다.[135]

이러한 행위에 해당하는지를 판단하기 위해서는 사업자의 헌법상 표현의 자유와 그로 인한 경쟁자의 이익침해 정도를 형량해야 한다.[136] 연방대법원은 개별적인 상황, 특히 언급의 내용과 형식, 그러한 행위의 이유, 전반적인 맥락, '거래에 대한 이해가능한 가능성'(Verständnismöglichkeiten

---

134) "die Kennzeichen, Waren, Dienstleistungen, Tätigkeiten oder persönlichen oder geschäftlichen Verhältnisse eines Mitbewerbers herabsetzt oder verunglimpft."

135) Köhler·Bornkamm, a.a.O., UWG Kapital 1. § 4 Rn. 1.2.

136) BGH, NJW 2016, 3373 (unter Nr. 7 in diesem Heft) = GRUR 2016, 710 - Im Immobiliensumpf.

des angesprochenen Verkehrs) 등을 '전체적으로 평가'(Gesamtwürdigung) 해
야 한다고 하였다.[137] 경쟁자에 대한 구체적인 위험이 있어야 하고, 성
과경쟁에 대한 위험이 된다는 전체적인 증거만으로는 충분하지 않다. 또
한 경쟁자에 대한 부정적인 진술이 모두 불공정하다고 볼 수 없기에, 법
제4조 제2항의 허위사실 유포행위보다 더 엄격하게 이익침해의 입증이
요구된다.[138]

나. 비방행위

법 제4조 제2항은 경쟁자의 상품이나 서비스 또는 구성원 등에 대한
허위사실을 유포하여 경쟁자의 사업(Unternehmensleitung)이나 신용에 피
해를 끼치는 자의 행위는 불공정하다고 한다.[139] 이러한 행위는 사실이
아니거나 확인할 수 없는 허위성(Unwahrheit)의 글이나 말로 명시적으로
나 암시하여 주장하거나 유포하는 행위를 통하여 경쟁자에게 영향을 주
는 것을 말한다. 그러한 정보에 영향을 받을 기회가 제3자에게 있었다는
것으로 충분하고, 그러한 제3자의 수는 중요하지 않다.[140]

---

137) Köhler·Bornkamm, a.a.O., UWG Kapital 1. § 4 Rn. 1.13: BGH WRP 2016, 843 Rn. 38.
138) Peter W. Heermann·Jochen Schlingloff, Münchener Kommentar zum Lauterkeitsrecht(UWG)(2.
　　Auflage), Band 1, C.H.Beck, 2014, B. Kommentierung Teil IV § 4 Nr. 7 Rn. 30.
139) "über die Waren, Dienstleistungen oder das Unternehmen eines Mitbewerbers oder
　　über den Unternehmer oder ein Mitglied der Unternehmensleitung Tatsachen
　　behauptet oder verbreitet, die geeignet sind, den Betrieb des Unternehmens oder
　　den Kredit des Unternehmers zu schädigen, sofern die Tatsachen nicht erweislich
　　wahr sind; handelt es sich um vertrauliche Mitteilungen und hat der Mitteilende
　　oder der Empfänger der Mitteilung an ihr ein berechtigtes Interesse, so ist die
　　Handlung nur dann unlauter, wenn die Tatsachen der Wahrheit zuwider behauptet
　　oder verbreitet wurden."
140) Peter W. Heermann·Jochen Schlingloff, a.a.O.(2014), B. Kommentierung Teil IV § 4
　　Nr. 8 Rn. 58-60.

다. 모방행위

법 제4조 제3항은 경쟁자의 상품이나 서비스를 모방한 것을 공급한 자로서, 원본에 대한 구매자의 회피가능한 착각(Täuschung)을 야기한 자 (a목), 또는 모방한 상품이나 서비스의 명성(Wertschätzung)을 부적절하게 사용하거나 제한한 자(b목), 모방에 필요한 지식이나 증거(Unterlagen)를 부정하게 얻은 자(c목)는 불공정한 행위를 한 것이라고 한다.[141]

위 규정은 경쟁자의 성과(Leistungs)를 보호하고, 사업자에게 성과경쟁을 하라는 시장행동규제(Marktverhaltensregelung)를 한다.[142] 이는 사업자의 '성과결과물'을 배타적인 권리로서 보호하고자 하는 것이라기보다는, 경쟁자가 사업자의 성과에 의한 결과물을 '불공정하게 돈벌이'(unlauteren Vermarktung)하는 것을 제한하고자 한 것이다.[143]

모방행위는 비-성과경쟁행위로서 금지되지만, 그 자체로 당연위법은 아니다. 모방의 정도와 유사성이 상당하고, 모방행위가 경쟁자의 이익을 상당히 침해하는 경우에만 불공정하다.[144]

---

141) "Waren oder Dienstleistungen anbietet, die eine Nachahmung der Waren oder Dienstleistungen eines Mitbewerbers sind, wenn er a) eine vermeidbare Täuschung der Abnehmer über die betriebliche Herkunft herbeiführt, b) die Wertschätzung der nachgeahmten Ware oder Dienstleistung unangemessen ausnutzt oder beeinträchtigt oder c) die für die Nachahmung erforderlichen Kenntnisse oder Unterlagen unredlich erlangt hat."

142) Rolf Sack, a.a.O.(2016), S. 782-784.

143) Köhler·Bornkamm, a.a.O., UWG Kapital 1. § 4 Rn. 3.4: BGH GRUR 1967, 315 (317) - scai-cubana; BGH GRUR 1977, 666 (667) - Einbauleuchten; zum jetzigen Recht BGH GRUR 2005, 349 (352) - Klemmbausteine III; OLG Frankfurt GRUR-RR 2012, 213 (215); OLG Köln GRUR-RP 2014, 393 (394).

144) Peter W. Heermann·Jochen Schlingloff, a.a.O.(2014), B. Kommentierung Teil IV § 4 Nr. 9 Rn. 72, 76-77.

라. 경쟁자를 겨냥한 방해행위

법 제4조 제4항은 경쟁자를 겨냥한 방해행위는 불공정하다고 한다. 사업자의 행위가 상대방의 자유로운 경쟁행위를 방해하는데 기여하는 경우, 상대방의 피해가 더 크다면 위법하다.[145] 2004년 입법이유서에 따르면, 이는 판례가 양속위반으로서 전형적으로 금지해온 방해행위를 명문화한 것이었다.

그러한 행위의 예로는 판매방해(Absatzbehinderung), 수요방해(Nachfrage-behinderung), 광고방해(Werbebehinderung), 표지사용을 통한 방해(Behinderung durch Kennzeichenverwendung), 종업원채용을 통한 방해(Behinderung durch Mitarbeiterabwerbung), 보이코트(Boykott), 수요지배력 남용, 경쟁자를 식별가능하지 않은 비교광고(Vergleichende Werbung ohne erkennbare Bezugnahme auf Mitbewerber), 영업장애(Betriebsstörung), 약탈가격(Preisunterbietung) 등이 있다.[146]

이러한 행위의 불공정성을 판단하기 위해서는 '경쟁자를 겨냥한 의도'와 경쟁자를 방해하여 경쟁상 이익을 얻는지의 여부를 고려하여야 하였다. 첫째로, 경쟁자를 겨냥한 또는 의도된 주관적 의도가 있는지는 경쟁자의 이익이 침해될 위험이 있고, 경쟁자를 배제하고 약화시킬 의도가 없다고 볼 수 없는 한 인정되었다.[147]

둘째로, 법원은 경쟁자를 겨냥한 방해행위가 전통적으로 경쟁자의 이익을 침해하여 그의 '경쟁 전개가능성의 저해'(Beeinträchtigung der wettb erblichen Entfaltungsmöglichkeiten)를 야기한다는 점에서 불공정성을 인정하였다. 연방대법원은 경쟁자에게 피해를 제공하거나 고의로 방해행위를 한 자가 '어느 정도의'(nennenswerten) 또는 객관적으로 상당한 '경쟁상의 이익'(competitive advantage)을 얻는 경우에 불공정하다고 하였다.

---

145) 심재한, 앞의 글(2005), 13-14면.
146) Köhler·Bornkamm, a.a.O., UWG Kapital 1. § 4 4. Abschnitt B-K.
147) Köhler·Bornkamm, a.a.O., UWG Kapital 1. § 4 Rn. 4.9: BGH GRUR 2001, 80 (81)
    - ad-hoc-Mitteilung.

관련 시장에서 상당한 영향이 없거나 행위자가 미미한 경쟁상의 이익을 얻는다면, 경쟁자의 이익이 제한(Beeinträchtigung)되지 않았다고 하였다.[148] 경쟁자의 이익을 침해하는 방해행위란 경쟁과정에서 원칙적으로 승인된 것이기에, 성과경쟁의 가능성을 구체적으로 상당히 위협하는 시장방해행위인 경우에 불공정하였다. 따라서 행위 한 사업자가 시장지배력(Marktmacht)을 갖는지도 고려될 수 있었다.

4. 거래상대방 침해행위

2015년 개정법은 제4조a에서 공격적인 거래행위에 관한 규정을 신설하였다. 동조는 유럽연합 '불공정상행위 지침' 제8조와 제9조에서의 소비자보호에 관한 규정을 수용한 것이었지만, 위 지침과 달리 보호의 대상에 소비자뿐만 아니라 시장참여자도 포함하였다.[149]

위 지침 제8조는 '공격적인 상행위'란 "평균소비자에게 괴롭힘이나 물리적 강제를 포함한 강요, 부당한 영향력을 행사하여 그의 선택의 자유를 중대하게 침해하거나 그럴 우려가 있고 그렇지 않았으면 소비자가 그러한 결정을 할 우려가 없었을" 경우라고 하였다. 이에 해당하기 위해서는 제9조에서 나열하고 있는 사항들[150]을 고려하여 판단하여야 하였다.

---

148) Ohly·Sosnitza, a.a.O., Kapital 1. § 4 Rn. 30g; BGH GRUR 01, 1166, 1169 - Fernflugpreise; Köhler·Bornkamm, a.a.O., Kapital 1. UWG § 4 Rn. 4.11: BGH GRUR 2007, 800 Rn. 21 - Auβendienstmitarbeiter.

149) Harte-Bavendamm·Henning-Bodewig, a.a.O., Einleitung A Rn. 39.

150) 홍대식, 앞의 글(2010-b), 303면. 제9조의 목록에는 "시기, 위치, 특성 또는 지속성, 위협적이거나 남용적인 언어 또는 행동의 사용, 제품에 관한 소비자의 결정에 영향을 미치기 위하여 거래자가 인식하는 것으로서 소비자의 판단을 침해하는 비중을 갖는 특정한 불행 또는 상황에 대한 거래자의 이용행위, 소비자가 계약을 해지하거나 다른 제품 또는 거래자로 전환하는 권리를 포함하여 계약상의 권리를 행사하고자 하는 경우 거래자가 부과하는 부담이 되거나 비례적이지 않은 계약외적인 장벽"이 있다.

UWG 제4조a 제1항[151]은 소비자나 시장참여자에게 '괴롭힘'(Belästigung; harassment, 제1호)이나 '강요'(Nötigung; coercion. 제2호), '부당한 영향력' (unzulässige Beeinflussung; undue influence, 제3호)이 있을 것과 그의 '결정의 자유' 또는 '자율적인 결정가능성'(autonomen Entscheidungsfähigkeit)을 '중대하게 침해하는지'(erheblich zu beeinträchtigen)를 모든 관련 사항을 고려하여 판단하도록 하였다.[152]

'괴롭힘'이란 신체적으로나 심리적으로 강한 압력의 행사를 의미하였다. '강요'란 귀찮게 괴롭히거나(bedrängen) 어지럽게 방해하는(stören) 느낌을 받게 영향을 주는 것을 의미하였다.[153] 부당한 영향력(unzulässige Beeinflussung)이 존재하는 것이란 UWG 제4조a 제1항[154]에서는 유럽연합의 '불공정상행위 지침' 제2조 j호[155])에서와 같이, 물리적인 강제를 사용하지 않고서도, 소비자나 시장참여자가 정보에 근거한 결정을 내릴 능력을 중대하게 제한하는 방법으로 압력을 가하기 위해 그에게 경제적 힘

---

151) "Unlauter handelt, wer eine aggressive geschäftliche Handlung vornimmt, die geeignet ist, den Verbraucher oder sonstigen Marktteilnehmer zu einer geschäftlichen Entscheidung zu veranlassen, die dieser andernfalls nicht getroffen hätte. Eine geschäftliche Handlung ist aggressiv, wenn sie im konkreten Fall unter Berücksichtigung aller Umstände geeignet ist, die Entscheidungsfreiheit des Verbrauchers oder sonstigen Marktteilnehmers erheblich zu beeinträchtigen durch 1. Belästigung, 2. Nötigung einschlieβlich der Anwendung körperlicher Gewalt oder 3. unzulässige Beeinflussung."

152) Ansgar Ohly, a.a.O.(2016), S. 4; Harte-Bavendamm·Henning-Bodewig, a.a.O., Kapital 1. § 4 a Rn. 21; Inge Scherer, "Die Neuregelung der aggressiven geschäftlichen Handlungen in § 4a UWG", GRUR, 2016, S. 237; Peter W. Heermann·Jochen Schlingloff, a.a.O.(2014), B. Kommentierung Teil IV § 4 Nr. 1 Rn. 5.

153) Inge Scherer, a.a.O., S. 238.

154) "Eine unzulässige Beeinflussung liegt vor, wenn der Unternehmer eine Machtposition gegenüber dem Verbraucher oder sonstigen Marktteilnehmer zur Ausübung von Druck, auch ohne Anwendung oder Androhung von körperlicher Gewalt, in einer Weise ausnutzt, die die Fähigkeit des Verbrauchers oder sonstigen Marktteilnehmers zu einer informierten Entscheidung wesentlich einschränkt."

155) 홍대식, 앞의 글(2010-b), 303면.

을 이용하는 것이라고 하였다.

법 제4조a 제2항156)에서는 문제의 행위가 제1항에 따른 공격적인 행위인가를 확정하기 위해서는 다음을 고려할 수 있다고 하였다. 즉 ① 행위의 시기, 장소, 본질 또는 기간(제1호), ② 위협적(drohender)이거나 모욕적(beleidigender)인 형식이나 행동을 사용한 것인지(제2호), ③ 의사결정에 영향을 주기 위하여 행위자가 인식하는 것으로서, 소비자나 다른 시장참여자의 판단가능성을 제한할 중대한 특정한 불행 또는 상황을 행위자가 이용행위(exploitation)를 한 것인지(제3호), ④ 소비자나 다른 시장참여자가, 계약을 종료하거나 또 다른 상품이나 서비스를 제공하거나 또 다른 사업자로 전환할 권리를 포함하여, 그의 계약의 권리를 행사하는 것을 막기 위하여, 비계약적인 성질로서 부담을 주거나 '불균형한 장벽'(unverhältnismäβige Hindernisse)이 있는지(제4호), ⑤ 법적으로 승인되지 않은 행위로 위협(Drohungung)한 것인지(제5호)이다. 다만, 제5호의 경우에는 유럽연합의 '불공정상행위 지침' 제9조에는 없는 내용이었다.

---

156) "Bei der Feststellung, ob eine geschäftliche Handlung aggressiv im Sinne des Absatzes 1 Satz 2 ist, ist abzustellen auf 1. Zeitpunkt, Ort, Art oder Dauer der Handlung; 2. die Verwendung drohender oder beleidigender Formulierungen oder Verhaltensweisen; 3. die bewusste Ausnutzung von konkreten Unglückssituationen oder Umständen von solcher Schwere, dass sie das Urteilsvermögen des Verbrauchers oder sonstigen Marktteilnehmers beeinträchtigen, um dessen Entscheidung zu beeinflussen; 4. belastende oder unverhältnismäβige Hindernisse nichtvertraglicher Art, mit denen der Unternehmer den Verbraucher oder sonstigen Marktteilnehmer an der Ausübung seiner vertraglichen Rechte zu hindern versucht, wozu auch das Recht gehört, den Vertrag zu kündigen oder zu einer anderen Ware oder Dienstleistung oder einem anderen Unternehmer zu wechseln; 5. Drohungen mit rechtlich unzulässigen Handlungen. Zu den Umständen, die nach Nummer 3 zu berücksichtigen sind, zählen insbesondere geistige und körperliche Beeinträchtigungen, das Alter, die geschäftliche Unerfahrenheit, die Leichtgläubigkeit, die Angst und die Zwangslage von Verbrauchern."

5. 오인유발행위와 비교광고행위, 성가시게 하는 행위

불공정한 행위 유형으로 주로 광고에 관한 행위들로서, 오인유발행위
와 비교광고행위, 성가시게 하는 행위가 있다.

가. 오인유발행위

1) 오인유발행위

2004년 법 개정 전에도, 독일 연방대법원은 구법에 오인유발광고행위
의 요건이 명시되지 않았음에도, 적지 않은 시장참여자들에게 오인을 유
발하고 그들의 구매결정에 있어서 경쟁법적으로 중요한 영향을 미쳤는
가를 고려해왔다.[157)]

2004년 개정법 제5조 제1항은 '제3조의 의미에서' '오인을 유발하는
광고'(Irreführende Werbung)는 불공정하다고 하였다. 법 제5조 제2항에서
는 오인유발광고를 판단하는 기준을 제시하였는데, 상품 또는 서비스의
특성(제1호), 판매와 가격의 이유 또는 방식(제2호), 거래상황들(제3호)을
포함한 모든 요소들을 고려하여, 오인하게 하는 광고인지의 여부를 판단
하도록 하였다. 특히 사실의 오인으로 인하여 거래의 결정에 있어서 중
요한 영향을 미치는지를 판단하도록 하였다.

2008년 개정법 제5조는 유럽연합 '불공정상행위 지침' 제6조의 오인하
게 하는 상행위 규정을 수용하여, '오인유발행위'(Irreführende geschäftliche
Handlungen)에 관한 규정으로 변경되었다. 법 제5조 제1항에서는 사실과
다른 정보나 기만적인 정보를 포함한다면 이는 오인유발적인 행위로서
불공정하다고 하였고, 이하 각 호에서 그러한 7가지의 경우를 예시하였
다.[158)] 동조 제2항에서는 비교광고행위를 포함한 상품이나 서비스의 마

157) 심재한, 앞의 글(2005), 14면: BGH, GRUR 1981, 71, 73 - Lübecker Mazipan; BGH,
    GRUR 1991 215 - Emilio Adani I.
158) 유주선, 앞의 글, 146면.

케팅에 있어서 경쟁자의 다른 상품이나 서비스, 그의 표시들(Marke), 다른 인식할 것(Kennzeichen)과 혼동위험(Verwechslungsgefahr)을 야기하는 거래행위는 오인을 유발한다고 하였다.

2015년 개정법 제5조 제1항[159]은 유럽연합의 위 지침 제6조와 더욱 일치하기 위하여, 오인유발행위로서 소비자나 다른 시장참여자의 거래결정을 유발하는 행위를 불공정하다고 하면서, 사실이 아닌 진술이나 기만적인 정보를 포함하는 경우 오인유발적인 행위라고 하고, 그러한 7가지 경우를 예시하였다. 또한 오인유발행위가 소비자와 다른 시장참여자가 그렇지 않았다면 하지 않았을, 거래의 결정을 유발한 경우를 불공정하다고 하였다.[160]

한편, 2004년 개정법 이후 제5조 제3항 이하에서는 오인유발행위의 유형을 예시하였다. 동조 제3항[161]에서는 제2항에 해당하는 오인유발광고행위로서 비교광고 및 그림표현(bildliche Darstellungen), 그러한 진술들을 대체하는 그 밖의 것들을 포함한다고 하였다.

동조 제4항과 제5항에서는 2가지 특정한 오인유발광고행위 유형으로 가격할인오인광고행위(Mondpreiswerbung)와 미끼상품제공행위를 예시하였다. 제4항[162]의 행위는 가격이 할인된 것처럼 오인을 유발하기 위하여

---

159) "Unlauter handelt, wer eine irreführende geschäftliche Handlung vornimmt, die geeignet ist, den Verbraucher oder sonstigen Marktteilnehmer zu einer geschäftlichen Entscheidung zu veranlassen, die er andernfalls nicht getroffen hätte. Eine geschäftliche Handlung ist irreführend, wenn sie unwahre Angaben enthält oder sonstige zur Täuschung geeignete Angaben über folgende Umstände enthält."

160) 2022년 개정법은 구법 제5조 제1항을 제1항과 제2항으로 나누고, 구법 제2항을 제3항으로 변경하였다.

161) "Angaben im Sinne von Absatz 2 sind auch Angaben im Rahmen vergleichender Werbung sowie bildliche Darstellungen und sonstige Veranstaltungen, die darauf zielen und geeignet sind, solche Angaben zu ersetzen."

162) "Es wird vermutet, dass es irreführend ist, mit der Herabsetzung eines Preises zu werben, sofern der Preis nur für eine unangemessen kurze Zeit gefordert worden ist. Ist streitig, ob und in welchem Zeitraum der Preis gefordert worden ist, so trifft

단기간에 높은 가격을 설정해두고서 가격할인 광고를 하는 행위를 말하였다. 제5항[163]의 행위는 광고한 상품이나 서비스를 예상되는 수요에 비하여 부적절한 수량이나 방법으로 제공하는 행위를 말하였는데,[164] 2008년 법 개정 이후에는 삭제되었다.

2) 오인유발숨김행위

2004년 개정법 제5조 제2항 2문[165]에서는 오인유발광고행위로서 사실을 숨기는 행위(Verschweigen)가 오인을 유발하는지를 판단하기 위해서는 특히 구매결정에 영향을 줄 정도의 것인지를 고려하도록 하였다.[166]
2008년 개정법은 제5조a에서 오인유발숨김행위(Irreführung durch Unterlassung)에 관한 규정을 신설하였다. 첫째로, 동법 제5조a 제1항[167]은 사업자 간의 거래에 적용되었다. 위 규정은 사실을 숨기는 행위가 오인유발적인지를 판단함에 있어서 특별히, '널리 퍼진 견해'(Verkehrsauffassung) 그리고 결정에 영향을 주는 숨김행위의 적절성에 따라서 숨긴 정보가 거래의 결정에

---

die Beweislast denjenigen, der mit der Preisherabsetzung geworben hat."

163) "Es ist irreführend, für eine Ware zu werben, die unter Berücksichtigung der Art der Ware sowie der Gestaltung und Verbreitung der Werbung nicht in angemessener Menge zur Befriedigung der zu erwartenden Nachfrage vorgehalten ist. Angemessen ist im Regelfall ein Vorrat für zwei Tage, es sei denn, der Unternehmer weist Gründe nach, die eine geringere Bevorratung rechtfertigen. Satz 1 gilt entsprechend für die Werbung für eine Dienstleistung."

164) 심재한, 앞의 글(2005), 15-17면.

165) "Bei der Beurteilung, ob das Verschweigen einer Tatsache irreführend ist, sind insbesondere deren Bedeutung für die Entscheidung zum Vertragsschluss nach der Verkehrsauffassung sowie die Eignung des Verschweigens zur Beeinflussung der Entscheidung zu berücksichtigen."

166) 심재한, 앞의 글(2005), 14-18면.

167) "Bei der Beurteilung, ob das Verschweigen einer Tatsache irreführend ist, sind insbesondere deren Bedeutung für die geschäftliche Entscheidung nach der Verkehrsauffassung sowie die Eignung des Verschweigens zur Beeinflussung der Entscheidung zu berücksichtigen."

중대한 영향을 주었는지를 고려해야 한다고 하였다.

둘째로, 동법 제5조a 제2항부터 제4항은 소비자보호에 관한 규정인데, 이는 유럽연합의 '불공정상행위 지침' 제7조의 오인하게 하는 숨김행위를 금지하는 규정을 수용한 것이었다. 법 제5조a 제2항[168]에서는 필요한 (wesentlich) 정보를 주지 않음으로써, 법 제3조 제2항의 의미 안에서 소비자의 거래결정에 중요한 정보를 숨기는 행위는 의사소통 수단의 제한을 포함한 모든 상황을 고려하여, 불공정하다고 하였다. 법 제5조a 제3항과 제4항은 소비자의 거래 결정에 영향을 주는 필요한 정보가 무엇인지에 대하여 예시하였다.

2015년 개정법 제5조a 제2항은 소비자가 상황에 따라 결정하기 위하여 필요한 정보를 숨기고, 그렇지 않았다면 하지 않았을 결정을 소비자가 하게 할 정보를 숨기는 모든 상황을 고려하여, 소비자에게 필요한 정보를 숨기는 행위는 불공정하다고 하였다. 또한 그러한 경우란 ① 중요한 정보를 은폐하거나 ② 불명확하고 이해하기 어렵게 하거나 모호한 형태로 제공하거나 ③ 적법한 시기에 제공하지 않은 경우라고 하였다. 이는 유럽연합의 '불공정상행위 지침' 제7조의 규정과 더 일치함으로써, 상황에 따라 합리적인 소비자에게 필요한 정보를 숨긴 것인지를 명확히 판단하도록 한 것이었다.[169] 동법 제5조a 제3항부터 제6항은 구체적인 판단기준을 제시하였다.

2022년 개정법 제5조a 제1항에서는 '필수정보'(wesentliche Information)를 제공하지 않음으로써 소비자 또는 시장참여자를 오인하게 하는 행위는 불공정하다고 하였다.

동조 제3항은 구법 제5항을 개정한 것인데, 필수정보를 주지 않은 경

---

168) "Unlauter handelt, wer die Entscheidungsfähigkeit von Verbrauchern im Sinne des § 3 Abs. 2 dadurch beeinflusst, dass er eine Information vorenthält, die im konkreten Fall unter Berücksichtigung aller Umstände einschlieβlich der Beschränkungen des Kommunikationsmittels wesentlich ist."

169) 박윤석·안효질, 앞의 글, 275-276면.

우를 판단하기 위해서는 ① 거래행위를 위해 선택된 통신수단의 공간적이거나 시간적인 제한이 있는지, 또는 ② 거래행위를 위해 선택된 통신수단 외의 방식으로 소비자나 그 밖의 시장참여자에게 정보를 제공하기 위해 취한 모든 조치들을 고려해야 한다고 한다.

　동조 제4항170)은 구법 제6항을 개정한 것으로, 거래행위의 상업적인 목적을 보여주지 않은 자도 불공정한 행위를 한 것으로 예시하였는데, 이는 인플루언서들이 상업적인 목적의 광고라고 표시하지 않은 행위를 금지하는데 적용되었다.

　게다가 2022년 개정법은 제5조b를 신설하여, 제5조a의 필수정보를 숨긴 행위에서 필수정보가 무엇인지에 대하여 명시하였다.

나. 비교광고행위

　2004년 개정법 제6조 제1항171)은 비교광고행위(Vergleichende Werbung)란 직·간접적으로 경쟁자 또는 경쟁자로부터 제공된 상품이나 서비스로 인식되는 모든 광고라고 하였다. 제2항에서는 제3조의 의미 안에서 불공정한 구체적인 비교광고행위의 6가지 유형에 대하여 예시하였다.

---

170) "Unlauter handelt auch, wer den kommerziellen Zweck einer geschäftlichen Handlung nicht kenntlich macht, sofern sich dieser nicht unmittelbar aus den Umständen ergibt, und das Nichtkenntlichmachen geeignet ist, den Verbraucher oder sonstigen Marktteilnehmer zu einer geschäftlichen Entscheidung zu veranlassen, die er andernfalls nicht getroffen hätte. Ein kommerzieller Zweck liegt bei einer Handlung zugunsten eines fremden Unternehmens nicht vor, wenn der Handelnde kein Entgelt oder keine ähnliche Gegenleistung für die Handlung von dem fremden Unternehmen erhält oder sich versprechen lässt. Der Erhalt oder das Versprechen einer Gegenleistung wird vermutet, es sei denn der Handelnde macht glaubhaft, dass er eine solche nicht erhalten hat."

171) "Vergleichende Werbung ist jede Werbung, die unmittelbar oder mittelbar einen Mitbewerber oder die von einem Mitbewerber angebotenen Waren oder Dienstleistungen erkennbar macht."

2009년 개정법 제6조 제2항[172)]에서는 '제3조의 의미 안에서'이라는 문언을 삭제하였고, 이하 각 호에서 불공정한 비교광고행위의 예를 들었다. 즉 동일한 필요나 목적을 위한 상품이나 서비스에 관련되지 않는 경우(제1호), 상품이나 서비스에 대하여 하나 이상의 본질적, 관련있는, 검증가능한 그리고 전형적인 성질들(Eigenschaften) 또는 가격과 객관적으로 관련이 없는 경우(제2호), 광고주와 경쟁자 또는 그들이 제공한 상품이나 서비스, 또는 그들이 사용한 표지(Kennzeichen)에 대하여 혼동을 야기하는 경우(제3호), 경쟁자에 의하여 사용된 표시의 가치(Wertschätzung)를 불공정한 방식으로 사용하거나 제한하는 경우(제4호), 경쟁자의 상품들, 서비스들, 활동들, 또는 개인적이거나 경쟁자의 거래 상황들을 평가절하하거나(herabsetzt) 명예훼손하는(verunglimpft) 경우(제5호), 보호된 표지(Kennzeichen) 하에서 판매된 상품이나 서비스를 모방(Imitation oder Nachahmung)한 상품이나 서비스를 광고할 경우(제6호)를 들었다. 동법 제6조의 규정은 이후 개정되지 않았다.

비교광고행위는 불공정한 행위로 인한 이익침해가 상당한 경우에만 금지될 수 있다. 그 이유는 첫째로, 2008년 개정법 제6조 제2항에서는 불공정한 비교광고행위에 관하여 구법상 '제3조의 의미 안에서'라는 문언

---

172) "Unlauter handelt, wer vergleichend wirbt, wenn der Vergleich 1. sich nicht auf Waren oder Dienstleistungen für den gleichen Bedarf oder dieselbe Zweckbestimmung bezieht, 2. nicht objektiv auf eine oder mehrere wesentliche, relevante, nachprüfbare und typische Eigenschaften oder den Preis dieser Waren oder Dienstleistungen bezogen ist, 3. im geschäftlichen Verkehr zu einer Gefahr von Verwechslungen zwischen dem Werbenden und einem Mitbewerber oder zwischen den von diesen angebotenen Waren oder Dienstleistungen oder den von ihnen verwendeten Kennzeichen führt, 4. den Ruf des von einem Mitbewerber verwendeten Kennzeichens in unlauterer Weise ausnutzt oder beeinträchtigt, 5. die Waren, Dienstleistungen, Tätigkeiten oder persönlichen oder geschäftlichen Verhältnisse eines Mitbewerbers herabsetzt oder verunglimpft oder 6. eine Ware oder Dienstleistung als Imitation oder Nachahmung einer unter einem geschützten Kennzeichen vertriebenen Ware oder Dienstleistung darstellt."

을 삭제하였다. 그럼에도 비교광고행위가 금지되기 위해서는 '일반조항'
인 제3조 제1항에 따라서 금지될 수 있기 때문이다.

둘째로, 비교광고의 특성에 의해서도 상당한 이익침해행위만이 불공
정하다고 보는 것이 적절하다. 비교광고행위가 경쟁자의 이익을 침해할
수 있지만, 소비자에게 정보를 제공하는 정당한 수단이 되어 소비자에게
이익을 주고 공급자들에게는 경쟁을 촉진하는 효과를 가질 수 있기 때
문이다.[173]

셋째로, 비교광고에 관한 해석은 유럽연합의 '오인과 비교광고에 관
한 지침'[174]에 조화로운 해석이어야 한다. 위 지침은 경쟁을 왜곡하거나
경쟁자에게 해를 미치거나 소비자의 선택에 반하는 행위를 금지하여 역
내시장이 기능하도록 하는 것을 목적으로 하였다.[175] 따라서 지침은 오
인하게 하고 위법하게 비교하는 광고가 역내시장에서 경쟁을 왜곡하고
소비자와 거래자의 이익을 침해할 수 있다고 하였다.

그런데 비교광고행위가 상당한 이익침해가 있는 경우에만 금지될 수
있다는 점은 위 지침 제4조가 비교광고가 금지되지 않은 경우와 금지되
는 경우에 관한 목록을 명시하고 있는 것과 배치될 수 있었다. 하지만
지침 제5조 제1항 제2호에서 회원국은 개별법에 따라서 비교광고규제에
있어서 적절한 수단을 만들 수 있도록 하였고, 유럽연합의 기본법 역시
비례의 원칙을 천명하고 있기에, 동법은 지침과 배치되지 않는다고 해석
되었다.[176]

한편, 법 제6조의 비교광고에 관한 규정은 제5조와 제5조a의 오인행
위 관련 규정들과 제4조 제2항 내지 제4항의 경쟁자에 대한 침해행위 관
련 규정들과 중복될 수 있다. 이들 중 어느 규정을 적용하는지에 따라서,
비교광고행위가 금지되는지의 여부가 달라지지 않는다.[177] 또한 법 제6

---

173) Harte-Bavendamm·Henning-Bodewig, a.a.O., Kapital 1. § 6 Rn. 238.
174) Die Richtlinie 2006/114/EG über irreführende und vergleichende Werbung.
175) Harte-Bavendamm·Henning-Bodewig, a.a.O., Kapital 1. § 6 Rn. 11.
176) Harte-Bavendamm·Henning-Bodewig, a,a,O., Kapital 1. § 6 Rn. 237-249.

조는 위 지침에 따라서 비교광고에 관하여 우선 적용되므로, 제6조가 허용하는 비교광고가 다른 규정에 의해 금지될 수 없다.

다. 성가시게 하는 행위

2004년 개정법 제7조는 제3조의 의미에서 시장참여자를 '성가시게 하는'(unzumutbarer Weise belästigt) 행위를 불공정하다고 하였다. 여기서 시장참여자란 연방대법원에 따르면 경쟁자, 소비자, 기타 시장참여자를 포함하는 개념이다.

법 제7조 제2항 제1호부터 제4호에서는 판례를 통해 축적된 특별히 시장참여자를 성가시게 하는 광고 행위들을 예시하였다.[178] 동조 제3항에서는 전자메일을 통한 광고가 성가시게 하는 행위가 아닌 경우를 예시하였다.

2008년 개정법[179] 제7조 제1항[180]에서는 시장참여자를 성가시게 하는 행위를 금지할 수 있다고 하였고, 특히 그가 그 광고를 원하지 않음이 분명함에도 광고하는 경우가 그에 해당된다고 예시하였다. 위 행위는 제3조 제1항의 일반조항이 아니라, 제7조 제1항에 의해 금지될 수 있었다.

법 제7조 제1항의 행위가 불공정한지의 여부는 시장참여자의 사적이거나 거래의 영역을 제한(Beeinträchtigung)하는지를 고려하고, 시장참여자의 이익 침해 여부를 정보제공 할 사업자의 정당한 이익보다 중요하게 고려한다.[181] 시장참여자의 결정의 자유를 침해하는지는 고려하지 않는데,[182] 이는 법 제4조a의 공격적인 거래행위에 해당될 수 있기 때문

---

177) Köhler·Bornkamm, a.a.O., UWG Kapital 1. § 6 Rn. 29-31a.
178) 심재한, 앞의 글(2005), 18-19면.
179) 이후 2022년 개정법까지 법 제7조 제2항과 제3항의 내용의 일부가 개정되었다.
180) "Eine geschäftliche Handlung, durch die ein Marktteilnehmer in unzumutbarer Weise belästigt wird, ist unzulässig. Dies gilt insbesondere für Werbung, obwohl erkennbar ist, dass der angesprochene Marktteil -nehmer diese Werbung nicht wünscht."
181) Ohly·Sosnitza, a.a.O., Kapital 1. § 3 Rn. 83.

이다.183)

한편, 2021년 개정법에서 신설된 제7조a는 사업자가 전화광고를 할 때 소비자에게 명시적인 동의를 받아 이를 문서화하고 보관하도록 하였다.

IV. 성과경쟁저해성 기준

1. 비-성과경쟁행위

가. 비-성과경쟁 개념의 등장

UWG상 불공정성의 의미를 이해하기 위해서는 '성과경쟁저해성'을 이해하여야 한다. 법원은 종종 성과경쟁(leistungswettbewerb)을 저해하는지를 기준으로 불공정성을 판단하여 왔기 때문이다.184) 성과경쟁은 공정한 경쟁으로서, '장점에 의한 경쟁'(competition on the merits) 또는 능률경쟁이라고도 한다.185) 사업자들은 자신의 상품이나 서비스의 가격과 품질에 있어서 장점을 통하여 경쟁하여야 한다는 것이다.

성과경쟁의 개념은 아돌프 로베(Adolf Lobe)가 만들어냈다. 그는 1895년 UWG 초안에서 성과경쟁을 노젓기 시합이나 항해 경쟁, 말 경주 시합 등 스포츠에서 경쟁하는 것과 유사하다고 하였다. 이 개념은 여러 세대에 걸쳐 경쟁법학자들에게 영향을 주었다.186)

1930년 한스 칼 니퍼다이(Hans Carl Nipperdey) 교수는 UWG상 양속위반행위를 '비-성과경쟁'(Nichtleistungswettbewerb) 또는 '성과에 반하는 행

---

182) Köhler·Bornkamm, a.a.O., UWG Kapital 1. § 7 Rn. 2-3.
183) Harte-Bavendamm·Henning-Bodewig, a.a.O., Kapital 1. § 7 Rn. 37-40.
184) Fritz Rittner, a.a.O.(2004), S. 306.
185) 이봉의, 앞의 글(2016), 6면.
186) 차성민 역, 앞의 글(2010), 263-266면.

위'(leistungsfremden Praktiken)로 설명하였다. 그는 성과경쟁은 사업자가 가격과 품질, 공정한 광고를 통해 경쟁을 하는 것이고, 비-성과경쟁은 양속에 반하는 경쟁수단을 통하여 경쟁자를 방해하는 방해행위라고 하였다.[187]

이와 같이 부정적인 개념과 구분함으로써, 성과경쟁의 개념을 파악하는 방식은 1920년대 질서자유주의자들이 '가정적 경쟁'(as-if competition) 개념을 통해 경쟁상황과 경쟁제한적인 상황을 구분하였던 것에서 비롯하였다.

질서자유주의자인 뵘(Böhm)도 니퍼다이(Nipperdey)의 글을 인용하면서, 1933년 교수자격논문(juristische Habilitationsschrift)인 "Wettbewerb und Monopolkampf"에서 UWG상의 불공정경쟁(unlauteren Wettbewerb)이란 비성과경쟁 또는 방해경쟁을 의미한다고 하였다.[188] 독점적 지위를 가진 사업자가 성과경쟁이 아닌 약탈가격이나 보이코트, 충성리베이트를 통하여 방해행위를 하게 되면, 이는 경쟁상황을 저해한다는 것이었다.[189]

나. 판례

법원은 비성과경쟁행위를 UWG 구법 제1조의 전형적인 양속위반행위로 금지하였다.[190] 1931년 'Benrather Tank stellenfall' 판결[191]에서 제국법원(Reichsgerichts)은 미네랄오일에 대한 염매 행위가 성과경쟁에 반하는 방해행위로서 양속위반에 해당한다고 하였다.[192]

법원이 사용한 성과경쟁 개념이 단일하고 고정된 것은 아니었다. 법

---

187) David J. Gerber, Ibid(1994), p. 53: Hans Carl Nipperdey, "Wettbewerb und Existenzvernrichtung", Kartell-Rundschau 128, 1930; Peter Ulmer, a.a.O.(1977), S. 567.

188) Fritz Rittner, a.a.O.(2004), 306면.

189) David J. Gerber, Ibid(1994), p. 53.

190) Ludwig Raiser, "Marktbezogene Unlauterkeit", GRUR Int(Heft 6/7), 1973, S. 445.

191) RG, 18.12.1931 - II 514/30 = RGZ 134, 342.

192) Loewenheim·Meessen·Riesenkampff·Kersting·Meyer-Lindemann, Kartellrecht(3. Auflage), C.H.Beck, 2016, Kapital 10. § 24 Rn. 56.

원은 성과경쟁을 상품의 가격과 품질의 적합성을 기준으로 판단하거나, 소비자의 구매결정에 미치는 상품의 가격이나 품질을 기준으로 판단하기도 하였다.[193]

이러한 행위에는 차별취급행위와 방해행위, 보너스제공행위(zugabeä-hnliche Geschäfte), 비용에 따라 정당화되지 않는 리베이트, 암시광고(Suggest-ivwerbung), 유혹광고(Lockvogelwerbung), 선물광고(Geschenkwerbung), 객관성 없는 광고(unsachlich Werbung), 행동방식 등이 있었다.[194]

2. '성과경쟁의 왜곡' 행위

가. 판례

1970년대 전후로 법원은 전통적으로 성과경쟁에 반하는 행위가 아니지만, 시장에서의 경쟁상태(Wettbewerbsbestandes)와 성과경쟁의 기능가능성(Funktionsfähigkeit)을 왜곡(Störung)하는 행위들도 UWG 구법 제1조의 양속위반행위에 해당한다고 하였다.[195]

첫 번째 예로 할인 과장 광고가 있다.[196] 이러한 광고는 구매자에게 문구나 이미지와 관련된 정보를 제공하는 것을 넘어서, 가격할인의 이득

---

193) Peter W. Heermann·Jochen Schlingloff, a.a.O.(2014), B. Kommentierung Teil IV A Rn. 17-18: BGHZ 11, 260 = GRUR 1954, 174 - Kunststofffiguren I; BGHZ 43, 278 = GRUR 1965, 489 - Kleenex; GRUR 1976, 704 - Messbecher; GRUR 1977, 608 - Feld und Wald II; BGHZ 114, 82 = GRUR 1991, 616 - Motorboot-Fachzeitschrift; BGH GRUR 1981, 286 - Goldene Karte I.

194) Rolf Sack, a.a.O.(1975), S. 307.

195) Harte-Bavendamm·Henning-Bodewig, a.a.O., Kapital 1. § 1, Rn. 11; Alfons Kraft, a.a.O., S. 966; Ludwig Raiser, a.a.O., S. 443; Köhler, Wettbewerbs- und kartellrechtliche Kontrolle der Nachfragemacht, Verlagsgesellschaft Recht und Wirtschaft GmbH, 1979, S. 19.

196) BGHZ 23, 370 = GRUR 1957, 366.

을 얻는 것처럼 표시하여 구매자가 성과비교를 통해 판단할 가능성을 줄이는 것을 의미하였다. 주로 주요한 상품에 그와 무관하게 매력적으로 구매유인을 야기하는 상품을 묶어 팔면서, 가격할인을 얻는 것처럼 광고하는 경우가 많았다. 연방대법원은 이러한 행위가 구매자가 객관적으로 경제적 결정을 하지 못하도록 함으로써, 성과경쟁과 소비자들이 제 역할을 하지 못하도록 하여 시장경제질서에 반한다는 점에서 불공정하다고 하였다.

두 번째 예로는 새로 출시된 상품의 샘플이 아닌, '본 상품을 증정' (Verschenken von Originalwaren)하는 행위가 있다. 'Kleenex' 판결[197]에서 연방대법원은 이러한 행위가 모든 경우에 불공정하지는 않지만, 시장에 미치는 결과에 따라서 불공정하다고 하였다. 대법원은 새로운 상품이 출시되어 샘플을 무료로 제공하는 것은 소비자에게 직접 상품의 질을 알려줄 수 있고 상품의 성과비교를 촉진하는 긍정적인 효과가 있지만, 본 상품을 무료로 제공한 행위가 경쟁자들에게 중대한 위험이 되는 광고수단과 더불어 이루어지거나 장기간에 걸쳐 이루어지거나, 단독으로 이루어지는데 대규모로 소비자집단에 영향을 미친다면, 성과경쟁을 저해할 상당한 위험이 있다고 하였다.[198] 대법원은 UWG는 경쟁자의 생존을 보장하는 법이 아니기에, 이러한 행위의 위험은 당연위법이거나 당연 불공정하지 않지만, 그러한 행위가 장기간 여러 지역에서 원가 이하의 가격으로 이루어진다면 경쟁을 왜곡하는 위험을 초래할 것이라고 하였다.[199]

세 번째 예로, 광고지(Anzeigenblättern)를 무상으로 배포(Verbreitung)한 행위가 있다. 법원은 'Freiburger Wochenblatt' 판결[200]과 'Stuttgarter Wochenblatt'

197) Köhler·Bornkamm, a.a.O., UWG Kapital 1. § 4 Rn. 5.18: BGHZ 43, BGHZ Band 43 Seite 278 - Kleenex = GRUR 1965, GRUR Jahr 1965 Seite 489; BGH in GRUR 1969, GRUR Jahr 1969 Seite 295 Goldener Oktober.

198) Ludwig Raiser, a.a.O., S. 445; Peter Ulmer, a.a.O.(1977), S. 577.

199) Hermann L. v. Harder, "Zum Unwerturteil der Werbungsübersteigerung - Eine Stellungnahme zum Urteil des BGH vom 22. Februar 1957 - Suwa", GRUR, 1962, S. 443.

200) BGHZ 19, BGHZ Band 19 Seite 392 - Freiburger Wochenblatt = GRUR 1956. GRUR

판결201)에서 이러한 행위가 일간지의 출판자에게 부정적인 효과를 낳은 것은 아니지만, 출판시장에서의 경쟁상태를 저해하여 일반이익(Interessen der Allgemeinheit)을 저해한다고 하였다.

네 번째 예로, 모방행위 또는 그에 따른 '모방위험'(Nachahmungsgefahr)으로 인하여 경쟁상태에 위해가 되는 경우가 있다. 법원은 모방행위는 가격이나 품질에 관한 성과경쟁이 아니기에 금지하여, 왜곡되지 않은 경쟁으로부터의 일반이익을 보호하고자 하였다.202)

나. '성과경쟁의 왜곡' 행위를 금지하게 된 이유

법원은 UWG상 전통적으로 불공정한 비-성과경쟁으로 간주되었던 '흑색지대'에 해당하지 않았으나203), 성과경쟁이나 공정한 경쟁에 해당하지 않은 '회색지대'에 속하는 행위에 대해서도 구법 제1조의 양속위반 행위에 해당한다고 보았다.204)

'회색지대 이론'(Theorie der grauen Zone)이나 '제3지대 이론' (Drei-Zonen-Theorie)에 따르면, 위와 같은 행위들을 금지한 목적은 행위 그 자체가 불공정하지 않더라도, 사업자의 시장에서의 지위가 강할수록 그가 성과 경쟁을 저해할 위험이 더 커진다는 점(시장 관련 불공정성)에서, 경쟁으로부터의 일반이익을 보호하기 위한 것이었다.205)

Jahr 1956 Seite 223. BGHZ 51, BGHZ Band 51 Seite 236 und BGH in GRUR 1971, GRUR Jahr 1971 Seite 477 Stuttgarter Wochenblatt I und II.

201) NJW Jahr 1977 Seite 1060/NJW Jahr 1977 Seite 1061 - Feld und Wald II = GRUR 1977, GRUR Jahr 1977 Seite 608.

202) Peter Ulmer, a.a.O.(1977), S. 577.

203) Peter Ulmer, a.a.O.(1977), S. 577.

204) Bernd Hirtz, "Die Relevanz der Marktmacht bei der Anwendung des UWG", GRUR, 1980, S. 95; Loewenheim·Meessen·Riesenkampff·Kersting·Meyer-Lindemann, Kartellrecht(3. Auflage), C.H.Beck, 2016, Kapital 10. § 24 Rn. 35-40; Rolf Sack, a.a.O.(1975), S. 300.

205) Peter Ulmer, a.a.O.(1977), S. 577.

그렇다면 UWG의 목적이 시장의 경쟁구조를 보호하는 것으로 변한 것인지 논란이 있었다. 통설은 경쟁의 보호가 법의 목적인 GWB와 달리, UWG는 시장의 구조적 측면에서 경쟁을 보호하는 목적으로부터 중립적이라고 하였다.

전단계이론(Vorfeldthese)은 UWG상 성과경쟁을 왜곡하는 행위를 금지하는 이유는 GWB상 시장지배력이 인정되기 전 단계에서, UWG가 성과경쟁을 왜곡하는 '지배력 형성 과정'(Vermachtungserscheinungen)을 예방 보호(Präventivschutz)하는 것이라고 하였다.[206]

3. 비-성과경쟁 개념에 대한 평가

UWG의 불공정성을 비-성과경쟁이나 방해행위로 판단하는 것은 규범적인 측면에서 의의가 있다고 평가되었다. 프리드리히 하이에크(Friedrich von Hayek)는 경제적 경쟁을 하나의 고정적 상태로 정의할 수 없고 발견할 수 있을 뿐이라고 하였다. 성과경쟁도 하나의 개념으로 정의하기 어렵고, 객관적 기준에 의하여 법개념으로서 파악하기도 어렵기 때문에, 비-성과경쟁이라는 소극적이고 부정적인(negative) 방식으로 이해되었다. 이를 통해 성과경쟁을 해야 한다는 원칙에 따라, 사업자들이 비-성과경쟁 또는 방해경쟁을 하지 않도록 할 수 있었다.[207]

반면, UWG상 불공정성을 성과경쟁과 관련하여 이해하는 것에 대해 비판도 제기되었다.[208] 여전히 정당한 또는 정당하지 않은 성과경쟁을 구분하는 것이 분명하지 않지 않기 때문이었다. 연방대법원도 오랜 기간 사용해왔던 성과경쟁의 개념에 대해 부정적으로 평가하기도 하였다.

위 개념이 비판을 받았던 첫 번째 이유는 경쟁에 있어서 사업자의 사

206) Ludwig Raiser, a.a.O., S. 445; Peter Ulmer, a.a.O.(1977), S. 577-578, 580; Rolf Sack, a.a.O.(1975), S. 299.
207) 권오승 역, 리트너 저, 앞의 책, 27-28, 43-44면.
208) 이봉의, 앞의 책(2016), 169면; Fritz Rittner, a.a.O.(2004), S. 310.

실상 성과가 무엇인가는 시장의 결과에 따라 열려있다는 것이었다.[209] 예를 들어 염가결정행위는 성과경쟁에 해당할 수도 있지만 비성과경쟁에 해당할 수도 있기 때문이었다. 또한 불공정한 성과경쟁행위와 공정한 비성과경쟁행위가 존재할 수 있기 때문이었다.[210]

두 번째 이유는 성과경쟁을 가격과 품질, 공정한 광고에 의한 경쟁으로 간주하는 것은 자유로운 시장경제에서 다양하고 새로운 경쟁요소들이 존재하는 현실에 적합하지 않다는 것이었다. 소비자의 구매결정에 영향을 주는 요소들이 많기에 가격과 품질만으로 성과경쟁여부를 판단하기 어려웠다.[211]

세 번째 이유는 2008년 개정법 제3조가 금지하는 불공정거래행위와 성과경쟁 개념이 일치하지 않게 된 점도 있었다.

하지만, 판례에서 금지하던 성과에 반하는 행위들은 2004년 UWG 개정 이후 불공정한 행위로 예시되었다. 그 예로는 성과경쟁 보호를 위하여 법 제4조 제3항의 경쟁자의 상품이나 서비스를 모방한 행위와 동조 제4항의 경쟁자를 겨냥한 방해하는 행위, 제5조의 오인유발행위 등이 있다.

V. 불법성 관련 기준

1. 불법성의 의미

가. 형법과 민법에서의 논의

UWG상 불공정성은 '불법성'에 관한 개념을 통해 이해할 수 있다. 불

---

209) Volker Emmerich, a.a.O., S. 75.
210) Loewenheim·Meessen·Riesenkampff·Kersting·Meyer-Lindemann, a.a.O., Kapital 10. § 24 Rn. 57-58.
211) Peter Ulmer, a.a.O.(1977), S. 567.

법성에 대해서는 형법과 민법에서의 논의를 참고할 수 있다. 우선, 형법에서 행위의 불법성은 법규범을 위반한 행위가 법질서가 보호하는 특정한 법익을 침해할 경우 이에 대한 법적인 가치평가를 통하여 판단된다고 한다.

형법상 불법성에 관한 이원론[212)에 따르면, 법위반행위는 객관적인 구성요건에 해당하는 '행위'와 구성요건에 해당하는 '결과'로 이루어진다. 따라서 법위반행위의 불법성은 '행위불법'(handlungsunrecht)과 '결과불법'(erfolgsunrecht)으로 나누어진다. 행위불법은 개인적인 차원에서 행위자가 지켜야 할 행위의무를 침해함으로써 '행위 반가치'(Handlungsunwert)를 형성하는 것이다. 결과불법은 행위자의 실행행위로 인하여 피해자가 질적으로나 양적으로 법익침해를 당하여 사회적이고 외부적인 차원에서 '결과반가치'를 형성하는 것이다.

행위반가치가 있는 행위로 인하여 결과반가치가 발생할 수 있다는 점에서 양자는 밀접한 관계를 갖는다. 따라서 불법행위는 양 측면에서 행위의 반가치의 정도와 내용을 파악할 수 있다.[213) 행위불법성이 높다면, 결과불법성의 입증의 정도는 낮아지게 된다. 행위불법성이 낮다면, 결과불법성의 정도가 높아야만 불법성이 인정된다.

행위불법에 대한 논의는 1930년대 초부터 형법학자인 한스 벨첼(Hans Welzel)이 목적적 행위론을 주장한 것에서 비롯하였다. 이는 대륙법계 형법학에서 중요한 위치를 차지하였다.[214) 그는 인간행위의 본질은 '목적활동의 실행'(Ausubung der Zwecktätigkeit)에 있다는 점에서, 행위의 위법성은 행위자의 실현의사에 따른 행위반가치에서 찾아야 하고, 주의의

---

212) 이정원, "구성요건적 결과와 결과에 대한 인식", 법학논총 제16집 제1호, 2009, 279면.
213) 안동준, "형법전 시행 이후의 위법성에 관한 학설과 판례", 형사법연구 제18권, 2002, 101면; 허일태, "형법학에서 위법과 불법", 법학논총 제35집 제2호, 2015, 55-56면.
214) 정영일, "목적론적 행위론의 형법철학적 의미", 형사법연구 제22권 제2호, 2010, 142면.

무의 위반은 위법성의 구성요건이 된다고 하였다.[215] 행위규범은 그 목적을 보호하기 위하여 행위자가 그러한 방향에서 의사결정을 하도록 유도하고, 행위자가 구성요건이 실현될 상황을 인식하고 실현할 고의를 갖거나, 객관적으로 요구되는 주의를 게을리 하는 과실을 범할 때 위법하다고 하였다.[216]

민법학에서도 불법행위법에서 손해배상 책임과 관련하여, 행위불법론과 결과불법론이 발전하였다.[217] 성과경쟁 이론을 제안하였던 한스 칼 니퍼다이(Hans Carl Nipperdey)는 1950년대 중반에 한스 벨첼(Hans Welzel)의 형법학의 목적적 행위론을 수용하였다. 니퍼다이는 행위자가 '거래에 필요한 주의의무'를 기울이지 않았다면 행위불법성이 있다고 판단해야 한다고 하였다.[218]

민법학에서 결과불법론은 인과적 행위론(kausal Handlungslehre)에 기초하였는데, 이는 무의식의 상태에 있지 않은 자의 행위가 외부세계에 결과를 미치게 되면 그것은 책임법의 대상이 된다는 것이었다. 독일 민법은 제정 당시 책임귀속의 한계를 설정함에 있어서 행위와 인과관계에 있는 결과를 행위와 일치한 것으로 보았고, 그 결과를 통하여 행위의 위법성을 판단해야 한다고 하였다.[219]

나. 경쟁법에서의 논의

울머(Ulmer)는 독일 경쟁법상 불법성은 성과경쟁과의 관계에서 이해할 수 있다고 하였다.[220] UWG상 비-성과경쟁인 행위는 행위가 불법한

---

215) 김선수·임건면, "민법과 형법에 있어서의 과실의 체계적 위치", 경남법학 제11권 제1호, 1995.
216) 김성천·김형준, 형법총론(제6판), 동현출판사, 2014, 174-175면.
217) Ludwig Raiser, a.a.O., S. 445.
218) 이용인, "불법행위에서의 손해배상 범위에 관한 연구", 고려대학교 박사학위논문, 2006, 124면.
219) 이용인, 위의 글, 105-106면.

것으로서 불공정하다고 보았다. 또한 성과에 반하지 않은 행위라 하더라도 시장에 미치는 결과가 성과경쟁을 왜곡할 우려가 있다면, 경쟁에 미치는 부정적인 결과를 낳을 것을 예방하기 위하여, 결과가 불법하다고 보았다.[221]

또한 그는 GWB상 시장지배적 사업자가 자신의 행위가 성과에 기초한 것임을 정당화할 수 없는 비-성과경쟁 행위를 한 경우 경쟁저해적이어서 위법하다고 하였다.[222] 성과경쟁에 해당하는 행위는 사업자의 정당한 행위로서 그가 경쟁의 결과 시장에서 지배력을 획득하더라도 금지될 수 없었다. 하지만, 시장지배적 사업자의 비성과경쟁에 기초한 행위는 그의 영향력으로 인한 시장의 경쟁에 미치는 위험이 크기 때문에 금지될 수 있었다.[223] 즉 성과경쟁에 반하는 행위 불법성이 높은 행위는 구체적인 경쟁제한의 우려라는 결과 불법성이 낮더라도 금지하였던 것이다. 이를 '위험구성요건'(Gefährdungstatbestand)이라고 한다.[224] 문제의 행위와 그러한 위험이 발생할 것이라는 인과관계를 입증할 필요가 없는데, 그 이유는 오랜 기간에 걸쳐 축적된 사례를 통하여 그러한 행위의 위험성을 사실상 추정하였기 때문이다.[225]

---

220) 조혜신, 앞의 글(2011), 107-109면; Peter Ulmer, a.a.O.(1977), S. 576.
221) BGH 22.11.1984 I ZR 98/82 "Bliestal-Spiegel".
222) Peter Ulmer, a.a.O.(1977), S. 576; Rolf Sack, a.a.O.(1975), S. 299.
223) 조혜신, 앞의 글(2011), 108면.
224) 이봉의, 앞의 책(2016), 145면.
225) 조혜신, 앞의 글(2011), 209-210, 212면: Hahn, Behinderungsmißbrauche marktbeherrschender Unternehmen, Verlag Peter Lang, 1984, S. 68: KG v. 12.11.1980 WuW/E OLG 2403, 2407 - Fertigfutter = BB 1981, 1110.

2. 행위불법성이 높은 행위

가. 유럽연합의 '불공정상행위 지침'상 소비자 이익침해행위

2008년 개정법부터 UWG는 유럽연합의 '불공정상행위 지침'과의 조화를 위해 위 지침에서 금지하는 특정한 소비자 이익침해행위들에 대한 금지를 강화하였다.

첫째로, UWG는 지침에서 금지하고 있는 소비자보호를 위한 특정 한 행위에 대하여 당연위법(Stets unzulässige) 규정을 두었다. 법 제3조 제3항[226]은 소비자를 대상으로 한 거래행위의 블랙리스트(Schwarze Liste)에 해당하는 30가지 행위를 당연위법이라고 하였다. 유럽연합의 위 지침 제5조 제5항은 모든 상황에서 불공정한 것으로 간주되는 31개의 소비자보호를 위한 불공정한 거래행위를 예시하였기 때문이다.[227] 이는 높은 법적 안정성을 달성하는 한편, 높은 수준에서 소비자를 보호하게 되었다고 평가되었다.[228]

또한 2008년 개정법부터 제7조 제2항은 시장참여자를 성가시게 하는 행위로서 종래 판례에서 축적된 예들을 참고하여 항상 불공정한 경우를 예시하였다.[229] 유럽연합의 위 지침의 부록 제26항에서는 계약상의 의무를 이행하기 위하여 국내법에 의해 정당화되는 상황과 한도 내에 있는 경우를 제외하고 전화, 팩스, 이메일 또는 다른 원거리 통신수단에 의해 지속적이고 원하지 않는 호객행위를 하는 것을 당연 불공정하다고 하였다.[230] 이러한 행위는 UWG 제3조 제3항이 아니라, 제7조 제2항 제1호가 적용되었다.[231]

---

226) 2022년 개정법에서도 그 내용이 동일하다.
227) 홍대식, 앞의 글(2010-b), 303-307면.
228) Köhler·Bornkamm, a.a.O., UWG Kapital 1. § 3 Rn. 4.2.
229) 제7조 제2항의 규정에 대해서는 유주선, 앞의 글, 148면, 각주 35.
230) 이에 대한 번역은 홍대식, 앞의 글(2010-b), 306면.

둘째로, 법 제4조a에서는 유럽연합의 '불공정상행위 지침'과 같이, 제
1항에서 소비자나 시장참여자에게 괴롭힘이나 강요, 부당한 영향력이
있고 그의 결정의 자유를 상당하게 제한하는 행위를 공격적인 행위로서
불공정하다고 한다.

위 지침에 따라서 '괴롭힘'이란 소비자의 사적인 공간을 침해하는 것
을 의미한다. '강요'는 독일 형법 제240조의 강요와 같은 의미가 아니고,
신체적이거나 심리적으로 강요의 압력을 가하는 것을 의미한다. '부당한
영향력'은 우월적인 지위를 이용하여 물리적인 강제는 없지만 소비자나
시장참여자의 결정의 능력을 제한하는 직, 간접적인 경제적 압력을 의미
한다.[232]

나. 경쟁자를 겨냥한 방해행위

법원은 "경쟁자를 파멸시킬 목적이나 경쟁자를 진정으로 해치려 하
거나 그를 착취하려는 목적으로 계획한 것이거나 착취할 의도" 등을 가
지고 경쟁자를 방해하는 행위가 UWG 구법 제1조의 양속위반에 해당한
다고 보았다. 그 이유는 행위의 내용과 목적, 동기에 따라서 행위의 전
체적인 성격을 고려하여 법위반 여부를 판단해야 하기 때문이라고 하였
다. 따라서 법원은 행위자가 전체적으로 양속위반일 것이라는 인식 하에
행동하였거나 양속위반의 위험이 있는 상황에 대하여 인식하지 않은 경
우가 법 위반행위에 해당한다고 하였다. 이러한 판례의 태도는 많은 비
판을 받았다.[233]

이후 2004년 개정법 제4조 제10호는 '경쟁자를 겨냥하여 또는 의도하
여 방해하는 행위'(gezielte Behinderung von Mitbewerber)를 불공정하다고
하였다. '겨냥한 또는 의도된'(gezielte)이라는 요건은 나쁜(bösen), 또는

---

231) Harte-Bavendamm·Henning-Bodewig, a.a.O., Kapital 1. § 7 Rn. 31.
232) 박윤석·안효질, 앞의 글, 272-274면.
233) Volker Emmerich, a.a.O., S. 84.

경쟁저해의 의도(wettbewerbsfreindlichen Absicht)라는 주관적인 성질의 것
으로 평가되었다.[234]

이에 대하여 다양한 평가가 이루어졌다. 첫째로, 행위자의 주관적인
측면이 위법성의 성립에 중요하다는 점에서 비판하는 견해도 있었다.
2004년 법 개정 이후 불공정성의 핵심은 공정하고 자유로운 경쟁체제가
존재하는데 있어서 특정한 행위가 경쟁의 왜곡을 발생시키지 않는다는
객관적인 법률적합성(Gesetzmäβigkeit)에 있기 때문이었다.[235] 둘째로,
객관적으로 불공정한 행위로부터 주관적인 요소의 존재가 추론된다고
보는 견해도 있었다.[236] 셋째로, 입법자가 '겨냥한'이라는 요건을 둔 이
유는 행위불법성을 가진 '겨냥한'이라는 요건을 추가하여, 불공정한 경
우의 범위를 가능한 한 제한하기 위한 불가피한 방안이었다고 보는 견
해도 있었다.[237]

연방대법원은 경쟁자의 이익을 침해하는 방해행위란 경쟁과정에서
원칙적으로 승인된 것이기 때문에 주관적 의도를 고려하는 것이 필요하
다고 하였다.[238] 그러면서 그러한 의도를 입증하는 것이 쉽지 않지만,
"문제의 행위가 경쟁자를 배제(Verdrängung)하고 약화시킴(Schwächung)을
의도할 것 외에 다른 목적이 없다면", 그러한 의도가 있다고 간주된다고
하였다.[239]

---

234) Volker Emmerich, a.a.O., S. 94-95.
235) Volker Emmerich, a.a.O., S. 84.
236) 권오승 역, 리트너 저, 앞의 책, 45면.
237) Volker Emmerich, a.a.O., S. 84-85.
238) Köhler·Bornkamm, a.a.O., UWG Kapital 1. § 4 Rn. 4.9: BGH GRUR 2009, 878 -
　　Fräsautomat; BGH GRUR 2010, 346 Rn. 12 - Rufumleitung; BGH WRP 2011, 1469
　　Rn. 65 - Automobil-Onlinebörse; BGH WRP 2014, 424 Rn. 28 - wetteronline.de;
　　BGH WRP 2014, 839 Rn. 23 - Flugvermittlung im Internet.
239) Köhler·Bornkamm, a.a.O., UWG Kapital 1. § 4 Rn. 4.9: BGH WRP 2015, 714 Rn.
　　17 - Uhrenankauf im Internet.

다. 오인유발행위와 비교광고행위

2004년 개정법 제5조에서는 오인유발광고행위와 오인유발숨김광고행위를 불공정하다고 하였다. 2008년 법 개정 이후 제5조와 제5조a에서 오인유발행위와 오인유발숨김행위를 불공정하다고 하면서, 유럽연합의 '불공정상행위지침'을 수용하여, 그러한 행위에 해당하는 경우를 구체적으로 명시하였다.

2004년 개정법 제5조 제4항(현행법 제5조 제5항)[240]은 오인유발광고행위의 한 유형으로 '가격할인오인광고행위'(Mondpreiswerbung)를 들었다. 이러한 행위란 '단기간에 높은 가격을 설정하였다가, 가격이 할인(Herabsetzung)된 것과 같은 오인유발광고를 하는 행위'를 말하였다. 이러한 행위는 오인유발적이라고 '추정'(Vermutung)되었고, 입증책임을 전환하여 가격과 행위의 기간을 광고한 사업자에게 입증책임을 부여하였다.[241] 이는 과거 연방대법원이 사업자에게 광고행위에 대한 설명과 입증의무(Darlegungs- und Beweispflicht)가 있다고 한 것을 법에 명시한 것이었다.[242]

한편, 비교광고행위에 대해서 연방대법원은 구법 제1조의 양속위반 규정을 적용함에 있어서 "거짓이나 과장을 포함하지 않고 경쟁자와의 비교를 하는 행위이기에, 소비자에게 필요한 정보를 제공함으로써 경쟁을 촉진하는 효과가 있으므로", 그 자체로는 행위불법성을 내포하고 있지 않는다고 하였다.[243] 그러다가 2004년 개정법부터 제6조 제2항에서는

---

240) "Es wird vermutet, dass es irreführend ist, mit der Herabsetzung eines Preises zu werben, sofern der Preis nur für eine unangemessen kurze Zeit gefordert worden ist. Ist streitig, ob und in welchem Zeitraum der Preis gefordert worden ist, so trifft die Beweislast denjenigen, der mit der Preisherabsetzung geworben hat."

241) 심재한, 앞의 글(2005), 15-17면.

242) Harte-Bavendamm·Henning-Bodewig, a.a.O., Kapital 1. § 5 Abs. 4 Rn. 8: BGH GRUR 1978, S. 54 ff. - Preisauskunft.

243) Ekkehard Moeser, "Neuere Rechtsprechung zur vergleichenden Werbung", NJW, 1987,

6가지 비교광고행위들을 불공정하다고 하였는데, 행위의 불법성이 높은 비교광고행위를 구체화한 것이었다.

3. 결과불법성이 높은 행위

법원은 '일반적인 시장방해행위'(allgemeine Marktbehinderung) 또는 시장왜곡행위(Marktstörung)를 구법 제1조의 양속위반행위로 인정해왔었다. 이러한 행위에는 성과경쟁을 왜곡하는 행위로서, 할인 과장광고나 상품이나 서비스의 무료배포행위, 모방행위 등이 있었다. 이러한 행위들은 2004년 법 개정 이후부터 현행법 제4조 제3항의 모방행위, 제4항의 경쟁자를 겨냥한 방해행위, 제5조의 오인유발행위 등으로 입법이 되었다.

그 밖의 '일반적인 시장방해행위'는 법 제3조 제1항의 일반조항에 의하여 금지될 수 있다. 이러한 행위는 법 제4조 제4항의 경쟁자를 겨냥한 방해행위에 해당하지는 않으나, 경쟁자를 시장에서 배제할 구체적인 위험이 있고 이를 통해 시장에서의 경쟁을 저해할 수 있는 경우를 의미한다. 이러한 행위를 금지하는 목적은 시장지배력이 형성되기 전 단계에서 경쟁적인 시장구조에 영향을 미치는 부정적인 효과를 예방하기 위한 것이다.[244]

예를 들어, 약탈가격행위는 경쟁자를 겨냥한 방해행위뿐만 아니라 일반 시장방해행위에도 해당될 수 있다. 연방대법원은 비용 이하의 판매행위가 그 자체로는 상업적으로 정당한 행위일 수 있지만, 예외적인 경우에 불공정하다고 하였다. 높은 시장점유율과 재정능력을 가진 사업자가

S. 1789: BGH, GRUR 1968, GRUR Jahr 1968 Seite 437 (GRUR Jahr 1968 Seite 443) = LM § UWG § 23 UWG Nr. 6 - Westfalenblatt; ebenso BGH, GRUR 1969, GRUR Jahr 1969 Seite 238 = LM § UWG § 1 UWG Nr. 201 - Schornsteinauskleidung; 이봉의, "표시·광고법상 비교광고의 주요 쟁점", 경쟁과법 제8호, 2017-c, 28-33면.
244) Köhler·Bornkamm, a.a.O., UWG Kapital 1. § 4 Rn. 5.1-5.2: BGH GRUR 2002, 825 (827) - Elektroarbeiten.

손실을 볼 가격전략을 취하는 것은 시장에서의 높은 진입장벽을 만들게
되어, 시장의 경쟁상태에 위협이 된다고 하였다.[245]

  일반적인 시장방해행위의 결과불법성 또는 불공정성을 판단하기 위
해서는 시장획정이 필요하고, 관련 시장에서의 '경쟁 상태를 위험하게'
(gefährdung des Wettbewerbsbestands) 하는지 특히 성과경쟁을 저해하는
지의 관점에서 판단하여야 한다.[246] 이러한 위험이란 추상적 또는 이론
적으로 가능하거나 경쟁자의 '거래활동을 단순히 어렵게 하는 것'(bloβe
Erschwerung der Geschäftstätigkeit)만으로는 충분하지 않고[247], 관련시장에
서 기대되는 위험이 있어야 한다. 연방대법원은 경쟁에 대한 구체적이고
상당한(ernsthaften) 위협이 있는지 고려해야 한다고 하였다.[248] 경쟁상태
는 경쟁자의 수와 규모, 그들이 누리는 경쟁의 자유의 정도, 진입장벽을
통하여 판단할 수 있다. 그러한 경쟁상태에 대한 위협은 중소기업의 퇴
출로 인한 경쟁적인 시장구조의 영구적 악화의 위협 또는 시장의 독점
화와 같은 중대한 정도를 의미하지 않는다.

---

245) Köhler·Bornkamm, a.a.O., UWG Kapital 1. § 4 Rn. 5.16: BGH GRUR 1990, 371 -
    Preiskampf; BGH GRUR 1990, 685 (686 f.) - Anzeigenpreis I; verneint in BGH WRP 2006,
    888 Rn. 14 - 10 % billiger; BGH GRUR 2009, 416 Rn. 25 - Küchentiefstpreis-Garantie.
246) Köhler·Bornkamm, a.a.O., UWG Kapital 1. § 4 Rn. 5.4: BGH GRUR 1991, 616
    (617) - Motorboot-Fachzeitschrift.
247) Köhler·Bornkamm, a.a.O., UWG Kapital 1. § 4 Rn. 5.7: BGH GRUR 2004, 877
    (880) - Werbeblocker.
248) Köhler·Bornkamm, a.a.O., UWG Kapital 1. § 4 Rn. 5.5-5.6: BGH GRUR 1991, 616
    (617) - Motorboot-Fachzeitschrift.

제3절 미국 FTC법 제5조상 기준

I. 불공정한 경쟁방법의 기준

1. 1914년 법 제정 이후 기준

1914년 제정법에서부터 FTC법 제5조 (a) (1)(1938년 법 개정 이후부터는 동조 (a) (1) 전단)은 '불공정한 경쟁방법'(Unfair methods of competition in or affecting commerce)을 금지하였다.

1970년대까지, 연방대법원은 '불공정한 경쟁방법'의 적용범위가 경쟁제한효과와 무관하고, 반독점법상 인정되는 범위보다 넓다고 보았다.[249] 'R. F. Keppel & Bro.' 판결[250]에서 연방대법원은 항소법원이 문제의 행위가 반경쟁적 효과가 없어서 '불공정한 경쟁방법'이 아니라고 한 것을 파기하였다. 그러면서, 법위반 사업자가 그렇게 하지 않아야할 강한 도덕적 강박이 있었음에도 행위를 중단하지 않으면 경쟁자가 사업상 손실부담을 지게 된다는 점에서 위법하다고 하였다.

연방대법원은 'Motion Picture' 판결[251]에서 경쟁에 미치는 광범위한 경제분석과 입증 없이, '불공정한 경쟁방법'은 반독점법인 셔먼법이나 클레이튼법 위반으로 금지되기 이전 단계에서 금지할 수 있다고 하였다.

연방대법원은 'Atlantic Refining' 판결[252]에서 다른 회사의 타이어나 배터리 등을 자신이 운영하는 도매점과 소매점에서 수수료를 받고 판매해준 행위가 전형적인 끼워팔기행위는 아니더라도 경제적 힘을 다른 시장에서 경쟁을 제한하는데 사용한 점에서 FTC법 제5조 위반이라고 보았고,

---

249) 김성훈, 앞의 글(2010-a), 317면.
250) FTC v. R. F. Keppel & Bro., Inc., 291 U.S. 304 (1934).
251) FTC v. Motion Picture Advertising Service Co., 344 U.S. 392 (1953).
252) Atlantic Refining Co. v. FTC, 381 U.S. 357 (1965).

경쟁제한효과에 대한 경제분석을 요구하지 않았다.

연방대법원은 'Brown Shoe' 판결[253])에서 배타조건부거래행위의 봉쇄효과가 1%에 지나지 않았음에도, FTC법 제5조를 위반하였다고 하면서, 셔먼법과 클레이튼법 위반에 해당되지 않더라도 '맹아이론'(Incipiency theory)에 따라 FTC법에서 금지될 수 있다고 하였다.

2. 1980년대 기준

1980년대 세 판결에서 연방항소법원들은 위원회의 결정을 파기하면서, '불공정한 경쟁방법'의 위법성 판단기준에 있어서 경쟁제한성을 고려하였다.[254])

'Official Airline Guidline' 판결[255])에서 연방 제2항소법원은 비행기 운항 스케줄의 발행자가 면허 항공사의 스케줄은 넣으면서, 통근항공사(Commuter Airlines)의 것은 제외한 것에 대하여, 발행자가 통근항공사와 경쟁관계에 있지 않다는 점에서, 위 행위가 독점자의 행위로서 잠재적으로 반경쟁적인 효과를 가질 것이라면서도 '불공정한 경쟁방법'이 아니라고 하였다.[256])

'Boise Cascade' 판결[257])에서 연방 제9항소법원은 미국 남부의 새로운 합판 생산업자들이 서부의 회사들이 사용하던 가격을 그대로 사용한 행위가 의식 있는 병행행위라 하더라도, 고객의 선호에 따른 자연스럽고 독립적인 판단이었고 반경쟁적 효과 증거가 부족하여 '불공정한 경쟁방법'이 아니라고 하였다.

---

253) FTC v. Brown Shoe Co., 384 U.S. 316, 321 (1966); William E. Kovacic·Marc Winerman, Ibid, p. 935.
254) 그에 대한 자세한 소개는 김성훈, 앞의 글(2010-a), 318-319면 또는 이문지, "불공정거래행위 규제의 문제점과 보완방안", 기업법연구 제5집, 2000, 268-269면.
255) Official Airline Guidlines, Inc. v. F.T.C., 630 F.2d 920 (2d Cir. 1980).
256) Robert Davis, "One step on the road to clarity: The 2015 FTC Statement on Unfair methods of competition", Antitrust Source, 2016, p. 4.
257) Boise Cascade Co. v. FTC 637 F. 2d 573 (9th Cir. 1980).

'Ethyl' 사건258)에서 위원회는 4개의 주된 납 가솔린 제폭첨가제 제조
업자가 사업관행을 채택한 행위가 의식적 병행행위로서 가격결정의 불
확실함을 제거하여 병행적 가격책정을 조장하는 경쟁제한행위라고 결정
하였다. 이에 대하여, 제2연방항소법원은 반경쟁적 의도가 있거나 문제
의 행위를 한 정당한 이유가 부존재한다는 증거가 있어야 한다고 보면
서 위원회의 결정을 파기하고, '불공정한 경쟁방법'에 해당하는 기준을
명확히 구분할 수 있어야 한다고 하였다.

하지만, 연방대법원은 여전히 '불공정한 경쟁방법'의 적용범위를 넓
게 보았다. '인디애나 치과의사협회' 판결259)에서 연방대법원은 셔먼법
위반행위가 아니더라도, 위원회가 공공정책에 반하는 행위를 금지할 수
있다고 하면서, 이 사건의 합의가 '불공정한 경쟁방법'에 해당한다고 보
았다.

3. 1990년대 이후 기준

가. 광범위한 기준을 지지하는 입장

1990년대 이후 '불공정한 경쟁방법' 규정은 연방거래위원회가 '독자적
인 권한'(standalone authority)에 의하여 반독점법이 적용되지 않더라도 적
용할 수 있다는 본 연방거래위원회 위원들이 있었다.

토마스 로쉬(Thomas Rosch)는 2006-2013년 연방거래위원회의 위원이
었는데, 동 규정의 적용범위가 제한되어서는 안 된다고 보았다. 그는
1980년대 연방항소법원의 판결들이 연방대법원은 'Sperry & Hutchinson'
판결260)의 판시와 배치되는 것은 아니라면서, 광범위한 종래의 기준이
경쟁제한성 기준으로 변경되어야 하는 것은 아니라고 하였다.

---

258) Ethyl Corp. v. FTC, 729 F.2d 128 (2d Cir. 1984).
259) FTC v. Ind. Fed'n of Dentists, 476 U.S. 447, 454 (1986).
260) FTC v. Sperry & Hutchinson Co., 405 U.S. 223 (1972).

존 라이보위츠(Jon Leibowitz)는 2004년부터 위원회 위원이었고, 버락 오바마(Barack Obama) 대통령이 임명하여 2009.3.-2013.2. 위원회 위원장으로 일하였다. 그는 정상적인 기업의 행태로 수용될 수 없는 경우 '불공정한 경쟁방법'이 될 수 있다고 하면서, 그러한 행태의 의미를 명확히 정의할 수는 없지만 그러한 행위는 소비자에게 피해를 주는 행위라고 하였다.[261] 그는 이러한 행위는 공모(collusive), 강제적인(coercive), 약탈적인(predatory), 제한적인(restrictive), 기만적인(deceitful), 또는 강압적인(oppressive) 행위를 의미한다고 하였다.[262]

에디스 라미레즈(Edith Ramirez)는 2010년부터 위원회 위원을, 2013.3.-2017.2.까지 위원회 위원장을 맡았다. 위원회는 FTC법 제5조의 '불공정한 경쟁방법'을 1914년부터 100년 이상 금지해오면서도 그 기준에 관한 어떤 공식적인 지침을 내지 않았다가, 2015년 '불공정한 경쟁방법'에 대한 성명서[263]를 냈다.[264] 하지만 라미레즈는 성명서가 나오는 것에 반대하였다. 그녀는 '불공정한 경쟁방법'에 대한 판단은 개별 사안에 따라서 판단하는 것이 적절하고, 그에 관한 기준을 마련하지 않음으로써 보다 유연하게 시장에서 경쟁과 소비자를 보호할 수 있어야 한다고 하였다.[265]

'불공정한 경쟁방법'의 판단기준이 반독점법보다 넓은 기준이어야 한다고 본 학자들도 있었다. 로버트 란드(Robert H. Launde) 교수는 반독점법의 목적은 소비자후생에 있다고 보면서도, FTC법 제5조의 입법연혁이나 연방대법원의 판례를 살펴볼 때, '불공정한 경쟁방법'이란 반독점법

---

261) 김치걸, 앞의 글, 55-56면.

262) Jon Leibowitz, "Concurring Opinion of Commissioner Jon Leibowitz in the Matter of Rambus, Inc.", FTC Docket No. 9302, 2006, p. 12.

263) Statement of Enforcement Principles Regarding Unfair Methods of Competition Under Section 5 of the Trade Commission Act.

264) Maureen K. Ohlhausen, "Section 5 of the FTC Act: principles of navigation", Journal of Antitrust Enforcement, 2013, p. 1.

265) Neil W. Averitt, "The elements of a Policy Statement on Section 5", Antitrust Source, 2013, p. 2.

위반의 맹아상태나 다른 반독점법의 정신을 위반하는 행위, 사업자의 행
동의 표준을 위반하는 행위, 위원회의 경쟁정책을 위반하는 행위들을 말
한다고 하였다.[266]

모리스 스터키(Maurice E. Stucke) 교수는 '불공정한 경쟁방법'의 판단
기준을 경쟁제한성으로 보아서는 안 된다고 하였다. 법 집행에 있어서
정확성(accuracy)과 행정집행가능성(administrability), 지속성(consistency), 객
관성(objectivity), 적용가능성(applicability), 투명성(transparency)을 도모해야
한다는 점에는 동의하면서도, '불공정한 경쟁방법'의 판단기준은 의회가
의도한대로, 반독점법을 보충하기 위하여 잠재적으로 피해를 미칠 맹아
의 단계의 위험에 있다고 하였다. 그는 이를 통해 사회적으로 바람직하
지 않은 경쟁방법을 금지하거나 사업자가 불공정하게 경쟁상 이익을 얻
는 행위를 금지해야 한다고 하였다.[267]

나. 광범위한 기준의 적용례 및 동의명령

1990년대 이후로 '불공정한 경쟁방법'의 판단기준으로 광범위한 기준
을 적용한 위원회의 결정례와 동의명령들을 살펴보고자 한다.[268] 첫째
로, 담합 제안행위가 셔먼법 제1조의 위반에 해당하는 합의가 존재하지
않더라도, 위원회는 '불공정한 경쟁방법'에 해당된다고 보았다.[269]
'McWane' 사건[270]에서 위원회는 공모제안행위가 '불공정한 경쟁방법'에
해당한다고 보면서 그 적용범위는 셔먼법보다 넓다고 하였다. 이에 2015

---

266) Robert H. Launde, "FTC v. Intel: Applying the 'Consumer Choice' Framework to
    'Pure' Section 5 Allegations", The CPI Antitrust Journal, 2010, pp. 2-3.
267) Maurice E. Stucke, "A Response To Commissioner Wright's Proposed Policy Statement
    Regarding Unfair Methods Of Competition", CPI Antitrust Chronicle, 2013, pp. 2-6.
268) 김용상·Pete Levitas, "FTC법 제5조 관련 논란", 경쟁저널(제173호), 2014, 119면.
269) ABA, Antitrust Law Development(Sixth Edition), Volume I, Section of Antitrust Law,
    2007-a, p. 654.
270) In re McWane Inc., Docket, No. 9351 (2012).

년 연방항소법원도 위원회 승소 판결을 내렸고[271], 2016년 연방대법원도 상고를 기각하였다.

'U-Haul Int'l' 사건[272]에서도 위원회는 자가운전트럭 대여 1위 회사가 2위의 경쟁자에게 담합을 수차례에 걸쳐 일방적으로 제안(invitation to collude)한 행위가 합의에 이르지 않은 경우 셔먼법 제1조의 위반이 아니더라도, 공모의 증거나 반경쟁적 효과의 입증없이도, '불공정한 경쟁방법'에 해당될 위험이 있다는 점에서 동의명령을 내렸다.

둘째로, 위원회는 단독행위에 대해서도 반독점법 위반인 경우보다 낮은 정도의 시장점유율이나 경쟁제한효과가 있는 경우에도 '불공정한 경쟁방법' 행위로 금지할 수 있다고 하였다.[273] 'Rambus' 사건[274]에서 위원회는 Rambus가 DRAM 칩의 컴퓨터 기술 표준화 과정에서 자신이 보유한 기술을 숨긴 기만행위가 시장력을 갖고 있고 경쟁제한적이라는 점에서, 셔먼법 제2조와 FTC법 제5조의 '불공정한 경쟁방법' 규정 위반이라고 보았다.

하지만 불복의 소에서 2008년 연방항소법원은 경쟁제한의 증거를 입증하지 못하였다는 점에서 위원회 결정을 파기하였고[275], 2009년 연방대법원은 상고를 기각하였다. 이후 위원회는 '불공정한 경쟁방법'에 해당될 수 있는 행위에 대하여 동의명령을 내렸다.

'N-Data' 사건[276]에서 위원회는 표준필수특허권자의 FRAND 위반행위에 대하여 동의의결을 내렸다. 위원회는 문제의 행위가 반경쟁적 행위로서 셔먼법 제2조 위반은 아니더라도 소비자에게 높은 로열티를 부담하게 하는 FTC법 제5조의 불공정한 경쟁방법에 해당한다고 하였다.

271) McWane Inc. v. Federal Trade Commission, 783 F.3d 814 (11th Cir. 2015).
272) In re U-Haul Int'l, Inc., 75 Fed. Reg. 35,033 (2010); 김치걸, 앞의 글, 56-57면.
273) 김용상·Pete Levitas, 앞의 글, 119면.
274) Rambus, Inc., FTC Docket No. 9302 (2006).
275) Rambus Inc. v. Federal Trade Commission, 522 F.3d 456 (D.C. Cir. 2008).
276) Negotiated Data Solutions LLC, 73 Fed. Reg. 5,846 (FTC Jan. 31, 2008); 김치걸, 앞의 글, 56면; 김성훈, 앞의 글(2010-a), 322면.

'Intel' 사건[277])에서도 위원회는 자사의 중앙처리장치(CPU) 제품을 사용하는 컴퓨터 제조업체들에게는 보상을 주고, 그렇지 않을 경우에는 거래중단의 위협을 가하며 경쟁자의 제품을 사용하는 경우에 컴퓨터가 제대로 작동하지 않도록 하여 경쟁자를 배제하고자 한 Intel의 행위가 '불공정한 경쟁방법'에 해당될 위험이 있다면서, 동의명령을 내렸다.

다. 경쟁제한성 기준을 지지하는 입장

'불공정한 경쟁방법'의 판단기준은 경쟁제한성이어야 한다는 견해도 있다. 광범위한 기준은 집행의 명확성뿐만 아니라 사업자가 문제의 행위가 위법한 것인가에 대한 예측가능성을 주지 못한다고 비판하였다.[278]

로버트 피토프스키(Robert Pitofsky)는 1978-1981년 위원회 위원을, 1995-2001년 위원장을 맡았다. 그는 '불공정한 경쟁방법'에 관한 2008년 워크샵에서 '정당하지 않거나 비도덕적인 행위'(unjust or immoral conduct)가 결국 경쟁이나 소비자들에게 해가 되지 않음에도 불구하고, 억압적(Oppressive)이거나 강제적인지(coercive), 정직(bad faith)하지 않은지, 사기(fraud)인지, 심지어 '도덕에 반하는'(contrary to good morals)지를 판단기준으로 고려하게 되면, 법원의 판단기준과 충돌을 일으킬 수 있다고 비판하였다.[279]

공화당 추천으로 2013-2015.8. 위원회 위원이었던 조슈아 라잇(Joshua D. Wright)은 2013년 '불공정한 경쟁방법'의 집행에 관한 위원회 위원으로서 성명서(Statement of Commissioner)를 냈다.[280] 그는 1979년 연방대법원

---

277) Intel Corporation, Decision and Order, Docket No. 9341; 김치걸, 앞의 글, 57면.
278) Thibault Schrepel, "Section 5 of the FTC Act through European guidelines", European Competition Law Review, 2014, p. 130.
279) Maureen K. Ohlhausen, Ibid, p. 6.
280) Joshua D. Wright, "Proposed Policy Statement Regarding Unfair Methods of Competition Under Section 5 of the Federal Trade Commission Act", Federal Trade Commission, 2013.

이 반독점법의 목적은 소비자를 보호하는데 있다고 판시하였던 바[281]와 같이, FTC법 역시 소비자를 보호하기 위한 법이라고 주장하였다. 따라서 위원회는 '불공정한 경쟁방법'인지를 판단함에 있어서 비경제적인 요소로서 소규모사업자에게 피해를 주는지 또는 '공공윤리'(public morals)를 위반한 것인지를 고려해서는 안 된다고 하였다. 대신 경쟁에 상당한 해를 끼치거나 끼칠 가능성이 있을 것과 인식 가능한 효율성 증대효과가 부족할 것을 판단하여야 한다고 하였다. 그 이유는 '반경쟁적 효과'(anti-competitive effect)를 가지는 행위만이 '경쟁과정'(competitive process)을 침해하여 결국 소비자에게 해를 미치기 때문이라고 하였다.

그러면서 그는 위원회가 경쟁에 미치는 피해가 아직 나타나지 않은 경우에도 "경쟁에 피해를 미칠 가능성과 규모를 판단하여 공동행위를 하거나 아직 셔먼법상 독점력에는 이르지 못하였지만 시장지배력을 획득하는" 경우를 불공정한 경쟁방법으로 볼 수 있다고 하였다.[282]

공화당에서 추천하여 2012년부터 위원회 위원을, 2017.3.-2018.9. 위원장을 맡았던 마린 올하우젠(Maureen K. Ohlhausen) 역시 같은 입장을 취하였다. 그녀는 '불공정한 경쟁방법'은 경쟁에 '상당한 해'(substantial harm)를 미치는지와 친경쟁적인 정당화 사유가 없거나 경쟁에 대한 이익보다 해가 더 큰지의 여부를 판단해야 한다고 하였다. 그 이유는 위원회의 핵심 임무는 소비자후생을 촉진하고 보호하는 것에 있지, 경쟁자를 보호하는 것에 있지 않기 때문이라고 하였다.[283]

라. 2015년 성명서의 기준

민주당이 추천하여 2013.3-2017.2. 위원장을 맡았던 에디스 라미레즈(Edith Ramirez)가 반대했음에도 불구하고, 위원회는 2015년 불공정한 경

---

281) Reiter v. Sonotone Corp., 442 U.S. 330, 343 (1979).
282) Joshua D. Wright, Ibid(2013), pp. 6-8.
283) Maureen K. Ohlhausen, Ibid, pp. 6-9.

쟁방법에 대한 성명서를 발표하였다. 성명서는 "의회는 변화하는 시장과 사업행위에 법을 적용하기 위하여, 불공정한 경쟁방법에 해당하는 구체적인 행위를 정하지 않았"다고 지적하면서, 위 규정에 대한 판단기준을 제시하였다.

성명서는 첫째로, 위원회는 "소위 소비자후생을 촉진하려는 반독점법의 공공정책에 의해 주로 위 규정을 적용"해야 한다고 하였다. 둘째로, "합리의 원칙(rule of reason)과 유사하게 경쟁이나 경쟁과정에 해를 야기하거나 할 가능성이 있고 관련된, 인식 가능한 효율성이나 사업상 정당화 사유가 있는지를 고려하여 위법성을 평가해야 한다."고 하였다. 셋째로, "경쟁에 대한 피해로 인하여 셔먼법이나 클레이튼법을 적용할 수 있는 경우라면 위원회가 불공정한 경쟁방법으로 금지할 가능성이 낮다."고 하였다.

성명서를 만드는 작업을 주도한, 조슈아 라잇(Joshua D. Wright) 전 위원은 성명서가 '불공정한 경쟁방법'의 적용범위를 과거의 광범위한 기준에서 경제적 후생(소비자후생과 효율성 증대효과)에 관련된 기준으로 제한한 것이 의의가 있다고 평가하였다.[284]

4. 2021년 이후 기준

2021.6. 바이든(Joseph Robinette Biden Jr.) 대통령은 리나 칸(Lina Khan)[285] 조교수를 연방거래위원회 위원장으로 임명하였다. 리나 칸은 로스쿨 학생이던 2017년부터 아마존(Amazon)과 같은 시장지배력을 가진 플

---

[284] Joshua D. Wright·Angela Diveley, "Unfair Methods of Competition After the 2015 Commission Statement", George Mason University Legal Studies Research Paper Series, 2015, pp. 12-13.

[285] 그에 대한 자세한 소개는 정주미, "미국 연방거래위원장 리나 칸의 주장들로부터 얻은 온라인 플랫폼 규제에서의 시사점", 유통법연구 제9권 제2호, 2022-a.

랫폼 기업이 시장에 미치는 폐해를 금지하지 못하는 반독점법의 문제를 지적하였다.[286] 그러면서 그녀는 반독점법이 소비자후생의 증대를 목적으로 할 것이 아니라, 1970년대 이전까지 반독점법 집행의 주류였던 구조주의(structuralism)적 접근방식에 따라 '경쟁 과정'을 보호의 목적으로 하였던 때로 돌아가야 한다고 주장하였다. 또한 온라인 플랫폼 기업에 대한 법집행 활성화를 위해서는 FTC법 제5조를 적극적으로 활용하는 것이 필요하다고 주장하였다.[287]

2021.7.1. 칸(Khan) 위원장 하에서 위원회는 2015년 성명서를 폐기한다는, 새로운 성명서[288]를 발표하였다. 새 성명서는 "FTC법 제5조는 셔먼법이나 클레이튼법 등 반독점법을 위반하기 전 초기 단계에서 법 집행을 보충하고 강화하기 위하여 제정되었다."고 하였다. 대신 "FTC법 제5조는 광범위한 법집행 범위를 갖는 대신 형사처벌, 개인의 소송제기와 3배 배상이 가능하지 않도록 설계되었다."고 하였다.

그러면서 새 성명서는 "2015년 성명서는 이러한 입법의도를 무시하였고, 법원이 만들어낸 셔먼법의 집행 기준처럼 FTC법 제5조의 집행 기준을 제한하였다."고 비판하였다. 또한 "2015년 성명서는 합리의 원칙에 따라 FTC법 제5조 위반을 판단하도록 하였지만, 셔먼법이나 클레이튼법 위반에 해당되는 행위에 FTC법 제5조를 단독으로 적용하는 경우는 상상하기 어렵기 때문에, 이러한 태도는 동조의 적용을 제한하는 것에 불과하였다."고 지적하였다.

게다가 2022.11.10.에 위원회는 '불공정한 경쟁방법의 적용범위에 대한 새로운 성명서'[289]도 발표하였다. 위 성명서는 불공정한 경쟁방법이

---

286) Lina Khan, "Amazon's Antitrust Paradox", 126 Yale Law Journal 710, 2017.

287) Lina Khan, "The Ideological Roots of America's Market Power Problem", 127 Yale Law Journal Forum 960, 2018.

288) Statement of the Commission on the Withdrawal of the Statement of Enforcement Principles Regarding "Unfair Methods of Competition" Under Section 5 of the FTC Act.

289) Policy Statement Regarding the Scope of Unfair Methods of Competition Under Section 5 of the Federal Trade Commission Act Commission, File No. P221202.

란 '장점에 의한 경쟁'(competition on the merits)을 넘어서는 것을 말하고, "강압적, 착취적, 공모적, 남용적, 기만적, 약탈적이거나 유사한 성격의 경제적 힘을 사용하고, 경쟁의 조건(competitive conditions)에 부정적인 영향을 미치는 경향, 즉 시장참여자의 기회를 박탈하거나 손상시키거나, 경쟁자 간 경쟁을 감소시키거나 선택을 제한하거나 다른 방식으로 소비자에게 피해를 주는 경향"[290]을 말한다고 하였다.

II. 불공정하거나 기만적 행위의 기준

1. 불공정한 행위의 기준

가. 1938년 법 개정 이후 광범위한 불공정성 기준

1938년 신설된 FTC법 제5조 (a) (1) 후단의 '불공정하거나 기만적인 행위'(unfair or deceptive acts or practices in or affecting commerce) 중 '불공정한 행위'에 관한 판단기준은 1980년대 이전까지 광범위한 기준이 적용되었다.

위 규정이 신설되기 전, 연방거래위원회는 반독점법 위반은 아니지만, 소비자 피해를 야기하는 행위에 대하여 '불공정한 경쟁방법'에 해당한다고 하였다.[291] 하지만 연방법원은 '불공정한 경쟁방법'인지의 여부를 인정하기 위해서는 경쟁자에 대한 '예측가능한 영향'(predictable impact)이 있는지를 입증해야 한다고 하였다. 연방법원은 위원회가 기만이나 사기,

---

290) 정주미, 앞의 글(2022-a), 210면.
291) 이문지, "미국 연방거래위원회법 제5조와 불공정거래행위 금지의 법리", 안암법학 제5호, 1997, 119면; ABA, Antitrust Law Development(Sixth Edition), Volume II, Section of Antitrust Law, 2007-b, p. 1012: FTC v. Winsted Hosiery Co., 258 U.S. 483, 493 (1922).

강박 등의 행위를 부도덕한 법위반행위로서 '불공정한 경쟁방법'에 해당한다고 결정한 것을 파기하였다.[292]

'Raladam' 판결[293]에서 연방대법원도 위원회가 비만치료제에 대한 기만적인 광고 행위가 경쟁에 미치는 부정적인 효과를 입증하지 못했다는 점에서 '불공정한 경쟁방법'에 해당되지 않는다고 하면서 항소법원과 마찬가지로 위원회 결정을 파기하였다. 대법원은 "경쟁사업자나 경쟁자들에게 일반적으로 '상당히'(substantially) 손해를 끼치거나 그러할 우려가 있는 행위"만이 위법하다고 하였다.[294]

그러자 의회는 불공정하거나 기만적인 행위로부터 직접적으로 소비자를 보호할 수 있도록 하기 위하여, 1938년 휠러-리 수정법안(Wheeler-Lea Amendments)을 통해서 FTC법 제5조 (a) (1) 후단에 '불공정하거나 기만적 행위'를 금지하였다.[295]

위원회는 1964년 '담배 규칙'(Statement of Basis and Purpose for the Cigarette Rule)[296]을 제정하여 '불공정한 행위'에 관한 3가지 판단기준을 제시하였다. 즉 ① 소비자에 대한 상당한 피해(substantial injury to consumers)의 개연성이 있거나, ② 공공정책(public policy)의 위반이거나, ③ 비도덕적(immoral)이거나 비윤리적인(unethical), 강압적인(oppressive) 행위인 경우 불공정한 것으로 판단하도록 하였다.

이 규칙은 불공정성에 대하여 처음으로 체계적인 설명을 제시하였다는 점에서 의의가 있었지만,[297] 그 기준이 상당히 탄력적이어서 위 3가

---

292) Stephen Calkins, "FTC Unfairness: An Essay", 46 Wayne law review 1935, 2000, pp. 1947-1948.
293) FTC v. Raladam Co., 283 U.S. 643, 640 (1931).
294) Stephen Calkins, Ibid, p. 1949.
295) 조성국, "미국의 경쟁 소비자법·제도 및 사건처리절차 연구", 공정위 용역보고서, 2015, 28-29면; ABA, Ibid(2007-b), p. 1012.
296) Statement of Basis and Purpose of Trade Regulation Rule 408, Unfair or Deceptive Advertising and Labeling of Cigarettes in Relation to the Health Hazards of Smoking, 29 Fed. Reg. 8355-74 (1964).

지 요소들을 위원회가 어떻게 고려할 것인가에 대해서 구체적으로 정하
지 않았다고 평가받았다.298)

이후 연방대법원은 'Sperry & Hutchinson' 판결299)에서 '불공정성 법
리'(unfairness doctrine)를 판시하였다. 이 사건에서 위원회는 S & H 사의
행위가 불공정하고 소비자들에게 강압적(oppressive)이라고 하였다. 그러
나 연방 제4항소법원은 "문제의 행위가 반독점법의 '문언'(letter)이나 '정
신'(spirit)을 위반하지 않았다면 불공정하다고 할 수 없고, 경쟁자에게 단
순한 피해를 미치는 것만으로는 충분하지 않다."고 하였다.

하지만 연방대법원은 이를 파기하면서, "의회의 입법취지에 따라서
위원회가 소비자보호라는 공공가치를 위한 광범위한 권한을 갖는다."고
하였다. 그러면서 "FTC법 제5조의 위반행위란 ① 법이나 커먼로(common
law) 등에 의해 불공정하다고 형성된 공공정책을 위반하거나, ② 비도덕
적, 비윤리적, 강제적, 비양심적이거나 ③ 소비자들에게 상당한 피해를
야기하는 경우 불공정하다."고 하였다.300) 이러한 'S & H 기준'에 따라서,
위원회는 불공정한 행위에 관한 법집행을 적극적으로 하였는데, 상호나
상표의 허위사용, 오인유발 또는 기만적 광고, 영업상 비방 등의 다양하
고 광범위한 사업자의 행위를 금지하였다.301)

---

297) Stephen Calkins, Ibid, pp. 1951-1952.
298) J. Howard Beales, "Brichtening the lines: The use of policy statements at the
    Federal trade commission", Federal Trade Commission 90th Anniversary Symposium,
    72 Antitrust law journal 1057, 2005, pp. 1063-1064.
299) FTC v. Sperry & Hutchinson Co., 405 U.S. 223 (1972).
300) Ernest Gellhorn, "Trading stamps, S & H, and the FTC's unfairness doctrine", Duke
    law journal, 1983, pp. 915-919.
301) 이호영, 앞의 글(2016), 357면; Mathew W. Sawchak & Kip D. Nelson, "Defining
    unfairness in 'Unfair trade practices'", 90 North Carolina law review 2033, 2011-2012,
    p. 2058.

나. 1980년대 이후 소비자피해 기준

위원회는 1980년 '불공정성에 관한 성명서'[302]를 내면서, FTC법 제5조 (a) (1) 후단의 '불공정성' 기준을 소비자 피해에 관한 기준으로 제한하였다.[303] 이는 위원회가 적용할 법적 기준을 명확히 하고 위원회의 재량을 좁히기 위함이었다고 한다.

성명서가 나오게 된 배경을 살펴보면, 첫째로, '불공정성'에 대해 비윤리적이거나 공서에 반하는지의 여부를 검토하는 것은 지나친 개입이라는 정치적인 비판이 제기되었다. 둘째로, 어떤 행위가 불공정한지에 관하여 위원회가 '개별 사건에 따른'(case-by-case) 탄력적인 기준을 적용하자, 법집행에 있어서 어떠한 요소가 정말 중요하게 고려되어야 하는지에 관한 기준이 필요하다는 문제제기가 있었다.

셋째로, 어린이에 관한 모든 TV 광고를 금지하는 위원회의 조치는 정치적으로 격렬한 비난을 받았고, 위원회가 일시적으로 폐쇄되었다. 의회는 위원회가 불공정성 기준을 토대로 광고에 대하여 개입하지 못하도록 하였다.[304] 위원회는 불공정성에 관한 전적인 법집행 권한을 상실할지도 모를 위기에 처하게 되었다.

그러자 위원회는 1980년 불공정성에 관한 성명서에서 그 판단기준으로 소비자에 관한 불공정성으로 제한하기로 하였다. 즉 위원회는 불공정성에 관한 S & H 기준의 3가지 요소(① 소비자에게 피해를 주거나 ② 공공정책에 반하거나 ③ 비윤리적인 또는 비도덕적인 경우)를 소비자피해에 한정하기로 하였다.[305]

성명서는 첫째로, 소비자피해란 소비자에 대해 '상당한 피해를 줄 가

---

302) Commission Statement of Policy on the Scope of the Consumer Unfairness Jurisdiction.
303) 홍대식, 앞의 글(2009), 121면.
304) 이문지, 앞의 글(1997), 126면; J. Howard Beales, Ibid, p. 1065.
305) Neil W. Averitt, "The meaning of Unfair Acts or Practices in Section 5 of the Federal Trade Commission Act", The Georgetown law journal, 1981, pp. 244-245.

능성이 있고'(likely to cause substantial injury), 그 피해를 소비자가 스스로 합리적으로 회피할 수 없으며, 소비자나 경쟁에 주는 이익을 상쇄할 수 없다면 불공정하다고 하였다. 소비자에게 금전이나 건강, 안전에 피해를 미치는 경우 심각한 것으로 간주되었다. 사소하거나 추상적이거나 정신적인 주관적 피해는 인정되지 않는 편이었다. 또한 그러한 피해가 상쇄되는지의 여부를 판단함에 있어서 그 피해를 해결하기 위하여 소비자나 사회가 부담해야 할 비용이 고려되었다.306)

둘째로, 공공정책 위반과 비윤리적이거나 부도덕한 행위인지의 여부는, 독립적인 고려요소로 고려된 적이 없는 만큼, 소비자피해를 입증할 요소로서 검토되었다.307) 공공정책 위반 여부는 소비자에 대한 피해를 고려하기 위한 추가적인 증거로서 고려되었다. 비윤리적이거나 부도덕한지의 여부는 항상 소비자에게 피해를 미치거나 공공정책 위반에 해당되기 때문에 중복적인 고려요소로 간주되었다.

이후 의회는 1994년 개정법 제5조 (n)의 'Standard of proof; public policy considerations' 규정을 신설하였다. 이는 S & H 기준을 소비자피해에 한정하여 해석하는 성명서를 법문화한 것이었다.308) 동조 (n)은 위원회가 "소비자들 스스로는 합리적으로 피할 수 없고 소비자나 경쟁에 대한 피해를 상쇄하지 못하는 상당한 소비자 피해를 야기하거나 야기할 수 있는지"를 기준으로 불공정한지의 여부를 판단하도록 하였고, 그와 함께 공공정책적 고려가 가능하나 위법성 결정에 주요한 증거가 될 수는 없다고 하였다. 즉 위원회는 법규, 판례, 관행에 의해 확립된 공공정책에 반하는지의 여부를 통하여 소비자의 피해가 심각한지를 고려하였다.309)

---

306) J. Howard Beales, Ibid, pp. 1062-1063.
307) J. Howard Beales, Ibid, p. 1065; Mathew W. Sawchak & Kip D. Nelson, Ibid, pp. 2059-2060.
308) Stephen Calkins, Ibid, p. 1976.
309) 이문지, "미국 연방거래위원회법 제5조에 의한 소비자 개인정보 보호", 경영법률 제27권 제1호, 2016, 455-456면; ABA, Ibid(2007-b), pp. 1039-1040.

2. 기만적인 행위의 기준

가. 1938년 법 개정 이후 광범위한 기준

FTC법 제5조 (a) (1) 후단의 기만적 행위의 판단기준에 대해서도 살펴보고자 한다. 1938년 개정법은 어떠한 행위가 기만적 행위인가에 대하여 정의하지 않아서, 수 년간 위원회 결정과 판례를 통하여 판단기준이 발전되어왔다.

법집행 초기 위원회는 기만행위에 관해서 '속이는 경향과 능력'(tendency and capacity to mislead)이 있는가를 고려하였다. 위원회는 1940년대 연방 항소법원의 판례들[310]을 인용하여 'fools test'라는 기준을 사용하여 기만성을 넓게 인정하였다. 위원회는 "무지(ignorant)하거나 속기 쉽거나(credulous), 경솔(unthinking)하거나 가장 순진한(least sophisticated) 소비자들을 기만"하는 경우에도 위법하다고 보았다. 하지만 대표성이 없는 (unrepresentative) 미미한(insignificant) 정도의 일부 소비자들을 속이는 경우에는 위법하다고 보지 않았다.[311]

법원도 같은 입장에 있었다. 'Colgate-Palmolive' 판결[312]에서 연방대법원은 구매자의 결정을 실질적으로 야기하는 오인행위가 기만행위에 해당된다고 하였다. 또한 기만성에 대한 판단은 '평균의 소비자'나[313] '합리적인 해석이 가능한 소비자들'을 전제로[314] 판단해야 한다고 하였다.[315]

하지만 'fools test' 기준은 합리적이지 않다는 비판을 받았다. 이러한 기준을 적용하게 되면, 광고업자들은 다수의 소비자들에게 중요한 정보

---

310) Charles of the Ritz Distribs. Corp. v. FTC, 143 F.2d 676, 680 (2d Cir. 1944); Gen. Motors Corp v. FTC, 114 F.2d 33, 36 (2d Cir. 1940).

311) 이기종, 앞의 글(2011), 163면.

312) FTC v. Colgate-Palmolive Co., 380 U.S. 374 (1965).

313) Warner-Lambert Co., 86 F.T.C. 1398, 1415, n.4 (1975).

314) Nat'l Dynamics Corp., 82 F.T.C. 488, 524 (1973).

315) J. Howard Beales, Ibid, pp. 1068-1069.

조차 전달하기 어렵기 때문이라는 것이었다.

나. 1980년대 이후 소비자피해 기준

위원회는 1983년 '기만에 관한 성명서'[316]를 냈다. 이는 종래의 판단 기준인 'fools test'를 거부하였다. 1980년 '불공정한 행위에 대한 성명서'가 위원회 외부로부터 비판을 받아서 나왔던 것과 달리, 기만에 관한 성명서는 위원회의 내부의 결정에서 비롯하였다. 1981-1985년 위원장이었던 제임스 밀러(James C. Miller)는 적법한 행위와 위법한 행위를 구분할 명확한 기준에 따라 법이 집행되어야 한다고 하면서, 기만행위의 개념을 명확히 밝히고자 성명서를 냈다고 하였다.[317]

성명서는 기만적 행위란 기만의 위험이 있는 중요한(material) 표시의 누락(omission)이 있거나, 중요한 정보에 오인(misleading) 가능성(likely)이 있어서, '합리적인 소비자'의 제품선택과 행위에 영향을 미칠 수 있는 경우라고 하였다.[318] 이러한 행위가 없었다면 소비자들은 서로 다른 선택을 했을 것이기 때문에, 이러한 행위는 소비자에게 피해를 끼칠 가능성이 있다고 보았다.

성명서는 기만행위의 예로 구두 또는 서면상의 잘못된 표현을 하거나, 오인하게 하는 가격을 청구하거나, 위험하거나 시스템에 결함이 있는 상품이나 서비스에 대한 정보를 적절히 공개하지 않거나, 다단계판매에 관한 정보를 공개하는데 실패하거나, 미끼 상술(bait and switch techniques)을 사용하거나, 약속한 서비스를 제공하는데 실패하거나, 보증의무(warranty obligations)를 충족하지 못하는 것 등을 들었다.

성명서는 '합리적인 소비자'(reasonable consumers)에 대한 피해 기준을 채택하여, 법 집행 초기의 '속기 쉬운 소비자' 기준보다 기만행위의 성립

316) FTC Policy Statement on Deception.
317) J. Howard Beales, Ibid, p. 1067.
318) 이문지, 앞의 글(2016), 452면.

기준을 강화하였다. 그런데 성명서는 특정한 소비자 집단이 그 특성이나 주변상황으로 인해서 오인유발행위에 취약한 경우에는 특별한 고려를 하도록 하고 있어, 법집행이 제한된 것은 아니었다.[319]

319) 이기종, 앞의 글(2011), 163면.

제4절 공정거래법의 개선

Ⅰ. 비교법의 시사점

1. UWG상 기준

UWG는 계약자유를 상당히 침해하는 불공정한 행위를 금지함으로써 경쟁자뿐만 아니라 소비자, 시장참여자의 계약자유, 왜곡되지 않은 경쟁으로부터의 일반이익을 보호한다. 동법은 계약의 자유라는 이익을 실질적으로 보호함으로써, 과정으로서의 경쟁이 제대로 이루어지도록 하는 것을 목적으로 하였다. 독일에서 질서자유주의 학파에 따라 계약의 자유 또는 경쟁의 자유는 경쟁과 상관관계를 갖는 것으로 이해되었다.

1930년대 이후 법원은 경쟁자뿐만 아니라, 소비자, 시장참여자, 왜곡되지 않은 경쟁으로부터의 일반이익을 침해하는 행위를 구법 제1조의 양속위반이라고 하였다. 2004년 개정법부터는 동법 제1조는 위와 같은 목적들을 보호하는 것이 동법의 목적이라고 하였고, 제3조의 일반조항에서 경쟁자와 소비자 및 그 밖의 시장참여자에게 피해를 주어 경쟁을 사소하지 않게 제한하는 '불공정한 경쟁행위'를 금지하였다.

2008년 개정법은 소비자 보호를 위한 유럽연합의 '불공정상행위 지침'과의 조화를 위해 제3조 제1항에서 상당한 이익침해가 있는 불공정거래행위를 금지하였다. 하지만 '상당성' 요건을 두어, 경쟁에 미치는 영향이나 이익침해가 상당하지 않으면, 즉 미미하지 않으면 금지하지 않음으로써, 동법의 목적을 변경하지 않았다. 2015년 개정법부터는 제3조 제1항에서 '상당성' 요건을 삭제하였지만, 불공정거래행위가 금지되기 위해서는 이익의 침해가 상당해야 하는 것으로 해석되었다.

한편, 2004년 개정법부터는 경쟁자, 소비자, 시장참여자, 왜곡되지 않

은 경쟁으로부터의 일반이익의 이익을 침해하는 불공정한 행위들을 구
체적으로 유형화하였다. 특히 2015년 개정법은 제4조a 제1항에서 괴롭힘,
강요, 부당한 영향을 통해 소비자와 시장참여자의 결정의 자유를 침해하
는 행위를 금지하였다.

UWG상 불공정성의 내용은 성과경쟁저해성과 불법성 개념을 통해서
도 이해할 수 있다. 1930년대부터 가격과 품질에 기초한 '성과경쟁에 반
하는 행위'(비-성과경쟁)를 구법 제1조의 양속 위반이라 보았다. 2004년
개정법부터는 성과경쟁에 반하여 불공정한 경우 또는 행위 자체로 불법
성이 높은 행위들을 불공정한 행위로 예시하였다.

뿐만 아니라, 1970년대 전후로 판례는 모방행위, 무료제공행위, 할인
과장광고 등 행위 자체로는 불공정하지 않지만, 성과경쟁의 기능을 왜곡
할 위험이 있을 '시장관련 불공정성'이 인정되는 경우에도 양속 위반으
로 보았다. 2004년 법 개정 이후에 이러한 행위는 불공정한 행위를 금지
하는 일반조항에 따라 금지하였다. 이러한 행위는 경쟁적 시장구조에 부
정적인 영향을 미칠 우려가 있는 결과불법에 해당하는 행위로서 '시장지
배력 형성과정'의 전 단계에서 금지되는 것으로 이해되었다.

2. FTC법 제5조상 기준

1914년부터 FTC법 제5조 (a) (1)에서는 '불공정한 경쟁방법'을, 1938년
부터는 '불공정하거나 기만적인 행위'를 금지하였다. 동법상 '불공정성'
이란 경쟁제한성뿐만 아니라, 맹아단계의 경쟁제한성, 강제성, 비윤리
또는 비도덕성, 기만성 등을 포함한 광범위한 개념이다.

'불공정한 경쟁방법'은 반독점법의 집행을 보충하고 강화하기 위하여
제정되었고, 반독점법과는 독자적으로 광범위하게 해석되었다. 그러다
가 2015년 연방거래위원회의 성명서에서는 동조의 적용범위를 반독점법
과 같이 경쟁에 미치는 부정적인 영향을 고려하도록 하여 적용범위를

제한하였다. 하지만, 위원회는 2021.7.에 이를 폐기하였고, '불공정한 경쟁방법'은 이전과 같이 광범위하게 해석되어야 한다는 새로운 성명서를 내었다.

2022.11. 위원회는 불공정한 경쟁방법의 의미를 구체화하는 새로운 성명서도 냈는데, 불공정한 경쟁방법은 '장점에 의한 경쟁'(competition on the merits)이 아니라, "강압적, 착취적, 공모적, 남용적, 기만적, 약탈적이거나 유사한 성격의 경제적 힘을 사용하고, 경쟁의 조건(competitive conditions)에 부정적인 영향을 미치는 경향"이 있는 것을 의미한다고 하였다.

한편, FTC법 제5조 (a) (1) 후단의 '불공정하거나 기만적인 행위'는 경쟁에 부정적인 영향을 미치는 경우가 아니더라도 불공정하거나 기만적인 행위를 금지하기 위해 입법이 되었다. 1980년대 이후 불공정한 행위와 기만적인 행위는 소비자에게 피해를 끼칠 우려가 있는 경우를 의미하였다.

II. 불공정성의 의미

1. 계약자유의 상당한 침해 기준과 법의 근거

불공정성이란 사업자가 가격과 품질을 중심으로 하는 성과경쟁 또는 '장점에 의한 경쟁'(competition on the merits)에 의하지 않고,[320] 강제나 강요, 불이익 제공, 기만행위 등을 통해 계약의 자유라는 이익을 상당히 침해하여 정상적인 거래관행에 비추어 공정한 거래질서를 저해할 우려가 있는[321] 것을 의미한다. 따라서 불공정성의 개념을 공정위의 심사지침과 같이 경쟁수단 또는 거래내용이 불공정한 경우로 이원화할 필요가

---

320) 대법원 2001.2.9. 선고 2000두6206 판결; 대법원 2006.5.26. 선고 2004두3014 판결.
321) 대법원 2000.6.9. 선고 97누19427 판결.

없다.

이러한 불공정한 행위를 금지하는 이유는 공정하고 자유로운 경쟁의 과정이 실질적으로 기능할 수 있도록 보호하기 위함이다.[322] 그에 대한 법의 근거는 헌법과 법률인 공정거래법에서 찾을 수 있다.

첫째로, 헌법재판소는 "국가는 시장경제질서와 국민의 경제적 자유를 보장하기 위하여 경쟁질서를 보호해야 한다."고 하면서 "헌법 제15조의 직업의 자유란 누구나 경쟁에 참여할 영업의 자유를 말한다."고 하였다.[323] '포스코' 판결[324]에서 대법원 다수의견은 헌법 제23조 제1항과 제119조 제1항은 "우리 헌법이 사유재산제도와 경제활동에 관한 사적 자치의 원칙을 기초로 하는 시장경제질서를 기본으로 하고 있음을 선언하고 있다."고 하면서 제119조 제2항은 "'독점규제와 공정거래유지'라는 경제정책적 목표를 개인의 경제적 자유를 제한할 수 있는 정당한 공익의 하나로 하고 있다."고 하였다. 그러면서 다수의견은 "경제를 자유방임 상태에 둘 경우 경제적 자유에 내재하는 경제력 집중적 또는 시장지배적 경향으로 말미암아 반드시 시장의 자유가 제한받게 되므로 국가의 법질서에 의하여 공정한 경쟁질서를 형성하고 확보하는 것이 필요하고, 공정한 경쟁질서의 유지가 자연적인 사회현상이 아니라 국가의 지속적인 과제"라고 하였다.

따라서 시장경제질서는 헌법이 보장하는 사적 자치의 원칙을 전제로 누구나 경제적 자유라는 자유권을 실질적으로 누리도록 보장하여, 공정하고 자유로운 경쟁을 보호하는 경제질서를 의미한다.[325] 계약의 자유

---

322) 이봉의, 앞의 글(2004-d), 658-659면.
323) 헌법재판소 1996.12.26. 96헌가18, "주세법 제38조의7 등 위헌제청".
324) 대법원 2007.11.22. 선고 2002두8626 전원합의체 판결. 이러한 판시에도 불구하고 '포스코' 판결에서 대법원이 시장지배적 지위 남용행위에 대하여 법 제3조의2 제1항을 적용하기 위해서는 객관적으로 경쟁제한효과를 입증하여야 한다고 하면서, 시장에 대한 소극적 개입이 적절하다고 보는 효과중심주의적 태도를 보인 것은 적절하지 않은 것으로 보인다.
325) 이봉의, "공정거래법상 방해남용의 해석과 경제적 접근방법", 남천 권오승 교수

와 경쟁의 보호는 밀접하게 연관되어 있다.

둘째로, 공정거래법 제1조의 목적 조항은 공정하고 자유로운 경쟁을 보호하기 위하여 이를 위한 수단의 하나로서 불공정거래행위를 금지한다고 한다. 동법 제45조 제1항에서는 불공정거래행위란 '공정한 거래'를 저해할 우려가 있는 행위를 의미한다고 한다.

공정거래저해성에 관한 판례를 보면, 대법원은 '파스퇴르 유업' 판결326)에서 "불공정거래행위의 한 유형으로 사업자의 우월적 지위의 남용행위를 규정하고 있는 것은 현실의 거래관계에서 경제력에 차이가 있는 거래주체 간에도 상호 대등한 지위에서 법이 보장하고자 하는 공정한 거래를 할 수 있게 하기 위하여 상대적으로 우월적 지위에 있는 사업자에 대하여 그 지위를 남용하여 상대방에게 거래상 불이익을 주는 행위를 금지시키고자 하는 데 그 취지가 있는 것"이라고 하면서, "정상적인 거래관행을 벗어난 것으로서 공정한 거래를 저해할 우려가 있는지 여부를 판단하여"야 한다고 하였다. 또한 대법원은 '한국토지공사' 판결327)에서 끼워팔기가 정상적인 거래관행에 비추어 부당한지 여부는 "상대방의 자유로운 선택의 자유를 제한하는 등 가격과 품질을 중심으로 한 공정한 거래질서를 저해할 우려가 있는지 여부에 따라 판단하여야 한다."고 하였다.

2. 불공정거래행위로부터의 보호의 대상

불공정거래행위로부터 계약의 자유를 상당히 침해받는 이익이란 시장에서 활동하는 경제주체들의 이익을 의미한다. 즉 경쟁자나 소비자, 시장참여자의 이익뿐만 아니라, 왜곡되지 않은 경쟁으로부터의 일반이

정년기념논문집, 법문사, 2015-a, 132-135면; Rittner·Dreher·Kulka, Wettbewerbs- und Kartellrecht, C.F.Müller, 2014, Rn. 89.

326) 대법원 2000.6.9. 선고 97누19427 판결.

327) 대법원 2006.5.26. 선고 2004두3014 판결.

익을 포함한다.

첫째로, 불공정거래행위로부터 보호받아야 할 경쟁자나 거래상대방인 사업자의 이익이란 거래상 지위의 차이로 인하여 경쟁할 자유의 이익을 침해당하는 것을 말한다. 이는 모든 사업자에게 '경쟁상 균등한 지위'(level playing field)를 보장함으로써 공정하고 자유로운 경쟁을 보호하도록 하기 위함이다.[328]

둘째로, 소비자의 이익이란 불공정거래행위로부터 피해를 받는 거래상대방인 개별 소비자의 이익을 말하고, 다수의 소비자의 피해가 발생된 경우로 한정되지 않는다.

셋째로, '왜곡되지 않은 경쟁으로부터의 일반이익'이란 왜곡되지 않은 경쟁의 기능을 보호함으로써 누릴 수 있는 일반의 이익 또는 공익을 말한다. 이러한 이익을 보호한다는 것은 불공정거래행위로부터 경제주체들의 개별 이익을 보호하는 것을 넘어서, 제도로서의 경쟁을 보호하는 것이다.

공정위 심사지침은 불공정거래행위의 행위유형별로 보호대상이 사업자 또는 소비자라고 한다. 그런데 2015년 개정된 심사지침은 거래상 지위를 인정할 수 있는 경우를 '계속적인 거래관계에 있고 거래의존도가 상당한 경우'일 것과 대법원의 '금보개발' 판결[329]에 따라 '거래질서와의 관련 하에서 불특정 다수 소비자에 대한 피해를 야기하거나 반복의 우려가 있는 경우'로 한정하였다. 이는 불공정거래행위로부터의 보호받을 대상을 임의로 제한하는 것이다.

3. 계약자유의 침해의 양상

공정거래법상 불공정거래행위는 계약자유의 침해양상에 따라서 강

---

328) 이호영, 앞의 글(2016), 345-347면.
329) 대법원 2015.9.10. 선고 2012두18325 판결.

제, 지위 남용·불이익, 위계, 거래상대방 선택의 자유 침해라는 4가지로 나누어볼 수 있다.

강제성이란 거래상 지위를 이용해서 강제나 강요를 하는 행위를 말한다. 위계란 사실과 현저히 다르게 하여 거래상대방을 기만하거나 오인하게 하여 그의 선택의 자유를 침해할 가능성이 높은 행위를 의미한다. 이러한 행위는 행위의 성립만으로 행위의 불법성이 높은 경우를 말한다.

그와 달리, 지위 남용·불이익이란 그 행위 자체만으로는 불공정하지 않으나, 거래상 지위를 이용하여 상대방의 계약의 자유를 상당히 침해하는 경우를 말한다. 거래상대방 선택의 자유 침해란 거래상대방에게 부당한 이익을 제공하여 유인하거나 경쟁자와의 거래를 부당하게 방해하여 거래상대방의 선택의 자유를 상당히 침해하는 경우를 말한다. 위와 같은 행위들은 여러 요소들을 종합적으로 고려하여 정상적인 거래관행에 비추어 공정한 거래를 저해할 우려가 있는지를 판단해야 한다.

4. 경쟁과의 관련성

불공정한 행위를 금지하는 것은 경쟁의 보호와 밀접한 관련이 있다. 프리츠 리트너(Fritz Rittner) 교수는 경쟁의 3대 원칙을 열린 시장(open market)과 자유로운 경쟁(free competition), 그리고 공정한 경쟁(fair competition)이라고 하였다. 시장에 참가하는 의사와 능력 가진 모든 사업자는 자유로운 경쟁 그리고 가격과 품질에 의한 성과경쟁 즉 공정한 경쟁을 해야 한다고 하였다.[330] '열린 시장'이란 사적 자치의 원칙에 따라 누구나 충분한 '결정의 자유'(Entschlieβungsfreiheit)로서 계약의 자유를 누리는 시장경제체제를 의미하는데, 이러한 계약자유가 실질적으로 보장되기 위해서 자유경쟁은 공정경쟁과 함께 이루어져야 한다고 하였다. 경제적으로 우월한 당사자의 일방적 강제나 구속에 의한 계약이 이루어졌다면, 실질적 의미에서

---

330) 권오승·홍명수(제14판), 71-73면.

계약의 자유가 보장되지 않은 것이다.[331]

따라서 불공정거래행위를 금지하는 것은 불공정한 행위로부터의 계약자유를 상당히 침해당한 피해자들을 구제할 뿐만 아니라, '과정으로서의 경쟁'을 보호하는 것이다.[332] 그러므로 불공정거래행위의 부당성 여부를 판단함에 있어서 경쟁과 관련된 효과를 구체적으로 입증할 필요가 없다.

III. 불공정성으로 부당성 판단기준의 일원화

1. 일원화의 필요성

불공정거래행위의 부당성 판단기준은 불공정성으로 일원화할 필요가 있다. 그 이유는 시장지배적 지위 남용행위와 불공정거래행위의 부당성 판단기준의 중복으로 인한 혼선을 정리할 필요가 있기 때문이다. 대법원은 '포스코' 판결[333]이나 'S-OIL' 판결[334]에서 두 규정의 부당성 판단기준을 구분하여야 한다고 하였다. 불공정거래행위는 부당성 판단기준을 불공정성으로 일원화하고, 시장에서의 경쟁을 제한하는 행위는 시장지배적 지위 남용행위로 금지하는 것이 바람직하다.

불공정거래행위의 부당성을 불공정성을 기준으로 판단하게 되면, 부당성을 경쟁제한성을 기준으로 할 때보다 금지의 범위가 더 넓어지게 되어 규제 공백을 우려할 필요는 없다. 경쟁에 미치는 효과나 영향과 무관하게, 계약의 자유를 상당히 침해하여 불공정한 경우를 금지하기 때문이다.

---

331) 이봉의, 앞의 책(2016), 34-35면; Pinar Akman, Ibid, p. 150.
332) 황태희, 앞의 글(2010), 287면.
333) 대법원 2007.11.22. 선고 2002두8626 전원합의체 판결.
334) 대법원 2013.4.25. 선고 2010두25909 판결.

수직적 비가격제한행위인 구속조건부거래행위(배타조건부거래행위
와 거래지역 또는 거래상대방 제한행위)에 대하여, 대법원은 '경쟁에 미
치는 영향'335)을 부당성을 판단하기 위한 한 요소로 고려하고 있다. 이
러한 행위의 부당성은 강제에 의해 이루어진 거래와 사업자 간 자발적
인 합의에 의해 이루어진 경우를 나누어 판단하는 것이 적절하다.

강제에 의해 이루어진 경우는 불공정거래행위로 금지하고, 자발적인
합의에 의해 이루어진 경우라면 계약자유에 대한 침해가 없기에 경쟁을
제한하는 경우 시장지배적 지위 남용행위로 금지하는 것이 적절하다.

자발적인 합의에 의한 행위는 당사자 모두에게 긍정적인 효과를 가
질 수 있다. 제조업자가 안정적인 판매처를 확보하거나 판매비용을 절감
하거나 시장에 진입하는 것을 용이하게 할 수 있다. 판매업자도 다른 판
매업자의 무임승차를 방지하거나 판매활동의 효율성을 제고하게 할 수
있다. 따라서 비교형량을 통해 이러한 행위가 시장에서 경쟁을 제한하는
효과가 긍정적 효과보다 큰 경우 금지하여야 한다.

2. 불공정거래행위 규정의 개선

법 제45조 제1항 제2호에서는 불공정거래행위의 한 유형으로 '부당하
게 경쟁자를 배제하는 행위'를 두고 있는데, 이는 삭제하는 것이 바람직
하다. 그 이유는 첫째로, '경쟁자의 배제행위'란 특정한 행위의 유형이
아니라, 특정한 행위로 인하여 발생하는 경쟁자 배제라는 효과 또는 결
과이기 때문이다.336)

둘째로, 시행령 [별표 2]는 '경쟁자의 배제행위'에 부당염매행위와 부

---

335) 대법원 2011.3.10. 선고 2010두9976 판결('한국캘러웨이' 판결); 대법원 2013.4.25.
   선고 2010두25909 판결('S-OIL' 판결); 대법원 2017.6.19. 선고 2013두17435 판결('필
   립스 전자' 판결).
336) 이봉의, "공정거래법상 저가입찰의 '부당염매' 해당요건", 상사판례연구 제13
   권, 2002, 362-363면.

당고가매입행위가 있다고 하는데, 시장지배적 사업자가 아닌 사업자가
염매나 고가매입행위로 경쟁자를 배제하기란 어렵기 때문이다. 공정위
가 '현대정보기술' 사건에서 1회성 염매행위를 금지하였다가 대법원에서
패소한 뒤[337], 염매행위를 금지한 적이 없다. 고가매입행위도 시장지배
적 사업자가 아니라면 높은 가격으로 구입하여 그 손실을 보전하는 것
이 어려워서, 이를 금지한 예를 찾기 어렵다.

3. 시장지배적 지위 남용행위의 판단기준의 개선

가. 시장지배적 사업자의 범위 확대해석

불공정거래행위의 부당성 판단기준을 불공정성으로 일원화하는 대
신, 시장지배적 지위 남용행위의 부당성에 대한 판단기준도 개선이 필요
하다.

첫째로, 사업자에 대한 인정 범위가 확대되어야 한다. 법 제2조 제3호
는 시장지배적 사업자를 판단함에 있어서는 시장점유율, 진입장벽의 존
재 및 정도, 경쟁사업자의 상대적 규모 등을 종합적으로 고려한다고 한
다. 또한 법 제6조는 시장지배적 사업자의 추정 규정을 두고 있는데, "일
정한 거래분야에서 시장점유율이 한 사업자의 시장점유율이 100분의 50
이상" 또는 "셋 이하의 사업자의 시장점유율의 합계가 100분의 75 이상
(다만, 이 경우에 시장점유율이 100분의 10 미만인 자를 제외)"에 해당하
는 사업자를 시장지배적 사업자로 추정하고 있다(다만, 일정한 거래분야
에서 연간 매출액 또는 구매액이 40억 원 미만인 사업자는 제외).[338] 다

---

337) 대법원 2001.6.12. 선고 99두4686 판결.
338) 독일 GWB에서는 공정거래법보다 더 넓은 의미에서 시장지배적 지위에 있는
  사업자를 금지대상으로 삼고 있다. 시장지배적 지위에 관한 추정조항에서는
  시장지배적 사업자의 경우 한 사업자의 점유율 40%이거나 둘 이상의 사업자
  간의 실질적 경쟁이 없고 전자의 점유율 기준을 충족하거나, 셋 이하의 사업

만, 사업자는 여러 정황을 들어 추정을 복멸할 수 있다.

공정위가 한 사업자의 점유율이 50% 이하에 해당하지 않음에도 시장지배적 사업자로 인정한 경우는 단 몇 사건에 불과하였다. 'BC카드' 사건[339]에서 공정위는 BC카드와 12개 회원은행들을 '경제적 단일체'(single economic entity)로서 하나의 사업자로 보고(35%), 엘지캐피탈(18.8%)과 삼성카드(17.0%)와의 점유율 합계가 70.8%에 달하며, 현금서비스 분야에서의 시장점유율은 합계가 72.3%(각각 35.7%, 18.9%, 17.7%)에 달하여 시장지배력이 인정된다고 하였다. 하지만 원심과 대법원은 이들을 경제적 동일체로 볼 수 없다고 하였다.

그런데 원심은 법 제2조 제3호의 '다른 사업자와 함께'라는 규정을 근거로 한 '공동의 시장지배력'이란 둘 이상의 사업자가 각각 개별적으로 독과점 사업자로서 시장지배력을 가지는 경우를 의미하고 이들의 점유율 합이 3 이하의 사업자의 점유율 합계 75% 이상일 것을 요구하는 시장지배적 사업자의 추정기준에 해당되어야 한다고 하였다.[340] 대법원은 이에 대해서는 판시하지 않았다.

유럽연합과 독일에서 발전한 '공동의 시장지배'(collective dominance) 개념은 과점시장에서 경제적으로 독립된 여러 사업자들이 일정한 경제적 결부를 통해 시장지배력을 공동으로 형성하는 경우를 의미하고, 사업자들이 시장지배력을 공동으로 행사할 것은 요구하지 않는다.[341] 공동의 시장지배력의 추정을 받는 사업자들은 대내적으로 실질적인 경쟁이 존재하거나 대외적으로 우월적인 지위가 부존재하다는 것을 입증하면

자간 점유율 합계가 50%이거나 다섯 이하의 사업자 시장의 2/3의 점유율을 차지할 경우 지배력을 추정한다. 게다가 상대적으로 우월적 지위를 가진 경우도 지배적 지위에 있다고 본다.

339) 공정위 의결 2001.3.28. 2001독점0280; 서울고법 2003.5.27. 선고 2001누15193 판결; 대법원 2005.12.9. 선고 2003두6283 판결.

340) 이봉의, "경제적 동일체이론과 공동의 시장지배에 관한 소고", 경제법판례연구(제5권), 법문사, 2008-a, 11-14, 19-21면.

341) 이봉의, 위의 글(2008-a), 15면.

시장지배력이 없다고 인정받을 수 있다.[342]

또한 법 제6조의 추정기준은 그 기준에 해당되면 시장지배적 사업자로 추정한다는 의미이므로, 3 이하의 사업자들의 점유율 합계가 75%에 미치지 못하더라도 여러 상황을 고려하여 공동의 시장지배력을 인정할 수 있다고 보는 것이 타당하다.

이후 '이베이지마켓' 사건[343]에서 대법원은 이베이지마켓의 시장지배적 지위가 있다는 점을 인정하였는데, "2006년 국내 오픈마켓 운영시장에서 계열사의 것을 포함한 시장점유율이 39.5%에 이르고, 이것과 1위 사업자인 옥션의 시장점유율을 합한 상위 2사의 시장점유율이 91.4%에 이르러, 원고는 국내 오픈마켓 운영시장에서 시장지배적 사업자로 추정될 뿐만 아니라, 3위 사업자의 시장점유율과 현저한 격차, 오픈마켓 시장의 진입장벽 등을 함께 고려할 때 원고는 국내 오픈마켓 운영시장에서 시장지배적 사업자의 지위에 있다고 인정하기에 충분하다고 판단하였다." 다만 대법원은 위 사업자의 행위가 경쟁제한성이 인정되지 않아, 부당하지 않다고 하였다.

'기업메시징' 사건[344]에서 공정위는 2013년 기업메시징서비스 시장에서 SMS 기준 엘지유플러스의 점유율은 46.22, KT의 시장점유율은 25.24%로, 두 사업자의 점유율 합계 71.46%, 상위 3개 사업자의 점유율 합이 79%에 달하였다는 점에서 두 사업자가 모두 시장지배적 사업자에 해당한다고 보았다. 대법원도 시장지배적 지위의 존재와 남용행위의 부당성을 인정하였다.[345]

---

342) 이봉의, 위의 글(2008-a), 21-22면.
343) 공정위 2010.10.22. 의결 제2010-120호; 대법원 2011.6.10. 선고 2008두16322 판결.
344) 공정위 2015.2.23. 의결 제2015-050호.
345) 대법원 2021.6.30. 선고 2018두37700 판결.

나. 경쟁제한성 판단기준의 개선

둘째로, 시장지배적 지위 남용행위의 부당성 판단기준으로서 경쟁제한성 판단기준에 대한 개선도 필요하다. '포스코' 판결[346] 이후 남용행위의 경쟁제한성 입증은 상당히 어려워졌다. 대법원은 "시장에서의 자유로운 경쟁을 제한함으로써 인위적으로 시장질서에 영향을 가하려는 의도나 목적을 갖고, 객관적으로도 그러한 경쟁제한의 효과가 생길 만한 우려가 있는 행위로 평가될 수 있는 행위로서의 성질을 갖는 거래거절행위를 하였을 때에 그 부당성이 인정될 수 있다."고 하면서, 경쟁제한성의 경우 "상품의 가격상승, 산출량 감소, 혁신 저해, 유력한 경쟁사업자의 수의 감소, 다양성 감소 등과 같은 경쟁제한의 효과가 생길 만한 우려"를 입증하도록 하였다.

미국에서는 1980년대 이후 시카고 학파의 주장이 반독점법 집행의 주류가 되었는데 이들은 '소비자후생'이 반독점법의 목적이라고 주장하면서, 독점기업은 규모의 경제를 통해 소비자후생을 증진할 수 있고, 장기적으로 보면 새로운 진입자가 등장하여 시장에서 자연적으로 독점이 해소될 수 있다고 믿었다. 따라서 경쟁제한효과가 명백한 행위만을 금지하는 것이 적절하다고 하였다.

이러한 해석론은 대법원의 '포스코' 판결에도 반영되었다. 대법원은 남용행위를 시장에서 경쟁제한효과가 객관적으로 명백할 때에만 금지하는 '효과 중심의 접근방식'을 취하였다.[347] 이 판결의 취지는 시장지배적 사업자의 방해남용행위의 부당성 판단기준으로 자리잡았다.

'포스코' 판결에서 반대의견으로 박시환 대법관은 다수의견에 따르면 "시장지배적 지위남용행위가 성립할 여지가 줄어들게 되는 결과를 야기하게 된다."고 비판하면서, 이는 "시장지배적 사업자가 가지는 시장지배

---

346) 대법원 2007.11.22. 선고 2002두8626 전원합의체 판결.
347) 이봉의, 앞의 글(2015-a), 123면.

력의 남용 가능성을 중시하여 시장지배적 사업자의 '부당한' 거래거절행
위를 보다 강하게 규제함으로써 시장지배적 사업자로 인한 폐해를 감소
시키려는" 입법취지에 반한다고 하였다.

그러면서 그는 남용규제의 본질에 대해서도 설명하였는데, "시장지배
적 사업자가 시장경제질서에서 차지하는 의미에 비추어 볼 때 시장지배
적 사업자의 거래거절행위가 비록 경쟁을 제한할 우려에까지 이르지 않
더라도 그 '지위남용행위'로써 행하여진 경우에는 독점규제의 측면에서
이를 규제하여야 할 필요성이 있다."고 하였다. 따라서 "경쟁제한의 우려
와 관계없이 시장지배적 사업자가 지위를 남용함으로써 야기될 수 있는
폐해를 규제하"여야 한다고 하였다.

공정거래법상 시장지배적 지위 남용행위 규정은 독일과 유럽연합의
남용행위 규정을 도입한 것이다. 미국의 셔먼법이 독점화 또는 독점화
기도를 금지한 것과 달리, 남용규제의 취지는 시장지배적 사업자의 존재
를 인정하면서도 이미 구조적으로 경쟁이 제한되어 있는 시장에서 시장
지배적 사업자의 남용행위를 금지함으로써 시장의 잔존경쟁을 보호하는
데에 있었다. 따라서 시장에서 경쟁사업자의 수가 줄어드는 경우처럼 이
미 경쟁제한의 효과가 나타나는 경우에는 경쟁 상태를 회복하는 것이
어렵게 되기 때문에, 경쟁이 왜곡되거나 저해될 우려가 있는 경우에도
사전에 금지하였던 것이다. 독일에서는 이를 위험구성요건(Gefährdungstat
bestand)에 해당하는 것이라고 부른다.[348]

시장지배적 사업자의 남용행위를 금지하게 된 취지를 고려할 때, 그
부당성 판단에 있어서 경쟁제한성의 의미는 잔존경쟁을 상당히 저해할
우려와 같은 '경쟁저해성'(Wettbewerbsverzerrung)으로 완화하여 해석하는
것이 적절하다.

---

348) 이봉의, 앞의 책(2016), 144-145면.

제4장
불공정거래행위의
위법성 판단을 위한 이익형량

제1절 공정거래법상 이익형량

I. 공정거래법상 이익형량의 의의

1. 부당성 요건과 이익형량의 필요성

공정거래법상 부당성 요건을 두고 있는 금지행위 규정들에는 행위
요건과 부당성 요건이 있다. 입법자는 법에서 금지하고자 하는 특정한
행위들을 열거한 행위 요건을 두는 대신, 구체적인 판단기준을 법에 명
시하지 않은 불확정개념인 부당성 요건을 두었다. 특정 행위가 성립한다
고 하더라도, 이러한 행위가 부당하여 위법한 것인가를 따져보도록 한
것이다.

부당성 요건을 둔 이유는 입법자가 구체적인 사안에서 사업자의 어
떠한 행위가 위법한지에 대한 완전한 규칙을 만들어내는 것은 현실적으
로 불가능할 뿐만 아니라 시장경제의 상황에 맞추어 법을 해석할 수 있
는 재량이 필요하기 때문이었다.[1]

그와 달리 동법 제9조 제1항에서는 기업결합으로서 일정한 거래분야
에서 경쟁을 실질적으로 제한하는 행위를 금지하면서, 제2항에서는 예
외요건을 두고 있다. 입법자는 기업결합이 허용될 수 있는 경우를 법문
에 명시해두고 있다.

기업결합과 달리, 부당성 요건을 두고 있는 금지행위들의 경우 경쟁
제한성과 같은 부정적인 요소 외에 다른 정당한 사유를 인정하는 것은
그에 관한 단서나 특칙, 또는 예외규정이 존재하지 않는다는 점에서 적절

---

1) Franz Bydlinski, a.a.O., S. 81-82. 이를 '법의 흠결'(Gesetzeslücke) 또는 '불완전
　성'(Vollständigkeitsfehler)이라 한다; 정주미, "특수관계인에 대한 부당한 이익제
　공행위의 부당성 요건", 법과 기업 연구 제12권 제2호, 2022-b, 145면.

하지 않다는 견해도 있다.[2] 하지만 부당성 요건의 판단기준에 대하여 입법자가 법문에 구체화하지 않은 이상, 이에 대한 판단은 법집행자의 해석(Auslegung)을 통해 이루어질 수 있다. 이는 이익형량의 과정을 통해서 능동적으로 법의 규범적 의미를 발견해내는 '법의 형성 또는 발견'(Rechtsfindung) 작업이다.[3]

공정거래법상 부당성 요건의 해석은 동법을 소관하고 있는 공정위가 경제질서 전체의 관점에서 판단하여야 한다.[4] 공정위가 동법의 직접적인 목적인 경쟁이나 공정과 같은 하나의 가치만을 보호하는 '일원주의'(monism)[5]를 취하는 것은 적절하지 않다. 동법은 법질서 안에서 존재하기 때문에, 공정위는 '직권규제주의'에 따라서 경제질서 안에서 충돌하는 다양한 이익과 가치들을 형량하여 부당성 여부를 판단함으로써, 법의 목적을 달성할 수밖에 없다.[6] 이러한 법의 해석에 대해서는 법원의 사법심사를 통하여 적법성 또는 위법성 여부가 다투어지고, 그러한 과정에서 법리가 발전된다.[7]

2. 이익형량에 관한 법의 근거

공정거래법상 이익형량의 요소는 법에서 보호가치 있는 이익이어야 하고, 그 근거는 헌법과 법률인 공정거래법에서 찾을 수 있다.[8] 헌법 제

---

2) 차성민, "포스코의 열연코일 공급 거절 사건에서 부당성의 의미", 경제법판례연구 제5권, 2009, 148면.

3) 박정훈, 행정법의 체계와 방법론, 박영사, 2005, 41-42, 127면; Park Jeong Hoon, Rechtsfindung im Verwaltungsrecht, Schriften zum Öffentlichen Recht; SÖR 805, Duncker & Humblot GmbH, 1999, S. 7.

4) 이봉의, "특수관계인에 대한 부당한 이익제공의 금지-입법취지와 도그마틱의 조화라는 관점에서-", 경쟁법연구 제31권, 2015-b, 225-226면.

5) 이봉의, 앞의 글(2015-a), 131-133면.

6) 이봉의, 앞의 글(2002), 365면.

7) 박정훈, 앞의 책, 39면.

8) 박정훈, "행정법과 법해석-법률유보 내지 의회유보와 법형성의 한계-", 행정법

23조 제1항에서는 "모든 국민의 재산권이 보장되고, 그 내용과 한계는 법률로 정한다."고 한다. 헌법 제119조 제1항에서는 "대한민국의 경제질서는 개인과 기업의 경제상의 자유와 창의를 존중함을 기본으로 한다." 고 하고, 제2항에서는 "국가는 균형있는 국민경제의 성장 및 안정과 적정한 소득의 분배를 유지하고, 시장의 지배와 경제력의 남용을 방지하며, 경제주체 간의 조화를 통한 경제의 민주화를 위하여 경제에 관한 규제와 조정을 할 수 있다."고 한다.

헌법이 보장하는 시장경제질서 안에서 공정거래법을 해석함에 있어서는 다양한 가치와 이익의 형량이 필요함을 알 수 있다. 행위 한 사업자의 사업활동의 자유권과 그로 인하여 피해를 입은 경제주체인 사업자나 소비자들의 계약 또는 경쟁의 자유, 왜곡되지 않은 경쟁 질서로부터 보호받아야 할 이익 등이 형량되어야 한다.

한편, 공정거래법 제1조의 목적조항에서는 동법이 "사업자의 시장지배적 지위의 남용과 과도한 경제력의 집중을 방지하고, 부당한 공동행위 및 불공정거래행위를 규제하여 공정하고 자유로운 경쟁을 촉진함으로써 창의적인 기업활동을 조장하고 소비자를 보호함과 아울러 국민경제의 균형있는 발전을 도모함을 목적으로 한다."고 한다. 동조는 동법상 금지의 수단과 직접적인 목적, 궁극적인 목적을 명시하고 있는 구조를 취하고 있다. 법의 직접적인 목적은 '공정하고 자유로운 경쟁'임에 이론이 없다.[9]

법 제1조에서 궁극적인 목적으로 나열된 요소들을 근거로 하여 이익형량의 요소들을 추출할 수 있다.[10] 형량요소들은 법 제1조의 범위를 넘을 수 없는 것이다.[11] 동조의 궁극적인 목적들에 근거하여, 사업자와 소

연구 제43호., 2015, 44-45면; Park Jeong Hoon, a.a.O., Kapital 8, S. 273-278. 법원리에는 헌법에 효력근거를 갖는 헌법원리(Verfassungs-prinzipien)와 일차적이고 직접적으로 입법자의 주관적인 결정권능(Entscheidungsbefugnis)에 근거한 법률원리(Gesetzes prinzipien)가 있다.

9) 권오승·홍명수(제14판), 71면; 신영수, 앞의 글(2011), 369-373면.
10) 신영수, 앞의 글(2011), 392-396면.
11) 이봉의, 앞의 글(2015-b), 228-229면.

비자 등 경제주체들의 경제적 자유와 이익, 국민경제적 차원의 이익 또
는 공익 등을 형량요소로 추출할 수 있다.

그런데 대법원은 일부 부당한 공동행위에 관한 판결들[12]과 사업자단
체 금지행위에 관한 판결들에서 부당성 요건을 직접적으로 법 제1조의
목적조항에 따라서 해석하였다. 대법원은 공동행위가 "법의 궁극적인 목
적에 실질적으로 반하지 않는다고 인정되는 예외적인 경우에 해당하지
않는 한", 부당하다고 볼 수밖에 없다고 하였다. 이러한 해석은 1984년
일본 최고재판소의 판결[13]을 참고한 것으로 보인다. 하지만 공정거래법
제1조의 궁극적인 목적들은 그 의미가 모호하고 폭넓은 의미로 해석될
수 있다는 점에서 선언적이고 이념적이므로, 구체적인 위법성 판단기준
으로 사용하는 것은 적절하지 않다.[14]

3. 금지행위별 부당성 요건과 이익형량

가. 시장지배적 지위 남용행위

공정거래법의 금지행위별로 부당성 요건의 의미에 대하여 살펴보
면,[15] 법 제5조 제1항에서는 시장지배적 사업자가 이하 각호에서 열거하
는 부당한 행위유형 중 하나에 해당하는 행위를 하여서는 아니 된다고
한다.

'포스코' 판결[16]에서 대법원은 거래거절 행위의 부당성은 "시장에서

---

12) 대법원 2005.8.19. 선고 2003두9251 판결; 대법원 2008.12.24. 선고 2007두19584
판결 등.
13) 최고재판소 소화 59.2.24; 이봉의, 앞의 책(2022), 76-77면.
14) 이호영, 독점규제법(제6판), 홍문사, 2020, 2면.
15) 이하에서 '3. 금지행위별 부당성 요건과 이익형량'의 내용 중 가, 나, 라의 내용
('다. 사업자단체의 부당한 공동행위'은 제외)은 필자의 박사학위논문을 보완
하여 정주미, 앞의 글(2022-b), 145-148면 이하에 새로 작성한 것을 수정한 것이
고, 마와 바의 내용은 위의 글, 149-163면을 참고하여 수정한 것이다.

의 자유로운 경쟁을 제한함으로써 인위적으로 시장질서에 영향을 가하려는 의도나 목적을 갖고, 객관적으로도 그러한 경쟁제한의 효과가 생길 만한 우려가 있는 행위로 평가될 수 있는 행위"일 때 인정할 수 있다고 하였다. 이 법리는 시장지배적 사업자의 방해남용행위의 부당성 판단기준으로 자리 잡았다.

'SKT' 판결[17]에서 대법원은 '포스코' 판결의 판시를 인용하면서 남용행위의 부당성 판단에 있어서 객관적인 경쟁제한효과와 경쟁제한의도를 검토하여야 한다고 하였다. 그러면서도 여러 요소들을 종합적으로 고려하여 부당성을 판단하도록 하였다. 대법원은 SK텔레콤이 자신의 MP3폰과 음악파일에 DRM을 탑재한 것이 다른 사업자의 사업활동을 방해하는 행위에 해당된다고 하더라도 부당하지 않다고 하였는데, 그 이유의 하나로 "인터넷 음악서비스 사업자들의 수익과 저작권자의 보호 및 불법 다운로드 방지를 위한 것으로서 정당한 이유가 있다고 보이는 점"을 고려하였다. 대법원은 부당성 판단에 있어서 행위 한 사업자들의 이익과 공익적인 측면을 정당한 사유로 고려하였다.

시장지배적 지위 남용행위의 '부당성' 판단에 있어서는 경쟁제한효과나 의도뿐만 아니라 다른 정당한 사유들도 종합적으로 고려하여 판단해야 한다. 시장지배적 사업자의 이익과 경쟁자의 경쟁할 자유라는 이익, 공익 등을 경쟁의 보호라는 법의 목적에 비추어 이익형량하여 부당한 것인가를 판단하여야 한다.[18]

나. 부당한 공동행위

공정거래법 제40조 제1항에서는 사업자는 계약·협정·결의 또는 그 밖의 어떠한 방법으로도 다른 사업자와 공동으로 부당하게 경쟁을 제한하

---

16) 대법원 2007.11.22. 선고 2002두8626 전원합의체 판결.
17) 대법원 2011.10.13. 선고 2008두1832 판결.
18) 이봉의, 앞의 글(2003), 128-129면.

는 이하 각 호의 어느 하나에 해당하는 행위를 할 것을 합의하여서는 안 된다고 한다. 1999년 제7차 개정법19)은 부당한 공동행위에 관한 규정에서 '경쟁을 실질적으로 제한하는'이라는 문언을 '부당하게 경쟁을 제한하는'으로 변경하였다. 그 이유는 경쟁을 제한하는 공동행위라 하더라도 무조건 금지하지 않고 경쟁제한성 외에도 부당성 요건에 대하여 독자적인 의미를 부여하여 다른 정당한 사유와의 형량 여지를 둔 것이라고 한다.20)

대법원은 "어떤 공동행위가 경쟁제한적 효과 외에 경쟁촉진적 효과도 함께 가져오는 경우에는 양자를 비교·형량하여 경쟁제한성 여부를 판단하여야 한다."고 하였다. 그러면서, "경쟁제한적 효과는 공동행위의 내용, 공동행위에 가담한 사업자들의 시장점유율, 공동행위 가담 사업자들 사이의 경쟁제한의 정도 등을 고려하고, 경쟁촉진적 효과는 그 공동행위로 인한 제반 비용감소 등 효율성 증대 효과 및 소비자 후생 증가 등을 포괄적으로 감안하되 합리적인 관점에서 그러한 경쟁촉진적 효과를 발생시키는 데 그 공동행위가 필요한지 여부 등을 종합적으로 고려하여야 한다."고 하였다.21) 대법원은 효율성과 소비자후생 증대효과를 친경쟁적인 효과로 보고, 이를 경쟁제한효과와 비교형량하여 경쟁제한성 여부를 판단하도록 하였다.

한편, 가격 담합이나 일부 입찰 담합 판결에서 대법원은 공동행위가 특별한 사정이 없는 한 부당하다고 하였다. 대법원은 '화물운송회사 담합' 판결22)에서는 가격 결정 또는 변경 행위가 "그 범위 내에서 가격경쟁을 감소시킴으로써 그들의 의사에 따라 어느 정도 자유로이 가격 결정에 영향을 미치거나 미칠 우려가 있는 상태를 초래하게 되므로 원칙

---

19) 1999.2.5. 개정, 법률 제5813호.
20) 이봉의, "공정거래법상 공동행위의 부당성과 '특별한 사정'", 인권과 정의 제430호, 2012, 132면; 이봉의, "공정거래법상 카르텔의 '부당성' 판단", 사법 제2호, 2007, 138-139면.
21) 대법원 2013.11.14. 선고 2012두19298 판결; 대법원 2016.2.18. 선고 2013두21281 판결; 대법원 2015.6.11. 선고 2013두1676 판결 등.
22) 대법원 2009.7.9. 선고 2007두26117 판결.

적으로 부당하고, 다만 그 공동행위가 법령에 근거한 정부기관의 행정지도에 따라 적합하게 이루어진 경우라든지 또는 경제전반의 효율성 증대로 인하여 친경쟁적 효과가 매우 큰 경우와 같이 특별한 사정이 있는 경우에는 부당하다고 할 수 없다."고 하였다.

이 사건에서 대법원은 공동행위가 부당하지 않다고 하였는데, 정당한 사유의 하나로 행위 한 사업자들의 사업상 필요성을 고려하였다. 대법원은 "화물연대의 요구사항 중의 하나인 하불료를 인상해 주기 위하여는 원고들이 화주들로부터 받는 운송료가 인상되어야하는 등 어느 정도의 수익 증가가 원고들에게 필요하다고 보이는 점"을 고려하였다.

또한 대법원은 또 다른 정당한 사유로 공익적인 효과 또는 국민경제적 차원의 효과를 고려하였다. 대법원은 "원고들 및 소외 회사들이 이 사건 합의를 하게 된 경위는 위와 같이 하불료를 인상하는데 필요한 재원 마련에 있었는데, 우리나라 육상화물 운송시장의 특성상 하불료는 지입차주들의 소득과 직결되어 있어 정부가 컨테이너 운임의 덤핑을 방치할 경우 출혈가격경쟁이 발생하여 이로 인한 전국적인 산업 분규, 물류의 차질 및 교통안전 위해 등의 문제가 발생할 수 있고, 이를 해결하기 위하여 추가되는 사회적 비용은 육상화물 운송시장에서의 가격경쟁으로 인한 소비자 후생 증대효과에 비교하여 적다고 볼 수 없는 점"을 고려하였다.

대법원은 경쟁제한효과와 예외적으로 친경쟁적 효과를 비교형량하여 '부당성'을 판단하였는데, 사업상 필요성이나 공익은 친경쟁적인 효과를 의미한다고 보기는 어렵다. 법 제40조 제1항은 부당하게 경쟁을 제한하는 공동행위를 금지하고 있으므로, 경쟁제한성과 부당성의 개념을 구분하고, 경쟁제한효과와 사업상 필요성이나 공익, 효율성 증대효과 등을 비교형량하여 부당성 여부를 판단하는 것이 적절하다.

다. 사업자단체의 부당한 공동행위

법 제51조 제1항에서는 사업자단체의 특정한 행위들을 금지하는데, 제1호에서는 제40조(부당한 공동행위의 금지) 제1항 각 호의 행위에 의하여 부당하게 경쟁을 제한하는 행위를 금지한다.

대법원은 '부산광역시 치과의사회' 판결23)과 '제주도관광협회' 판결24) 등에서25) 사업자단체의 가격경쟁제한행위에 관하여 "경쟁이 제한되는 정도에 비하여 구법 제19조 제2항 각 호에 정해진 목적 등에 이바지하는 효과가 상당히 커서 소비자를 보호함과 아울러 국민경제의 균형 있는 발전을 도모한다는 법의 궁극적인 목적에 실질적으로 반하지 않는다고 인정되는 예외적인 경우에 해당하지 않는 한, 위와 같은 가격결정행위는 부당하다고 볼 수밖에 없다."고 하였다.

대법원은 부당한 공동행위의 인가사유에 해당하는 요소들을 정당한 사유로 고려할 수 있다고 보고 있다. 하지만 대법원이 공정거래법상 다른 금지행위의 경우와 달리 사업자단체의 부당한 공동행위의 부당성 판단에 대해서만 법 제1조의 목적조항을 부당성 판단기준으로 직접 원용하고 있는 것은 적절하지 않다.

---

23) 대법원 2005.8.19. 선고 2003두9251 판결.
24) 대법원 2005.9.9. 선고 2003두11841 판결. 대법원은 "문제의 합의로 인하여 과다한 송객수수료의 인하를 통하여 거래조건을 합리화함으로써 관광부조리를 방지하여 관광질서를 확립하고 관광상품 판매가격이 인하되도록 유도하는 등의 효과가 적지 아니하고, 그로 인한 혜택이 최종소비자인 관광객들에게 귀속될 뿐 아니라 제주도의 관광산업 발전에도 이바지하는 점에서, 위법하지 않다."고 판시하였다.
25) 그 밖에도 '에스케이텔레콤' 판결(대법원 2013.11.28. 선고 2012두17773 판결), '대한의사협회' 판결(대법원 2021.9.9. 선고 2016두36345 판결) 등이 있다.

라. 불공정거래행위

법 제45조 제1항에서는 사업자가 이하 각 호 어느 하나에 해당하는 행위를 하여 공정한 거래를 저해할 우려가 있는 경우에 금지한다고 한다. 불공정거래행위의 위법성은 행위요건과 부당성 요건인 '공정거래저해성'으로 구성된다. 공정거래저해성은 공정경쟁보다 넓은 개념이면서, 부당성과 실질적으로 동일하다. 법문은 공정거래저해성을 개별 구성요건에서 부당성으로 반복하고 있는 것에 불과할 뿐이기에, 공정거래저해성과 부당성을 구별하는 것은 불필요하다.[26]

대법원은 '정산실업' 판결[27]에서 불공정거래행위의 정당한 이유를 '위법성 조각사유'로서 고려하였다. 대법원은 "사업자의 행위가 구법 제15조나 제20조에 규정한 불공정거래행위에 해당하려면 '부당하게' 행위하여야 하는 바 불공정거래행위의 해당성을 조각하기 위한 '정당한 이유'라 함은 전적으로 공정한 경쟁질서유지라는 관점에서 평가되어야 하고 단순한 사업경영상 필요 또는 거래상의 합리성 내지 필요성만으로는 '정당한 이유'가 인정되지 아니한다."고 하였다.

형법에서는 구성요건에 해당하는 행위가 원칙적으로 위법하고, 형법에서 정한 '정당행위(법 제20조)이나 정당방위(제21조), 긴급피난(제22조), 자구행위(제23조), 피해자의 승낙(제24조)'에 해당되는 예외적인 경우에는 위법성이 조각된다고 본다. 하지만 대법원은 '쌍용정유' 판결[28]부터는 불공정거래행위의 위법성 판단에 있어서 여러 요소들을 종합적으로 고려하도록 하여 공정거래저해성 여부를 판단하고 있다.[29]

---

26) 정호열(제7판), 391면.

27) 대법원 1990.4.10. 선고 89다카29075 판결.

28) 대법원 1998.9.8. 선고 96누9003 판결. 그와 같은 취지의 판결들은 대법원 2001.6.12. 선고 2001두1628 판결, 대법원 2006.12.7. 선고 2004두4703 판결, 대법원 2013.4.25. 선고 2010두25909 판결 등이 있다.

29) 홍대식, 앞의 글(2009), 116-119면.

마. 부당지원행위

법 제45조 제1항 제9호에서는 불공정거래행위의 하나로 부당지원행위를 금지하고 있다. 1996년 제5차 개정법[30]은 부당지원행위를 경제력 집중의 억제에 관한 제4장이 아닌, 제6장에 있는 제23조 제1항의 불공정거래행위의 한 유형으로 도입하였다.

대법원은 부당지원행위의 부당성은 공정거래저해성에 있고, 이는 지원객체의 관련 시장에서 '경쟁이 저해'되거나 '경제력 집중'이 야기되는지의 여부를 고려하여야 한다고 하였다. 대법원은 '삼성 SDS' 판결[31]에서 부당지원행위는 불공정거래행위의 금지의 한 유형이라는 점에서 "시장집중과 관련하여 볼 때 기업집단 내에서의 특수관계인 또는 계열회사 간 지원행위를 통하여 발생하는 경제력 집중의 폐해는 지원행위로 인하여 직접적으로 발생하는 것이 아니라 지원을 받은 특수관계인이나 다른 회사가 자신이 속한 관련 시장에서의 경쟁을 저해하게 되는 결과 발생할 수 있는 폐해"라고 하였다. 즉 대법원은 부당지원행위의 부당성은 지원 객체가 속한 시장에서의 "경쟁저해로 인한 경제력 집중의 우려"에 있다고 보았다.[32]

부당지원행위가 경제력 집중의 억제 차원에서 도입되었고, 시장집중에 대해서는 공정거래법상 다른 금지행위 규정에서 금지하고 있다는 점에서, 부당지원행위로 인한 경제력 집중은 '일반집중'으로 보는 것이 적절하다.

한편, 대법원은 부당지원행위의 정당한 사유로 공익적인 사유를 인정하여 부당하지 않다고 보기도 하였다.[33] '주택공사' 판결[34]에서 대법원

---

30) 법률 제5235호, 1996.12.30., 일부개정,
31) 대법원 2004.9.24. 선고 2001두6364 판결.
32) 이봉의, 앞의 책(2022), 949면.
33) 이봉의, "독점규제법상 부당지원행위", 경쟁법연구 제27권, 2013, 233-234면.
34) 대법원 2003.9.5. 선고 2001두7411 판결.

은 자신이 발주한 사업을 계열회사들이 수주하도록 선급금을 지급한 행위는 정부의 지시로 인수한 부실한 계열회사의 도산위기를 막기 위한 공익적인 목적이 있었고, 거액의 전대 및 지급보증을 한 자신의 동반도산을 막기 위한 불가피한 필요가 있었다는 점에서 부당하지 않다고 하였다.

'한국도로공사' 판결[35])에서도 대법원은 "수의계약 체결행위가 고속도로관리공단 및 고속도로정보통신이 속한 관련 시장에서의 경쟁을 제한하는 측면이 전혀 없는 것은 아니나, 고속도로관리공단 및 고속도로정보통신의 민영화라는 공익적 목적을 달성하기 위하여 원고에게 부여된 수의계약집행권한의 범위 내에서 행하여진 행위인 점, 고속도로관리공단 및 고속도로정보통신의 민영화 과정에서 자생력 확보 및 기업가치 제고, 소속직원의 고용안정, 유지보수 전문회사로서의 육성을 통한 경영합리화 도모 등을 위하여 원고가 고속도로관리공단 및 고속도로정보통신과 이 사건 수의계약을 체결함에 있어서 일정 수준의 낙찰률을 보장해 줄 필요성이 있었던 점" 등에 비추어 부당하지 않다고 하였다.

하지만 부당지원행위의 정당한 사유는 제한적으로만 인정되어야 한다. '대우' 판결[36])에서 대법원은 "자금지원행위가 부당성을 갖는지 유무는 오로지 공정한 거래질서라는 관점에서 평가되어야 하는 것이고, 공익적 목적, 소비자 이익, 사업경영상 또는 거래상의 필요성 내지 합리성 등도 공정한 거래질서와는 관계없는 것이 아닌 이상 부당성을 갖는지 유무를 판단함에 있어 고려되어야 하는 요인의 하나라고 할 것이나, 단순한 사업경영상의 필요 또는 거래상의 합리성 내지 필요성만으로는 부당지원행위의 성립요건으로서의 부당성 및 공정거래저해성이 부정된다고 할 수는 없다."고 하였다.

---

35) 대법원 2007.3.29. 선고 2005두3561 판결.
36) 대법원 2004.10.14. 선고 2001두2881 판결.

바. 부당한 이익제공행위

2013년 제20차 개정법[37]은 특수관계인에 의한 부당한 이익제공행위를 금지하였다. '삼성 SDS' 판결[38]에서 대법원은 부당지원행위의 경우 "변칙적인 부의 세대간 이전 등을 통한 소유집중의 직접적인 규제는 법의 목적이 아니"라고 판시하면서, 이러한 문제를 해소하기 위하여 입법이 이루어졌다.

현행법 제47조 제1항에서는 "공시대상기업집단(동일인이 자연인인 기업집단으로 한정)에 속하는 국내 회사는 특수관계인(동일인 및 그 친족으로 한정), 동일인이 단독으로 또는 다른 특수관계인과 합하여 발행주식총수의 100분의 20 이상의 주식을 소유한 국내 계열회사 또는 그 계열회사가 단독으로 발행주식총수의 100분의 50을 초과하는 주식을 소유한 국내 계열회사와 다음 각 호의 어느 하나에 해당하는 행위를 통하여 특수관계인에게 부당한 이익을 귀속시키는 행위를 하여서는 아니 된다."고 하고, 이하 각 호에서는 4가지의 이익제공행위를 열거하고 있다. 동조 제2항에서는 "기업의 효율성 증대, 보안성, 긴급성 등 거래의 목적을 달성하기 위하여 불가피한 경우로서 대통령령으로 정하는 거래는 제1항 제4호를 적용하지 아니한다."는 예외요건을 따로 두고 있다.

부당한 이익제공행위는 부당성을 요건으로 두고 있는 이상, 위에서 금지하는 행위를 한 것만으로 당연위법이 될 수 없고, 부당성의 여부를 따져보아야 한다.[39] '대한항공' 판결[40]에서 서울고등법원은 당초 개정법률안이 발의되었을 때에는 '부당한 이익'이라는 표현이 없었으나, "위 조

---

37) 2013.8.13. 개정, 법률 제12095호.
38) 대법원 2004.10.14. 선고 2001두6364 판결.
39) 이봉의, "공정거래법상 특수관계인에 대한 이익제공의 '부당성'에 관한 해석방법론", 선진상사법률연구 제81권, 2018, 53-54면; 이선희, "공정거래법상 사익편취행위 규제의 쟁점 검토", 성균관법학 제30권, 2018, 278-279면.
40) 서울고등법원 2017.9.1. 선고 2017누36153 판결.

항이 내부거래 자체를 금지하는 것이 아니라는 점과 총수일가에게 귀속되는 모든 이익을 규제하려는 것이 아니라 부당하게 귀속된 이익만을 규제하려 한다는 점, 그러한 사항에 대한 증명책임이 공정거래위원회에 있다는 점 등을 나타내기 위해 국회 법안 심의과정에서 '부당한 이익'이라는 표현으로 최종 수정되게 되었다."고 하면서, "입법과정, 최종적인 법률의 문언내용, 앞서 본 입법취지 및 입법목적 등에 비추어 보면, 행위의 충족 여부와는 별도로 그러한 행위가 특수관계인에게 '부당한 이익'을 귀속시키는 것인지 여부에 대한 규범적 평가가 아울러 이루어져야 한다."고 하였다.[41]

대법원은 위 사건[42]과 "'하이트진로' 판결[43]에서 부당성 요건에 독자적 의미를 부여하였다. '한진' 판결에서 대법원은 부당한 이익제공행위의 "부당성이란, 이익제공행위를 통하여 그 행위객체가 속한 시장에서 경쟁이 제한되거나 경제력이 집중되는 등으로 공정한 거래를 저해할 우려가 있을 것까지 요구하는 것은 아니고", "변칙적인 부의 이전 등을 통하여 대기업집단의 특수관계인을 중심으로 경제력 집중이 유지·심화될 우려가 있는지 여부에 따라 판단하여야" 하고, "부당하다는 점은 시정명령 등 처분의 적법성을 주장하는 피고가 증명하여야 한다."고 하였다. 따라서 부당한 이익제공행위의 부당성은 특수관계인에게 이익을 제공한 행위가 편법적인 부의 승계를 가능하게 하는 소유집중이 심화되어 경제력 집중을 야기할 우려가 있는지를 판단해야 한다.[44]

한편, 법 제47조 제2항에서는 기업결합에 관한 법 제9조 제2항과 같이 제1항이 적용되지 않는 예외적인 경우를 들면서, 형량의 방법을 정하고 있지 않다. 따라서 법 제47조 제1항 제4호는 제1항에 따라 부당성의 여부를 따져보아야 하고, 형량의 고려요소로서 동조 제2항에 예시된 요

---

41) 이봉의, 앞의 글(2015-b), 225-228면.
42) 대법원 2022.5.12. 선고 2017두63993 판결.
43) 대법원 2022.5.26. 선고 2020두36267 판결.
44) 이선희, 앞의 글(2018), 263-264면.

소들을 고려하는 것이 적절하다.

II. 불공정거래행위의 긍정적인 이익형량 요소

1. 사업경영상 필요성

불공정거래행위의 정당한 사유로서 고려할 수 있는 사업자의 사업경
영상 필요성이라는 사유는 사업자의 사업활동의 자유의 측면에서 고려
될 수 있다. 누구든지 자신의 사업을 운영하고 유지하기 위하여 사업활
동의 자유라는 권리를 갖기 때문이다.

가. 공정위 심사지침의 기준

공정위 심사지침은 불공정거래행위에 관하여 시행령 [별표 2]가 '부당
하게'라는 요건을 둔 행위의 경우 불공정성이나 경쟁제한성과 소비자후
생 또는 효율성 증대효과를 형량하도록 하고, '정당한 이유 없이'라는 요
건을 둔 경우에는 정당한 이유가 있는지를 피심인이 입증하도록 한다.
또한 심사지침은 특정 행위유형에 관해서는 문제의 행위가 합리성이 있
다고 인정되는 경우에는 법위반으로 보지 않을 수 있다고 하면서, 위법
성을 배척할 수 있는 정당한 사유들을 예시하고 있는데, 그러한 사유로
불가피한, 행위 한 사업자의 경영상의 필요한 사정이나 거래상 합리적인
사정을 들고 있다.[45]
예를 들면, 첫째로, 공동의 거래거절의 경우에는 "① 재고부족이나 거
래상대방 사업자의 부도 등 채무불이행 가능성 등으로 인해 공동의 거래

---

45) 홍대식, "부당지원행위의 부당성 판단에서의 사업경영상 필요성의 지위와 역
할", 경쟁법연구 제24권, 2011, 46면.

거절이 합리적이라고 인정되는 경우, ② 사업자들이 사전에 당해 사업영위에 합리적이라고 인정되는 거래자격 기준을 정하여 그 기준에 미달되는 사업자와의 거래개시를 거절하는 경우"를 든다(지침 V. 1. 가. (3) (다)).

둘째로, 그 밖의 거래거절의 경우에는 "① 생산 또는 재고물량 부족으로 인해 거래상대방이 필요로 하는 물량을 공급할 수 없는 경우, ② 거래상대방의 부도 등 신용결함, 명백한 귀책사유, 자신의 도산위험 등 불가피한 사유가 있고 거래거절 이외에 다른 대응방법으로 대처함이 곤란한 경우"를 든다(지침 V. 1. 나. (2) (다)).

셋째로, 가격차별의 경우에는 "가격차별이 거래수량의 다과, 운송비, 거래상대방의 역할, 상품의 부패성 등 요소에 근거하여 한계비용 차이나 시장상황을 반영하는 경우"를 든다(지침 V. 2. 가. (2) (다)).

넷째로, 계속적인 염매와 일시적 염매의 경우에는 "① 하자가 있는 상품, 유통기한이 임박한 물건, 계절상품 및 재고의 처리를 위하여 제한된 물량의 범위 내에서 염매를 하는 경우, ② 수요보다 공급이 현저히 많아 이를 반영하여 염매로 판매하는 경우, ③ 신규개점 또는 신규 시장진입에 즈음하여 홍보목적으로 한정된 기간에 걸쳐 염매를 하는 경우, ④ 파산이나 지급불능사태를 막기 위해 염매를 하거나 파산 또는 지급불능상태에 있는 사업자가 염매를 하는 경우"를 든다(지침 V. 3. 가. (2) (나), (라)).

다섯째로, 고가매입의 경우에는 "사업자가 원재료 등의 품귀가능성에 대비하거나 제품의 안정적 생산확보 등을 위해 불가피한 경우"를 든다(지침 V. 3. 나. (2) (다)).

여섯째로, 사원판매의 경우에는 "부도발생 등 사원판매를 함에 있어 불가피한 사유가 있다고 인정되는 경우"를 든다(지침 V. 5. 나. (2) (다)).

일곱째로, 배타조건부거래의 경우에는 "당해 상품 또는 용역의 기술성·전문성 등으로 인해 A/S 활동 등에 있어 배타조건부거래가 필수 불가피하다고 인정되는 경우"를 든다(지침 V. 7. 가. (2) (다)).

나. 판례의 기준

대법원도 다수의 판결에서 사업자의 사업경영상 필요성을 정당한 사유로 고려하였다. 어느 정도의 사업경영상 필요성이 정당한 사유로 인정될 수 있을까?

'대우자동차판매' 판결[46]에서 대법원은 사원판매행위가 "공정한 거래질서에 대한 침해의 우려가 있는 한 단순한 사업경영상의 필요나 거래상의 합리성 내지 필요성 유무는 불공정거래행위의 성립에 영향을 미칠 수 없다."고 하였다. 'SKT' 판결[47]에서도 대법원은 '계열회사를 위한 차별'의 위법성을 평가함에 있어서 "단순한 사업경영상 또는 거래상의 필요성 내지 합리성이 인정된다는 사정만으로 곧 그 위법성이 부인되는 것은 아니지만, 차별적 취급의 원인이 된 사업경영상의 필요성 등은 다른 사유와 아울러 공정한 거래질서의 관점에서 평가하여 공정거래저해성의 유무를 판단함에 있어서 고려되어야 하는 요인의 하나가 될 수 있다."고 하였다.

그런데 대법원은 불공정거래행위를 한 사업자의 사업경영상 필요성을 정당한 이유로 고려하면서, 채권확보대책이나 손해확대 방지, 경영위기 극복을 위한 대책, 투자 비용과 운영 및 관리 비용 회수뿐만 아니라 합리적인 영업전략, 경영 정책 또는 경영상 필요성, 거래비용 감소와 영업정보 누설 방지 등 사업경영상 필요성, 사회적 여건과 영업환경 변화에 대처 등을 정당한 사유로 인정하고 있다.

그 예로, '쌍용정유' 판결[48]에서 대법원은 쌍용정유의 거래거절과 우월적 지위 남용, 사업활동 방해행위는 ① "쌍용정유가 거래상대방인 회사에게 무담보 거래 및 외상기일 연장 특혜를 제공하다가 그 외상대금의 증대에 따른 채권확보대책의 일환으로 종전의 특혜를 배제하고" ②

---

46) 대법원 2001.2.9. 선고 2000두6206 판결.
47) 대법원 2004.12.9. 선고 2002두12076 판결.
48) 대법원 1998.9.8. 선고 96누9003 판결.

"담보제공 요구나 공급물량 감축 및 외상기일 단축 등을 통한 외상대금 감축 등의 조치를 취하고", ③ "거래당사자들 사이의 대리점 계약이 존속함을 전제로 법적 대응을 한 것으로 보여질 뿐"이기에, 부당하지 않다고 하였다.

'하이트맥주' 판결[49]에서 대법원은 하이트맥주의 거래중단은 ① "노석만이 당초 맥주공급재개의 조건인 이 사건 합의내용의 상당부분을 이행하지 아니하였을 뿐 아니라 맥주대금 지급을 위하여 발행해 주기로 한 어음을 발행해 주지 않고, 합계 8억 원 상당의 어음금도 지급하지 아니하므로", ② "거래를 중단하고 채권을 회수함으로써 손해가 확대되는 것을 방지하기 위한 조치로 보일 뿐", 부당하지 않다고 보았다.

'SKT' 판결[50]에서 대법원은 SKT의 계열회사를 위한 차별취급 행위가 ① "원고는 일시적으로 시장점유율 하락속도를 둔화시키기 위한 사업경영상의 필요에 기하여 이 사건 행위에 이르렀는데 이동통신서비스의 제공이 고객의 단말기 구입과 불가분의 관계에 있어 단말기 유통회사인 SKG의 매출증가로 이어지게 된 점", ② "이 사건 행위와 같이 무이자할부채권의 양수대상을 SKG가 공급하는 사업자모델로 한정하더라도 이 사건 거래분야에서 SKG의 경쟁사업자인 삼성전자 등의 유통모델에 대한 경쟁을 유인하여 원고로서는 상대적으로 가격이 비싼 유통모델에 대한 높은 이자비용을 감수하지 않고서도 이동통신서비스 가입자 수의 증가를 가져올 수 있어 이를 합리적인 영업전략으로 볼 수도 있다는 점" 등을 종합하여, 공정거래저해성이 없다고 판단하였다.

'5개 신용카드회사' 판결[51]에서 대법원은 거래상대방에 따른 현저한 가격차별이 존재하지만, ① "매출액 대비 이윤율이 높고, 수요의 가격탄력성이 상대적으로 낮은 백화점에 대하여 할인점보다 높은 수수료율을 적용하는 것은 원고의 경영정책에 따른 현상으로 볼 수 있는 점", ② "원

---

49) 대법원 2004.7.9. 선고 2002두11059 판결.
50) 대법원 2004.12.9. 선고 2002두12076 판결.
51) 대법원 2006.12.7. 선고 2004두4703 판결 및 2006.12.8. 선고 2004두 4697 판결.

고의 입장에서는 백화점보다 후발 업자이면서 발전가능성이 많은 할인
점에 대하여 백화점보다 낮은 수수료율을 적용하는 방법으로 할인점을
선점하려는 경영상의 필요도 있었다고 볼 수 있고", ③ "이러한 요인에
의한 가격차별은 다른 카드업자들과 사이에 할인점 선점을 둘러싼 경쟁
에 대응하는 것으로서 오히려 경쟁을 촉진시키는 측면도 있는 점", ④
"백화점과 할인점 수수료율의 차등 적용은 호화업종과 생필품업종을 구
분하여 수수료율을 정하도록 유도한 감독관청인 재무부의 행정지도에서
비롯된 것인 점", ⑤ "국내 대부분의 신용카드업자들은 원고와 비슷한 수
준으로 백화점과 할인점에 대하여 업종별로 차별화 된 수수료율을 적용
하고 있고", ⑥ "외국의 경우에도 양 시장의 특성을 반영하여 일정 수준
의 차별화된 수수료율을 적용하는 사례가 있는 점 등 제반 사정에 비추
어 보면" 부당한 가격차별취급에 해당하지 않는다고 보았다.

'현대자동차' 판결[52]에서 대법원은 ① "현대자동차가 거래비용의 감
소와 영업정보의 누설 방지 등 사업경영상 필요에 의해 계열사인 현대
캐피탈과 오토할부약정을 체결한 점", ② "할부금리의 조정 과정에 비추
어 계열회사를 유리하게 할 의도가 인정되지 않은 점", ③ "자동차 할부
금리 인하의 사회적 요구와 경쟁업체의 할부금리 인하 등 사회적 여건
및 영업환경 변화에 대처하고자 한 점" 등을 고려하여 계열회사를 위한
부당한 차별취급에 해당하지 않는다고 보았다.

'인천정유' 판결[53]에서 대법원은 판매대리점계약을 종료할 당시 ①
"피고 회사는 누적된 적자로 인한 신용등급 하락, 유동성 악화, 유산스
(USANCE) 한도 삭감에 의한 원유도입 차질 및 그에 따른 재무상황 악화
등의 경영위기를 맞고 있었고 그로 인하여 2002.4.경에는 대표이사 소외
2가 그 책임을 지고 사퇴하기에 이르렀으며, 경영위기를 극복하기 위한
자구책으로 가동률 축소, 비업무용·저수익성 자산의 매각 추진, 인원 감

---

52) 대법원 2007.2.23. 선고 2004두14052 판결.
53) 대법원 2008.2.14. 선고 2004다39238 판결.

축, 해외로부터의 긴급자금지원 협의를 진행하고 있었는바", ② 피고 회사는 이 사건 판매대리점계약이 종료되면 "정리회사의 제품을 매수할 의무를 면하게 되어 당시 공급초과 상태인 관계로 내수시장 가격의 60% 정도의 가격에 수출하였던 물량(피고 회사가 자체 생산한 석유류 제품을 의미)도 내수시장의 가격으로 피고 회사 산하의 주유소 등에 공급할 수 있게 됨으로써 상당한 이익을 얻을 수 있다는 판단 하에 경영위기를 극복하기 위한 방안의 일환으로 이 사건 계약갱신 거절을 하게 되었던 것으로", ③ "당시 피고 회사로는 이러한 자구책 없이는 기업활동의 유지가 어려웠던 것으로 보이는 점" 등을 들어 거래거절행위가 정당하였다고 보았다.

'세방' 판결[54]과 '국보 외 10인' 판결[55]에서 대법원은 "컨테이너전용장치장 운영자들이 컨테이너전용장치장의 설치에 투자된 비용과 운영·관리 비용을 회수하기 위하여, 장치장에 보관된 컨테이너를 반출하는 자가운송업자들로부터 이 사건 각 운송관리비를 징수한 행위가 비용 발생의 원인자가 비용을 부담하여야 한다는 시장경제의 기본원리인 수익자부담원칙에 부합"하여 부당한 사업활동방해에 해당하지 않는다고 보았다.

2. 소비자후생 및 효율성 증대효과

가. 실무상 기준

공정위 심사지침은 불공정거래행위의 부당성 판단에 있어서 긍정요소로서 소비자후생(consumer welfare)과 효율성 증대효과도 고려하도록 하고 있다. 심사지침은 위와 같은 효과가 경쟁제한효과 또는 공정거래저해 효과를 현저히 상회하는 경우 법위반으로 보지 않을 수 있다고 한다.

---

54) 대법원 2012.4.26. 선고 2010두4858 판결.
55) 대법원 2012.5.10. 선고 2010두4896 판결.

다만, 심사지침은 거래상 지위남용행위의 경우에는 "합리성이 있는 행위인지 여부는 당해 행위로 인한 효율성 증대효과나 소비자후생 증대효과가 거래내용의 불공정성으로 인한 공정거래저해 효과를 현저히 상회하는지 여부, 기타 합리적인 사유가 있는 여부 등을 종합적으로 고려하여 판단한다."고 하면서도 행위의 속성상 정당한 사유를 제한적으로 해석하는 것을 원칙으로 한다고 한다(지침 V. 6. (4) (라)).

그런데, 심사지침은 효율성과 소비자후생 증대효과가 무엇인가에 대해서는 정의하고 있지 않고, 기업결합 심사기준56)과 같이 이러한 효과들을 판단하는 구체적인 기준도 마련해두고 있지 않다. 기업결합 심사기준에서는 효율성 증대효과란 "생산판매연구개발 등에서의 효율성 증대효과 또는 국민경제전체에서의 효율성 증대효과"를 말하고, "① 당해 기업결합 외의 방법으로 달성하기 어려운 것이어야 하고, ② 가까운 시일 내에 발생할 것이 명백하여야 하며, 단순한 예상 또는 희망사항이 아니라 그 발생이 거의 확실한 정도임이 입증될 수 있는 것이어야 하며, ③ 당해 결합이 없었더라도 달성할 수 있었을 효율성 증대부분을 포함하지 않아야 한다."고 하였다(심사기준 Ⅷ. 1. 가, 나.).

하지만, 대법원은 불공정거래행위의 부당성 판단기준은 불공정성에 있다고 보면서, 경제적 효율성이나 소비자후생 증대효과를 형량의 요소로서 고려하지 않았다.57)

나. 소비자후생 증대효과의 의미

대법원은 '한국캘러웨이골프' 판결58)에서 공정거래법의 목적은 "경쟁을 촉진하여 소비자후생을 증대하기 위한 것"이라고 하면서, "최저재판매가격유지행위가 해당 상표 내의 경쟁을 제한하는 것으로 보이는 경우

---

56) 공정위 고시 제2021-25호, 2021.12.30., 개정.
57) 이봉의, 앞의 글(2004-d), 682면.
58) 대법원 2011.3.10. 선고 2010두9976 판결.

라 할지라도 시장의 구체적 상황에 따라 그 행위가 관련 상품시장에서의 상표 간 경쟁을 촉진하여 결과적으로 소비자후생을 증대하는 등 정당한 이유가 있는 경우에는 이를 예외적으로 허용하여야 할 필요가 있다."고 하였다.

소비자후생의 개념은 시카고 학파인 로버트 보크(Robert Bork)가 소비자후생이 미국 반독점법의 목적이어야 한다고 주장하면서 등장하였다.[59] 시카고 학파는 독점기업은 소비자후생의 증대에 기여할 수 있고, 경쟁이 제한된 상황은 장기적으로 보면 새로운 진입자에 의해 자연스럽게 해소된다고 주장하면서, 합리의 원칙에 따라 경쟁제한효과가 발생한 행위는 친경쟁적 효과와 비교형량하여야 한다고 하였다.

하지만 소비자후생 증대효과와 경쟁제한효과를 서로 비교할 정확한 기준이 없고, 미국에서도 대부분의 사안에서 양자 중 어느 효과가 압도적으로 크다고 확신할 수 있는 경우는 많지 않았다.[60] 비교형량을 하는 대신, 수직결합과 같은 특정행위의 경우 이론적으로 친경쟁적이어서 소비자후생을 증대시킬 수 있다는 점에서 위법성을 인정하지 않았다.

조셉 브로들리(Joseph Brodley) 교수는 보크(Bork)가 소비자후생을 경제적 효율성(배분적 효율성) 및 총후생기준과 동일한 것으로 보았다고 비판하였다. 그는 소비자후생은 "가격과 질에 의해 측정되는 특정한 상품을 구매한 소비자들에게 미치는 직접적이고 분명한 경제적 이익들", 즉 소비자잉여(consumer surplus)를 의미한다고 하였다.[61] 이는 소비자들이 지불할 의사가 있는 최대한의 비용과 실제로 지불하는 비용의 차이를 의미하고, 이러한 소비자들의 이익은 소비자의 후생 또는 배분적 효율성의 증대로 이어진다는 것이었다.[62] 여기서 소비자란 최종소비자뿐

---

59) Robert H. Bork, Ibid(1966).

60) 권오승·서정, 독점규제법(제5판), 법문사, 2022, 129면, 각주 67.

61) Joseph F. Brodley, "The Economic Goals of Antitrust: Efficiency, Consumer Welfare, and Technological Progress", 62 New York University law review 1020, 1987.

62) Gregory J. Werden, Ibid(2014), pp. 714-718; Louis Kaplow, "On the choice of welfare

만 아니라 구매자인 사업자도 포함되었다.

다. 효율성 증대효과의 의미

효율성이란 이론적으로 '생산적 효율성'(productive efficiency)이나 '동태적 효율성'(dynamic efficiency), '배분적 효율성'(distributive efficiency)을 의미한다.

생산적 효율성은 사업자의 비용절감이나 생산량 증대를 위한 경제적인 측면의 효율성을 의미한다. 각 생산자들이 가장 효율적인 생산성을 달성하면 사회전체적으로 생산비용이 최소화된다. 동태적 효율성은 혁신이나 연구, 개발에 관련된 효율성이다. 이는 배분적 효율성이나 생산적 효율성이 정태적인 기준인 것과 달리, 기술, 노하우, 또는 산업구조의 변화를 포함한다. 연구와 개발에 들어가는 추가적인 투자 비용이 기대되는 추가적인 이익보다 작거나 동일할 때, 동태적 효율성이 있다고 인정할 수 있다.[63]

생산적 효율성이나 동태적 효율성은 개별기업 차원 또는 국민경제 차원에서 이해할 수 있다. 개별기업 차원의 효율성이란 사업자의 경제적 활동의 자유와 사업상 전략 또는 필요에 관한 이익을 의미한다. 국민경제 차원의 효율성 증대효과는 법 제1조의 국민경제의 균형 있는 발전이나 공공이익과 관련이 있다.[64]

배분적 효율성에 대해서 현대 후생경제학자들은 소비자잉여와 생산자잉여를 합한 사회총후생(total social welfare)으로 이해하였다. 완전경쟁 시장에서는 한계비용과 시장가격이 같은 상황에서 생산량이 결정되게 되고, 배분적 효율성은 극대화된다고 한다.[65] 이러한 상황을 파레토 최

---

standards in competition law", The goals of Competition law, Edward Elgar, 2012, p. 4.
63) 이봉의, 앞의 책(2016), 13-14면.
64) 권오승·서정, 앞의 책, 131면; 이봉의, 앞의 글(2012), 141면.
65) 신영수, 앞의 글(2011), 378면.

적(Pareto optimal)의 상태라고 하는데, 이는 자원배분에서 한 경제주체가 불리하게 되지 않고서 다른 경제주체를 이롭게 할 수 없는 상태를 말한다고 한다.[66]

그런데 효율성 증대효과는 그러한 효과가 발생하는지에 대하여 측정하기가 상당히 어렵다. 위법성 판단에 있어서 이러한 효과들이 긍정요소로서 고려될 수 있으려면, 법에서 보호가치가 있을만한 유의미한 정도의 효과가 드러나야 한다.

3. 공익 또는 국민경제적 차원의 효과

공정위 심사지침에서는 공익 또는 국민경제적 차원의 효과에 대해서는 형량요소로 언급하고 있지 않다. 그와 달리 대법원은 이러한 효과에 대해서도 형량의 대상이 될 수 있다고 보았다.[67] 이러한 효과는 시장경제에 관한 법질서 전체의 측면에서 조화로운 해석을 위하여 고려되는 것이다.[68]

대법원은 '대한주택공사' 판결[69]에서 원고가 계열회사로 인수한 소외 회사들에게 선급금을 지급한 행위는 ① "정부가 부실기업인 소외 회사들의 경영정상화의 촉진을 도모하기 위하여 원고에게 부여한 수의계약 승인과 금융지원명령의 범위 내에 속하는 행위에 해당한다고 봄이 상당하고", ② "소외 회사들이 다시 도산하는 경우 야기될 시공 중인 아파트건설의 공사중단으로 인한 집단민원 등 사회적 문제야기, 종업원의 대량실직, 자재납품 및 하도급업체의 연쇄도산 등을 방지하여 사회적, 경제적 안정을 도모하기 위한 공익적 목적이 있을 뿐만 아니라", ③ "1조 원이

---

66) 이봉의, 앞의 책(2016), 13면.
67) 대법원 2009.7.9. 선고 2007두26117 판결('화물운송회사 담합' 판결); 대법원 2011.5.26. 선고 2008두20376 판결('보험료 담합' 판결).
68) 신영수, 앞의 글(2011), 395-396면.
69) 대법원 2001.12.11. 선고 2000두833 판결.

넘는 전대 및 지급보증을 한 원고의 동반 도산을 예방하기 위하여 불가 피하게 이루어진 최소한의 행위로 봄이 상당하므로", 계열회사를 위한 부당한 차별행위가 아니라고 보았다.

III. 불공정거래행위의 이익형량 방법

1. 판례의 종합적 고려방식에 대한 문제제기

공정위 심사지침은 불공정거래행위의 부당성 판단을 위한 이익형량 에 있어서 불공정성이나 경쟁제한성보다 소비자후생이나 효율성 증대효 과가 큰 경우 또는 합리적인 사유가 있는 경우 위법하지 않다고 하고 있 다. 다만, 거래상 지위남용행위의 경우 정당한 사유는 제한적으로만 인 정되고, 위계에 의한 고객유인행위는 정당한 사유가 인정되지 않는다고 한다(지침 V. 4. 나. (2) (다)).

그와 달리 대법원은 '쌍용정유' 판결70)에서 불공정거래행위의 부당성 판단에 있어서 여러 요소들을 '종합적으로 고려하도록 하는 방식'(totality of circumstances)을 취하고 있다.71) 대법원은 불공정거래행위의 부당성의 유무는 "거래당사자의 거래상의 지위 내지 법률관계, 상대방의 선택 가 능성·사업규모 등의 시장상황, 그 행위의 목적 및 효과, 관련 법규의 특 성 및 내용 등 여러 사정을 고려하여 그 행위가 공정하고 자유로운 경쟁 을 저해할 우려가 있는지의 여부에 따라야 한다."고 하였다.

이러한 방식은 부당성 판단을 위한 이익형량에 있어서 고려요소들의 비중이 어느 정도인지 그리고 어떤 기준에 의해 부당성이 판단되어야

---

70) 대법원 1998.9.8. 선고 96누9003 판결. 그와 같은 취지의 판결들은 대법원 2001.6.12. 선고 2001두1628 판결, 대법원 2006.12.7. 선고 2004두4703 판결, 대법 원 2013.4.25. 선고 2010두25909 판결 등이 있다.

71) 홍대식, 앞의 글(2009), 117면.

하는지가 명확하지 않은 문제가 있다. 이러한 방식은 동일하거나 유사한 사안에서 사업자들에게 위법하거나 적법한 행위가 무엇인가에 대한 판단기준을 제시해주지 못한다.[72]

대법원은 단순한 사업경영상 필요나 거래상의 합리성의 사유만으로는 정당한 사유로 인정될 수 없다고 하였다.[73] 그런데 'SKT' 판결[74]에서 대법원은 "단순한 사업경영상 또는 거래상의 필요성 내지 합리성이 인정된다는 사정만으로 곧 그 위법성이 부인되는 것은 아니지만, 차별적 취급의 원인이 된 사업경영상의 필요성 등은 다른 사유와 아울러 공정한 거래질서의 관점에서 평가하여 공정거래저해성의 유무를 판단함에 있어서 고려되어야 하는 요인의 하나가 될 수 있다."고 하면서, 정당한 사유의 존재를 인정하였다.

대법원은 사업자의 자유를 존중하여 사업상 필요성을 정당한 사유로 상당히 인정하고 있다. 사업상 필요성과 같은 사유는 불공정거래행위의 위법성 판단에 있어서 제한적이고 예외적으로만 인정되어야 한다는 비판이 있다. 사업자의 경영상 필요성을 적극적으로 인정하게 되면 대부분의 행위가 적법할 수 있다는 점에서 사업자가 사업의 존속을 위해 객관적으로 필수적이거 불가피한 수단인 경우에 한하여 정당한 사유로 인정해야 한다는 것이다.[75]

2. 헌법재판소와 대법원의 이익형량의 차이

'인천정유' 사건에서 헌법재판소와 대법원의 이익형량 방식은 달랐고, 거래거절행위의 부당성에 대한 결론도 달랐다. 이 사건에서 현대오일뱅

72) 홍대식, 앞의 글(2009), 118-119면.
73) 대법원 1990.4.10. 선고 89다카29075 판결; 대법원 2001.2.9. 선고 2000두6206 판결.
74) 대법원 2004.12.9. 선고 2002두12076 판결.
75) 홍명수, "'계열회사를 위한 차별'의 법리적 고찰", 경제법판례연구 제3권, 법문사, 2006, 205면.

크는 인천정유에 대한 대리점 계약을 갱신하는 것을 거절하였고, 이에 대하여 공정위는 무혐의 처분을 내렸다.

이에 대한 헌법소원[76]에서 헌법재판소는 정당화사유로 고려될 수 있는 사업경영상 필요성을 단계적으로 세분화하여 이해하였다. 즉 "거래거절이 상대방의 사업활동에 미치는 영향의 정도는 ① '상대방의 사업활동의 원활한 수행이 방해되는 경우', ② '상대방의 사업활동이 현저히 제약되는 경우', ③ '상대방의 사업활동의 계속이 곤란하게 되는 경우'까지 여러 단계가 있을 수 있다고 하였다.

그러면서 헌법재판소는 공정하고도 자유로운 거래질서의 확립이라는 목적 하에, 경쟁 제약·배제효과 등 행위가 미치는 부정적인 영향의 정도에 따라 정당한 사유가 인정될 수 있는 정도가 다르다고 하면서, 이익형량의 방식을 제시하였다. 헌법재판소는 ① "당해 거래거절이 상대방의 사업활동의 수행에 지장을 초래하는 정도에 머무는 때에는 일정한 정도 이상의 사업경영상 필요성만으로도 그와 같은 경쟁제한적 효과를 상쇄할 여지가 있을 것"이지만, ② "그것이 상대방의 사업활동의 계속을 곤란하게 할 정도로 경쟁제한적 효과가 강한 경우"에는 "당해 거래거절을 하지 않으면 행위자가 곧 도산할 것이 확실하다고 판단되는 등의 사업경영상의 긴절한 필요성이 인정되지 않는 한 그 거래거절의 위법성을 부인할 수 없다."고 하였다.

이 사건의 경우, 헌법재판소는 "자사 생산제품의 판로 확대를 통해 추가적인 영업이익을 창출함으로써 경영상태를 호전시킬 필요성이 있었다는 정도의 사업경영상의 필요성만으로써 이 사건 거래거절이 가져오는 뚜렷한 경쟁제한적 효과를 상쇄할 수 있다고 보이지 않으므로", 거래거절행위가 부당하지 않다고 본 공정위의 무혐의처분을 취소해야 한다고 하였다.

헌법재판소는 법의 목적에 따라 불공정거래행위로부터 경쟁이 제약·

---

76) 헌법재판소 2004.6.24. 2002헌마496 전원재판부.

배제되는 것을 보호할 이익이 사업자의 경영상 이익보다 우선순위에 있다고 보고, 정당한 사유로 인정될 수 있는 사업상 필요성의 정도를 제한하였다. 이처럼 헌법재판소는 이익형량의 방식을 구조화하였고, 이익형량에 있어서 어떠한 이익이 우선순위에 있는지와 어떠한 기준에 따라서 이익형량이 이루어졌는지 밝히고 있다.

그와 달리, 대리점 계약 존속 확인을 구하는 민사소송[77])에서 대법원은 "거래거절행위의 부당성 유무를 판단할 때에는 당사자의 거래상 지위 내지 법률관계, 상대방의 선택 가능성·사업규모 등의 시장상황, 그 행위의 목적·효과, 관련 법규의 특성 및 내용 등 여러 사정을 고려하여 그 행위가 공정하고 자유로운 경쟁을 저해할 우려가 있는지 여부에 따라야 한다."고 하면서도, 경영위기의 극복이라는 사업경영상 필요성이 있다면 정당하다고 보면서 사업자의 이익을 중요하게 고려하였다.[78])

이 사건의 경우, 대법원은 "계약갱신 거절 당시 피고 회사는 경영위기를 맞고 있었고 경영위기를 극복하기 위한 자구책으로 가동률 축소, 비업무용·저수익성 자산의 매각 추진, 인원 감축, 해외로부터의 긴급자금지원 협의를 진행하고 있었는바", 이러한 상황에서 피고 회사는 이 사건 판매대리점계약이 종료되면 상당한 이익을 얻을 수 있다는 판단 하에 경영위기를 극복하기 위한 방안의 일환으로 계약갱신 거절을 하게 되었던 것이므로, 이는 정당하다고 보았다.

---

77) 대법원 2008.2.14. 선고 2004다39238 판결.
78) 거래거절을 한 사업자에게 행위의 자유를 인정해야 한다는 점에서 대법원의 판단이 적절했다고 본 견해는 이황, 앞의 글(2010), 133-135면.

3. 시행령 [별표 2]의 부당성 요건의 이원화

가. 이원화의 의미

1997년 개정법[79)]은 1995년 개정 시행령[80)]에 의해 고시에 위임되어 있던 불공정거래행위의 유형 및 기준을 시행령에서 정하도록 하였고, 부당성 요건을 이원화하였다. 시행령은 공동의 거래거절과 계열회사를 위한 차별, 계속적 염매행위에 대해 법문의 부당성 요건을 '정당한 이유 없이'로 변경하였다.

공정위 심사지침에서는 위와 같은 행위들에 대하여 당해 행위의 외형이 있는 경우에는 원칙적으로 공정거래저해성이 있는 것이라 보고 정당한 사유에 대한 입증책임이 전환된 것으로 보고 있다. 이에 대하여 시행령이 위임입법의 한계를 벗어난 것이라고 비판하는 견해들도 있다.[81)]

그와 달리 다수설[82)]이나 판례는 '정당한 이유 없이'라는 요건은 입증책임을 전환하는 것이라고 보았다. 서울고등법원은 'SKT' 판결[83)]에서 "행위 유형에 따라 부당성의 정도가 각각 다를 것이고 어떤 행위 유형은 그 자체로 부당성을 내포하거나 부당성의 정도가 심하여 사실상 원고가 그 정당함을 입증하지 못하는 한 부당성을 면하지 못하는 경우도 있을 수 있어" 시행령 [별표 2]는 "이를 유형별로 분류하여 규정한 데 불과하므로 행위 유형에 따라 원고에게 사실상 입증책임이 전환된다고 하더라도 하위 법령이 '부당성'을 기준으로 행위 유형을 규정하고 있는 한에는 모법의 위임한계를 일탈하였다고 보기는 어렵다."고 하였고, 대법원도 상고를 기각하였다.[84)]

---

79) 1997.3.31. 개정 대통령령 제15328호.
80) 1995.4.1. 개정 대통령령 제14566호.
81) 신동권, 독점규제법(제3판), 박영사, 2020, 684-685면; 홍대식, 앞의 글(2001), 292면.
82) 권오승·홍명수(제14판), 314-315면.
83) 서울고등법원 2002.10.10. 선고 2001누16073 판결.

나. '정당한 이유 없이' 요건을 둔 행위유형

1) 공동의 거래거절

대법원은 공동의 거래거절의 경우 정당한 이유가 없는 한 위법하다고 하였다.[85] 대법원은 "개별적 거래거절행위는 그 거래 상대방이 종래 계속적 거래관계에 있은 경우에도, 자유시장경제 체제하에서 일반적으로 인정되는 거래처 선택의 자유라는 원칙에서 볼 때, 또 다른 거래거절의 유형인 '공동의 거래거절'과는 달리, 거래거절이라는 행위 자체로 바로 불공정거래행위에 해당하는 것은 아니"라고 하였다. 여러 사업자에게 공동의 거래거절을 당한 사업자는 거래상대방 선택의 자유를 제한받을 가능성이 높기 때문이다.[86]

그런데 'CD 공동망' 판결[87]에서 대법원은 부당성을 인정하지 않았다. 대법원은 ① "CD공동망의 운영에 있어서는 전산망 구축과 유지에 상당한 비용과 노력을 투자한 참가은행들의 의사가 존중되어야 하는 점", ② "신용카드회사가 CD공동망을 이용함으로써 참가은행들보다 부당하게 경쟁우위에 설 가능성이 크고, 위와 같은 공동의 거래거절로 인하여 신용카드시장에서 다른 거래처를 용이하게 찾을 수 없어 거래기회가 박탈되었다고는 할 수 없는 점 등에 비추어" 거래거절행위가 정당하다고 하였다.

①의 사유를 보면 대법원은 행위 한 사업자들의 권리를 존중하고 있음을 알 수 있다. ②의 사유를 보면 공동의 거래거절이라고 하여 거래기회가 무조건 박탈되는 것은 아니므로 원칙적으로 부당하다고 보기는 어렵다고 할 것이다.

---

84) 대법원 2004.12.9. 선고 2002두12076 판결.
85) 대법원 2001.1.5. 선고 98두17869 판결; 대법원 2005.5.26. 선고 2004두3038 판결; 대법원 2008.2.14. 선고 2004다39238 판결.
86) 이봉의, 앞의 책(2022), 851면.
87) 대법원 2006.5.12. 선고 2003두14253 판결.

2) 계열회사를 위한 차별

대법원은 '대한주택공사' 판결[88]에서 '계열회사를 위한 차별' 행위에 대해 "정당한 이유가 없는 한 불공정거래행위가 되는 것으로 문언을 달리하여 규정하고 있는 취지는, 이러한 형태의 차별은 경쟁력이 없는 기업집단 소속 계열회사들을 유지시켜 경제의 효율을 떨어뜨리고 경제력집중을 심화시킬 소지가 커서 다른 차별적 취급보다는 공정한 거래를 저해할 우려가 많으므로 외형상 그러한 행위유형에 해당하면 일단 공정한 거래를 저해할 우려가 있는 것으로 보되 공정한 거래를 저해할 우려가 없다는 점에 대한 입증책임을 행위자에게 부담하도록 하겠다는 데에 있다."고 하였다.

그런데 계열회사를 위한 차별행위는 법 제45조 제1항 제9호의 부당지원행위에 해당될 수 있는데, 시행령 [별표 2]는 부당지원행위의 경우에는 부당성 요건을 두고 있다. 어느 규정을 적용하느냐에 따라 위법성 판단에 차이가 존재하게 되는 것은 적절하지 않다.

3) 계속거래상의 부당염매

대법원은 '현대정보기술' 판결[89]에서 기타 거래상의 부당염매와 달리, "계속거래상의 부당염매는 사업자가 채산성이 없는 낮은 가격으로 상품 또는 용역을 계속하여 공급하는 것을 가리키므로 그 행위의 외형상 그에 해당하는 행위가 있으면 '정당한 이유가 없는 한' 공정한 거래를 저해할 우려가 있다고 보아야 할 것"이라고 하였다. 하지만 2004년 이후 부당염매행위를 금지한 예를 찾기 어려운 상황이다.

---

88) 대법원 2001.12.11. 선고 2000두833 판결.
89) 대법원 2001.6.12. 선고 99두4686 판결.

제2절 독일 UWG상 이익형량

Ⅰ. 이익형량의 의의와 형량요소

판례는 UWG상 불공정성(Unlauterkeit)이 인정되어 위법한 것인가를 판단하기 위해서는 이익형량(Interessenabwägung)이 반드시 필요하다고 하였다.[90] 판사는 이익형량이라는 절차를 통해서 위법성을 확정(feststellung)한다고 한다.[91]

이익형량이란 법에서 보호가치가 있는 여러 이해관계자들의 충돌하는 이익에 대하여 '포괄적으로 전체적인 평가'(umfassende Gesamtwürdigung)를 하는 것을 의미한다. 이를 위해서는 법에서 보호가치가 있는 당사자들의 재산권과 이익, 구체적인 모든 상황들, 행위의 목적, 방법들, 행위의 효과들을 살펴보아야 한다. 평가에 있어서 연방대법원은 기본법적인 권리를 포함한 객관적인 것들을 고려하되, 행위자의 인식이나 동기와 같은 주관적인 것들은 고려하지 않도록 하였다.[92]

UWG는 2004년 개정 이후 법 제1조에서 경쟁자와 소비자, 시장참여자, 그리고 왜곡되지 않은 경쟁으로부터의 일반이익을 보호한다고 한다. 따라서 동법에서 금지하는 행위에 관한 형량요소로는 행위자의 자유라는 이익과 그로 인해 피해를 입은 피해자로서 경쟁자 또는 소비자, 시장참여자의 이익, 왜곡되지 않은 경쟁으로부터 보호받을 이익 등이 고려될 수 있다.

---

90) Harte-Bavendamm·Henning-Bodewig, a.a.O., Kapital 1. § 3 Rn. 144-145; Peter W. Heermann·Jochen Schlingloff, a.a.O.(2014), B. Kommentierung Teil Ⅳ § 3, Rn. 68.
91) Rolf Sack, a.a.O.(2016), S. 783.
92) Harte-Bavendamm·Henning-Bodewig, a.a.O., Kapital 1. § 1 Rn. 102, 110: BGH, I ZR 194/02, GRUR 2005, 778 - Atemtest; BGH, I ZR 96/04, WRP 2007, 951 - Auβendienstmitarbeiter; Sosnitza WRP 2008, 1014, 1016.

소비자의 이익은 2008년 법 개정 이후에는 유럽연합 '불공정상행위 지침'의 기준과 조화롭게 해석되었다. 위 지침은 합리적인 평균소비자 (average consumer)와 특별한 보호대상인 소비자들을 보호대상으로 삼았다. 소비자에 대한 피해는 ① 소비자의 선택권이 감소된 것인지, ② 가격이 인상되거나 산출량이 감소하여 소비자가 잠재적인 수요를 충족하지 못하는 것인지 또는 ③ 소비자들이 자유롭게 그리고 정보를 잘 받아 자신의 선호에 따라서 소비를 할 수 없는지 등을 고려하였다. 소비자의 이익은 단기간이 아니라, 누적적으로 장기간에 걸쳐 존재하는 경우에 인정되었다.[93]

법원은 소송을 제기한 자의 사익뿐만 아니라 경쟁이라는 공익도 보호하였다.[94] 2004년 법 개정 이후 법 제1조는 동법의 목적에 왜곡되지 않은 경쟁으로부터의 일반이익도 포함된다고 하면서, 그 밖의 공익은 형량요소로 고려되지 않았다. 왜곡되지 않은 경쟁으로부터의 일반이익은 문제의 행위가 경쟁자나 소비자에게 상당한 피해를 주지는 않더라도, 헌법질서에 충돌하는 경우 예외적으로 고려되었다. 그러한 경우란 인간의 존엄성이나 헌법이 보장하는 기본권으로서 자유권 등을 침해하는 것을 의미하였다.[95]

II. 이익형량방법론

1. 법의 목적에 따른 형량의 원칙

독일 연방대법원은 UWG상 위법성 판단에 있어서 충돌하는 이익을

---

93) Harte-Bavendamm·Henning-Bodewig, a.a.O., Kapital 1. § 3, Rn. 146-148.
94) Harte-Bavendamm·Henning-Bodewig, a.a.O., Kapital 1. § 1, Rn. 107.
95) Eike Ullmann, "Das Koordinatensystem des Rechts des unlauteren Wettbewerbs im Spannungsfeld von Europa und Deutschland", GRUR, 2003, S. 821.

형량하는 것은 법의 목적인 경쟁과의 관련 하에서 해석해야 한다고 하였다.[96] 2004년 법 개정 이후 법 제1조에서는 경쟁자와 소비자, 시장참여자, 왜곡되지 않은 경쟁으로부터의 일반이익을 보호하는 것을 목적으로 하였다. 동법은 시장에서의 근본적인 원칙으로서 개인들의 계약의 자유 또는 경쟁의 자유를 보호하여, 사업자들에게는 경쟁에 있어서 기회의 균등함을 보장하고, 소비자에게는 선택의 자유를 통한 소비자주권을 행사하도록 하며, 결과적으로 시장에서의 경쟁을 보호하였던 것이다.[97]

이러한 법의 목적에 비추어, 위법성 판단을 위한 이익형량은 충돌하는 이익들의 비중(Gewicht)을 헌법상 비례의 원칙에 따라서 고려해야 하였다. 불공정한 행위가 그 자체로 위법한 것은 아니지만, 경쟁자나 소비자, 시장참여자의 경쟁의 자유라는 이익을 상당히 침해하면 위법하게 되었다. 2015년 법 개정에 따라 불공정거래행위는 제3조 제1항의 일반조항에 따라서 금지될 수 있었는데, 법원은 구법상 상당성(spürbarkeit) 요건이 삭제되었음에도, 여전히 상당한 이익침해가 있는 행위만이 금지된다고 해석하였다. 그러한 경우는 원칙적으로 위법하고, '특별히 예외적인 경우'(besonderen Ausnahmefällen)에 한하여 정당한 사유가 인정되었다.[98] 법원은 정당한 사유를 고려함에 있어서 행위를 한 사업자가 더 적은 효과를 가져오는 방법으로 그의 목적을 달성할 수는 없었는지를 비례의 원칙에 따라서 고려하였다.[99]

---

96) Harte-Bavendamm·Henning-Bodewig, a.a.O., Kapital 1. § 1, Rn. 103-105: BGH, I ZR 224/98, GRUR 2001, 354, 356 - Verbandsklage gegen Vielfach -abnehmer.
97) Harte-Bavendamm·Henning-Bodewig, a.a.O., Kapital 1. § 4 Nr. 4 Rn. 260-261; Eike Ullmann, a.a.O., S. 821.
98) BGH GRUR 2013, 1161, 1167, Rn. 77 - Hard Rock Café.
99) Köhler·Bornkamm, a.a.O., UWG Kapital 1. § 3 Rn. 4.11: BGH GRUR 2004, 877 (879) - Werbeblocker, dazu Ladeur GRUR 2005, 559 (562).

2. 거래의 유형에 따른 형량방법

거래의 유형 즉 '사업자 간 거래'(B2B)와 '사업자와 소비자의 거래'(B2C)에 따라서 형량방법은 달라질 수 있다.[100] '사업자 간 거래'는 법 제3조 제1항의 일반조항에 따라 금지될 수 있다. 이러한 거래의 위법성 판단을 위한 이익형량에 있어서 한편에는 경쟁자나 시장참여자가 피해를 받는 이익, 왜곡된 경쟁으로부터의 침해된 일반이익을 두고, 다른 한편에는 행위 한 사업자의 자유를 형량해야 한다.[101] 전자의 이익이 상당히 침해되었다면 위법한 것으로 인정된다.

'사업자와 소비자의 거래'는 2008년 개정법부터 유럽연합 '불공정상행위 지침'에 따라서 소비자의 보호를 강화함에 따라, 소비자의 이익이 상당히 침해되는지만을 고려하게 되었다. 현행법 제3조 제2항의 소비자에 대한 일반조항은 소비자의 경제적 행동에 중대한 영향을 미칠 수 있는 행위를 불공정하다고 하는데, 소비자의 의사결정 능력이 '상당히' 침해되는지를 전반적으로 고려해야 한다.

3. 이익침해 양상에 따른 형량방법

문제의 행위의 불법성이 높을수록, 인정될 수 있는 정당한 사유는 제한적이다. 2004년 개정법 이후 UWG는 제4조부터 제7조에서 불공정한 행위의 유형을 구체적으로 예시하고 있다.

법 제4조a의 공격적인 거래행위는 괴롭힘이나 강요, 부당한 영향을 통해서 소비자의 선택의 자유를 침해하는 행위를 말한다. 괴롭힘이나 강요, 부당한 영향은 사적인 공간을 침해하거나 신체적이거나 심리, 또는 경제적인 압력을 가하여 소비자의 결정에 영향을 미치는 것이기에 행위

---

100) Peter W. Heermann·Jochen Schlingloff, a.a.O.(2020), Band. 1, B. Kommentierung Teil. UWG Kapital 1. § 3 Rn. 129.
101) Köhler·Bornkamm, a.a.O., UWG Kapital 1. § 4 Rn. 4.11.

의 불법성이 높다.

오인유발의 위험이 있는 광고라 하더라도 소비자의 거래결정에 영향을 미칠 사실을 정보 제공할 '정당한'(berechtigtes) 이익을 광고한 자가 가질 수 있다.[102] 그런데, 법 제5조 제1항에서는 오인유발행위란 소비자나 다른 시장참여자의 거래결정을 유발하는 행위를 불공정하다고 하면서, 사실이 아닌 진술이나 기만적인 정보를 포함하는 경우 오인유발적이라고 구체화하고 있다.

비교광고는 그러한 행위를 통해 소비자에게 이익을 주는 사업자의 이익과 경쟁자와 소비자에게 주는 불이익을 비교형량해야 한다.[103] 이러한 행위는 소비자에게 정보를 제공하여[104], 공급자 간의 경쟁을 촉진하는 긍정적인 효과도 가질 수 있기 때문이다. 그런데 2004년 개정을 통해 법 제6조 제2항에서는 불공정한 비교광고행위의 6가지 유형을 구체적으로 규정하고 있기에, 이에 해당하는 비교광고행위는 행위의 불법성이 높다.

---

102) Rolf Sack, "Irreführungsverbot und Interessenabwägung in der deutschen Rechtsprechung", GRUR, 2014, S. 614: BGH, GRUR 1996, 910 (912) - Der meistverkaufte Europas.

103) Harte-Bavendamm·Henning-Bodewig, a.a.O., Kapital 1. § 6 Rn. 194.

104) BGH, NJW 1968, 746 = LM § 1 UWG Nr. 194 = GRUR 1968, 443.

제3절 미국 FTC법 제5조상 이익형량

Ⅰ. 불공정한 경쟁방법의 이익형량

FTC법 제5조 (a) (1)의 전단 불공정한 경쟁방법의 위법성 판단에 있어서, 2015년 위원회는 성명서[105]를 발표하였다. 성명서는 위법성 판단에 있어서 소비자후생을 촉진하려는 반독점법상 공공정책을 주로 고려한다고 하면서, 합리의 원칙에 따라 경쟁이나 경쟁과정에 해를 야기하거나 할 가능성과 인식 가능한 효율성이나 사업상 정당화 사유를 형량해야 한다고 하였다. 하지만 형량의 방법은 언급하지 않았다.[106]

성명서를 만드는 것을 주도한 조슈아 라잇(Joshua D. Wright) 전 연방거래위원회 위원은 불공정한 경쟁방법의 위법성은 반독점법상 전통적인 합리의 원칙에 따라 인식 가능한 효율성(cognizable efficiencies)이 부족한 반경쟁적 행위가 소비자에게 피해가 되는지를 검토해야 한다고 하면서, 이러한 효율성이란 그 행위에 따른 고유한 것이고, 모호하지 않아야 한다고 하였다.[107]

그런데 2021.7. 위원회는 새로운 성명서를 발표하면서 2015년의 성명서를 폐기하였다. 새 성명서는 합리의 원칙에 의해 위법성을 판단하면 사안에 따라서 판사의 판단에 따라 결과가 달라지기 때문에 결과가 일관적이지 않고 예측가능성이 낮아지며, 법집행 비용이 증가한다고 비판하였다. 2022.11. '불공정한 경쟁방법의 적용범위에 대한 새로운 성명서'[108]에서는 불공정한 경쟁방법이란 "강압적, 착취적, 공모적, 남용적,

---

105) Statement of Enforcement Principles Regarding Unfair Methods of Competition Under Section 5 of the Federal Trade Commission Act.

106) James J. O'connell, "August surprise: The FTC's Section 5 Statement", 30-FALL Antitrust 5, 2015, p. 6.

107) Joshua D. Wright, Ibid(2013), p. 12.

기만적, 약탈적이거나 유사한 성격의 경제적 힘을 사용하고, 경쟁의 조건(competitive conditions)에 부정적인 영향을 미치는 경향"이 있는지만을 판단하도록 하였다. 따라서 불공정한 행위의 정당한 사유가 인정될 여지는 상당히 축소되었다.

II. 불공정하거나 기만적인 행위의 이익형량

FTC법 제5조 (a) (1) 후단의 불공정한 행위의 위법성 판단을, 1980년 불공정성에 관한 성명서[109]와 1994년 개정된 법 제5조 (n)는 소비자피해에 한정하였다. 이는 소비자에 대해 '상당한 피해를 줄 가능성이 있고'(likely to cause substantial injury), 그 피해를 소비자가 스스로 합리적으로 회피할 수 없으며, 소비자나 경쟁에 주는 이익을 상쇄할 수 없는 것이었다.

위 성명서는 불공정성을 판단함에 있어서 위법요소로서 소비자의 피해가능성과 긍정요소로서 소비자나 경쟁에 주는 이익을 비교형량하도록 하였다. 하지만 위원회는 불공정한 행위가 위법하지 않은 경우를 예외적인 것으로 보았다.[110] 이익형량에 있어서 핵심은 소비자후생 또는 소비자 피해에 있기 때문이었다.

한편, 법 제5조 (a) (1) 후단의 기만적인 행위의 위법성을 판단함에 있어서 1983년 위원회의 성명서[111]는 합리적인 소비자의 선택에 중요한 표시나 누락행위가 오인을 일으킬 가능성이 있다면, 소비자에게 피해를 줄 가능성이 있어 위법하다고 하였다. 소비자에게 상당히 기만적인 행위이라면 정당한 사유가 인정되기 어려웠다.

---

108) Policy Statement Regarding the Scope of Unfair Methods of Competition Under Section 5 of the Federal Trade Commission Act Commission, File No. P221202.

109) Commission Statement of Policy on the Scope of the Consumer Unfairness Jurisdiction.

110) Neil W. Averitt, Ibid(2013), p. 11.

111) FTC Policy Statement on Deception.

제4절 공정거래법의 개선

I. 비교법의 시사점

UWG는 2004년 개정법부터 제1조의 목적조항에서 명시한 바와 같이 불공정한 행위로부터 경쟁자와 소비자, 시장참여자, 왜곡되지 않은 경쟁으로부터의 일반이익을 보호목적으로 한다. 따라서 불공정한 행위를 한 사업자의 이익으로서 정당한 사유가 고려될 수 있는 여지는 제한적이다. 첫째로, 2004년 법 개정 이후 공익은 왜곡되지 않은 경쟁으로부터의 일반이익 외에는 고려되지 않았다. 둘째로, 2004년 법 개정 이후 법 제4조부터 제7조에서는 행위의 불법성이 높은 행위유형들을 구체화하였기 때문에, 정당한 사유가 인정될 여지가 더욱 제한되었다. 셋째로, 2008년 개정법 이후 유럽연합의 소비자보호 강화를 위한 '불공정상행위 지침'에 따라서 법 제3조 제2항의 경우 소비자이익이 상당히 저해되면 위법하게 되었다.

한편, FTC법 제5조 (a) (1)은 '불공정한 경쟁방법'과 '불공정'하거나 '기만적인' 행위를 금지한다. '불공정한 경쟁방법'에 대해서 2022.11. 발표된 성명서는 강압적이거나 착취적인 등의 경제적 힘을 사용하여 경쟁의 조건(competitive conditions)에 부정적인 영향을 미치는 경향이 있다면, 불공정하다고 하였다. 따라서 정당한 사유가 인정될 여지가 제한적이게 되었다. 또한 '불공정한' 행위나 '기만적인' 행위는 소비자 보호의 목적에 따라서 소비자에게 미치는 피해가 상당한 경우에 위법성이 인정된다. 그러한 경우 정당한 사유가 인정될 여지는 거의 없다.

II. 불공정거래행위의 형량요소

공정거래법상 불공정거래행위의 위법성은 행위 요건과 부당성 요건인 공정거래저해성이 인정되어야 한다. 부당성 판단을 위한 이익형량에 있어서 위법요소 또는 부정적인 요소는 경쟁자나 소비자, 시장참여자의 계약자유의 상당한 침해라는 불공정성으로 일원화하는 것이 적절하다.

불공정거래행위의 이익형량에 있어서 긍정적인 고려요소에 대하여, 공정위는 심사지침에서 행위 한 사업자의 이익으로서 사업상 필요성과 소비자후생이나 효율성 증대효과를 고려할 수 있다고 한다. 그와 달리 판례는 사업상 필요성과 공익 또는 국민경제적 차원의 바람직한 효과만을 고려하였다.

사업상 필요성은 행위 한 사업자의 자유로서 정당한 사유로 고려될 수 있다. 대법원은 "공정한 거래질서에 대한 침해의 우려가 있는 한 단순한 사업경영상의 필요나 거래상의 합리성 내지 필요성 유무는 불공정거래행위의 성립에 영향을 미칠 수 없다."고 하였다.[112] 하지만 대법원은 여러 판례에서 사업자의 사업상 필요성을 상당히 존중하여, 사업상 불가피한 사유뿐만 아니라 사업상 합리적인 사유 또는 필요한 사유들까지도 정당한 사유로 인정하기도 하였다.

소비자후생 증대효과는 경쟁이 촉진됨에 따른 결과로서 이해할 수 있고, 위법성 판단을 위한 이익형량 요소로는 소비자후생이 아니라 소비자의 이익을 고려하는 것이 적절하다. 또한 효율성 증대효과는 생산적 또는 동태적 효율성 증대효과를 의미하고, 개별사업자의 사업상 필요성 차원에서 고려할 수 있다. 국민경제적 차원에서의 효율성 증대효과는 공익으로 이해할 수 있다.

그런데 불공정거래행위가 불공정하다면, 소비자후생 증대효과나 개별사업자의 효율성 증대효과를 긍정적 형량요소로 고려하는 것은 적절

---

112) 대법원 2001.2.9. 선고 2000두6206 판결.

하지 않다. 공정위 심사지침과 달리, 판례에서도 이러한 효과를 정당한 사유로 고려하지 않았다. 불공정한 행위는 경쟁촉진에 따른 가격이나 산출량 변화로 소비자의 잉여를 증대시키는 것과 무관할 뿐만 아니라, 소비자후생이나 효율성 증대효과가 불공정한 행위의 문제를 상쇄할 수 없기 때문에, 정당한 사유로서 고려하기 어렵다.[113) 불공정거래행위를 금지하는 이유는 불공정한 행위로부터 계약자유를 상당히 침해받는 경우를 보호하는 데에 그 목적이 있기 때문이다.

대법원은 공익 또는 국민경제적 차원의 바람직한 효과를 예외적으로나마 위법성 판단에서 형량요소로 인정한 바 있다.[114) 공익은 공정거래법 제1조의 범위 안에서, 예외적으로만 고려하는 것이 적절하다.

III. 불공정거래행위의 이익형량 방법

1. 이익형량의 구조화의 필요성

불공정거래행위의 위법성 판단을 위한 이익형량에 있어서 대법원은 다수의 판결에서 여러 요소들을 종합하여 고려해야 한다고 하였을 뿐, 구체적으로 어떠한 방법으로 형량을 해야 하는지는 밝히지 않았다.

그와 달리, 헌법재판소는 2004년 '인천정유' 사건[115)에서 불공정거래행위의 위법성 판단을 위한 이익형량을 구조화하였다. 헌법재판소는 불공정거래행위를 규제하는 목적은 공정하고도 자유로운 거래질서를 확립하는 데 있으므로, 사업경영상의 필요성이라는 사유를 3단계로 세분화하여, 정당한 사유로 인정될 수 있는 정도를 달리 보았다. 그러면서 거

---

113) 그와 같은 견해는 홍대식, 앞의 글(2009), 116-119면 또는 홍명수, 앞의 글(2011-a), 238면.
114) 대법원 2001.12.11. 선고 2000두833 판결.
115) 헌법재판소 2004.6.24. 2002헌마496 전원재판부.

래거절을 당한 상대방의 사업활동이 계속 곤란하다면, "당해 거래거절을 하지 않으면 행위자가 곧 도산할 것이 확실하다고 판단되는 등의 사업경영상의 긴절한 필요성이 인정되는 경우"와 같이 예외적으로만 정당할 수 있다고 하였다.

이와 같이 불공정거래행위의 위법성 판단을 위한 이익형량은 구조화 또는 도그마틱(Dogmatik)화될 필요가 있다. 구체적인 사안의 위법성 판단에 있어서 어떠한 이익이 보다 높은 비중(Gewicht)을 가지고 실현되었는가에 대하여 그 판단 과정을 명확히 밝히고, 형량 방식에 대한 도그마틱을 형성할 필요가 있다.[116]

이를 통해 위법성 판단의 근거를 밝힘으로써, 그 판단의 타당성을 검토할 수 있다. 그러한 판단기준이 불공정거래행위를 금지하는 목적에 적합한지를 밝힘으로써 합목적성(Zweckmäßigkeit)을 달성하고, 수범자의 예측가능성도 도모할 수 있다.[117]

2. 형량에 있어서 우선순위의 이익

불공정거래행위의 위법성 판단을 위한 이익형량에 있어서 불공정성은 우선순위를 갖는다. 불공정의 문제를 금지하는 것은 계약자유를 실질적으로 보장함으로써 공정하고 자유로운 경쟁의 과정을 기능하게 하기 위함이기 때문이다. 따라서 정당한 사유로서 사업경영상 필요성[118]과 국민경제적 차원 또는 공익의 사유는 예외적으로만 고려하는 것이 적절하다.

불공정성의 양상에 따라서 이익형량의 방법도 달라지는 것이 적절하다. 강제성이나 위계와 같은 행위의 불법성이 높은 불공정거래행위유형들은 지위 남용·불이익행위 유형이나 거래상대방 선택의 자유침해행위 유형보다 정당한 사유가 인정될 여지가 더 제한적이어야 한다.

---

116) 박정훈, 앞의 책, 45면.
117) 박정훈, 앞의 글(2015), 48-49면; Franz Bydlinski, a.a.O., S. 95.
118) 홍명수, 앞의 글(2006), 205면; 홍명수, 앞의 글(2015), 54면.

제5장
결론

제1절 불공정성으로 부당성 판단기준의 일원화

Ⅰ. 계약자유의 상당한 침해 측면의 불공정성

불공정거래행위의 부당성 판단기준을 공정위는 2005년 심사지침에서부터 불공정성과 경쟁제한성으로 이원화하였다. 그와 달리 법원은 부당성 판단기준을 계약자유의 상당한 침해를 의미하는 불공정성으로 보았다. 불공정성은 사업자나 소비자, 시장참여자의 계약의 자유를 상당히 침해하여, 가격과 품질을 중심으로 하는 공정한 거래질서를 저해할 우려가 있는 것을 의미한다.[1] 공정거래법상 불공정한 행위를 금지하는 것은 계약자유를 상당히 침해받는 자의 이익을 보호함으로써 '과정으로서의 경쟁'을 보호하기 위함이다. 계약자유의 침해가 '상당한' 정도는 '정상적인 거래관행'에 벗어나서[2], 침해의 정도가 미미하지 않은 정도를 의미한다.

불공정성은 계약자유 침해의 양상에 따라서 행위의 불법성이 높은 '강제행위'와 '위계행위' 그리고 행위만으로는 불법성이 높지 않은 '지위남용·불이익에 관한 행위'와 '거래상대방 선택의 자유 침해행위'로 유형화할 수 있다.

따라서 2015년 개정 심사지침처럼 거래상 지위를 계속적인 거래관계에 있고 거래의존도가 상당한 경우로 제한하고, 대법원의 '금보개발' 판결[3]에 따라서 불특정 다수의 소비자 피해가 발생하는 경우로 불공정성의 범위를 제한하는 것은 적절하지 않다.

---

1) 대법원 2001.2.9. 선고 2000두6206 판결('대우자동차' 판결); 대법원 2006.5.26. 선고 2004두3014 판결('한국토지공사' 판결).
2) 대법원 2000.6.9. 선고 97누19427 판결('파스퇴르 유업' 판결) 등.
3) 대법원 2015.9.10. 선고 2012두18325 판결.

II. 불공정성으로 일원화의 필요성

불공정거래행위의 부당성 판단기준은 불공정성으로 일원화할 필요가 있다. 첫째로, 불공정거래행위의 유형에 따라 위법성 판단기준을 이원화하는 것은 계약의 자유를 실질적으로 보호할 필요가 있음에도 특정한 행위유형에 대해서는 불공정성의 문제만을, 다른 유형에 대해서는 경쟁제한성의 문제만을 고려하는 것이기 때문이다.

둘째로, 시장지배적 지위 남용행위와 불공정거래행위의 부당성 판단기준에 대한 중복과 혼선이 발생하고 있기에, 양자의 관계를 정리할 필요가 있다. 대법원은 '포스코' 판결[4]에서 불공정거래행위의 부당성 판단기준이 불공정성에 있고, 이는 시장지배적 지위 남용행위의 기준과 구분되어야 한다고 하였다.

셋째로, 수직적 비가격제한행위인 구속조건부거래 행위에 대해서 대법원은 경쟁에 미치는 영향을 부당성 판단의 한 요소로 고려하였다. 거래상대방에 대한 강제성이 있다면 불공정거래행위로 금지하고, 당사자간의 자발적인 합의에 의한 거래가 경쟁제한적이라면 시장지배적 지위 남용행위로 금지하는 것이 적절하다.

불공정성이란 계약의 자유를 상당히 침해하는 경우를 의미하기 때문에, 경쟁제한행위를 금지하는 것보다 금지의 폭이 더 넓기 때문에, 규제의 공백은 우려할 필요가 없다. 대신, 시장지배적 사업자의 범위를 넓히고, 남용행위의 경쟁제한성 판단기준을 경쟁저해성으로 완화하는 것이 적절하다.

입법론으로는 법 제45조 제1항 제3호의 경쟁자배제행위는 경쟁자 배제라는 효과 또는 결과를 의미하고, 시행령 [별표 2]에 따라 그에 해당하는 염매행위와 고가매입행위는 시장지배적 사업자가 아니라면 이루어지기 어렵기에, 삭제하는 것이 적절하다.

---

4) 대법원 2007.11.22. 선고 2002두8626 전원합의체 판결.

제2절 위법성 판단을 위한 이익형량의 구조화

Ⅰ. 불공정한 행위의 형량요소

불공정거래행위의 위법성은 행위요건과 부당성 요건인 공정거래저해성이 충족되어야 한다. 부당성 판단기준을 불공정성으로 일원화한다면, 이익형량의 긍정적 요소로는 헌법과 공정거래법 제1조에 근거하여 행위한 사업자의 사업상 필요성과 공익 또는 국민경제적 차원의 바람직한 효과를 고려할 수 있다. 경쟁 촉진에 따른 결과인 소비자후생 증대효과나 개별사업자의 효율성 증대효과는 불공정 문제를 상쇄할 수 없기에 형량요소로 고려하는 것이 적절하지 않다.

Ⅱ. 이익형량의 구조화의 필요성

불공정거래행위의 위법성 판단을 위한 이익형량에 있어서 판례는 여러 요소들을 종합적으로 고려하도록 할 뿐, 이익형량의 구체적인 방법은 제시하지 않았다. 이익형량의 방법을 구조화 또는 도그마틱(Dogmatik)화할 필요가 있다. 이를 통해 위법성 판단이 어떠한 기준에 의해 이루어진 것인지를 명확하게 밝힘으로써 그 판단의 타당성과 합목적성, 예측가능성을 도모할 필요가 있다.

불공정거래행위의 이익형량에 있어서 불공정성은 우선순위에 있고, 정당한 사유로서 사업상 필요성이나 공익적 사유는 예외적으로 고려되어야 한다. 계약자유의 침해 양상이 강제나 위계로 인해 행위의 불법성이 높다면 정당한 사유는 더 제한적으로 인정되어야 한다.

참고문헌

Ⅰ. 국내문헌

1. 단행본

권오승, 공정거래와 법치, 법문사, 2004.
_____, 독점규제법 30년, 법문사, 2011.
_____역, 리트너 저, 독일경쟁법, 법문사, 1997.
_____·서정, 독점규제법(제5판), 법문사, 2022.
_____·홍명수, 경제법(제14판), 법문사, 2021.
김성천·김형준, 형법총론(제6판), 동현출판사, 2014.
남천 권오승 교수 정년기념논문집 간행위원회, 시장경제와 사회조화 남천 권오
    승 교수 정년논문집, 법문사, 2015.
박귀련, 불공정한 법률행위, 우리글, 2010.
박정훈, 행정법의 체계와 방법론, 박영사, 2005.
서울대학교 경쟁법센터, 공정거래법의 쟁점과 과제, 법문사, 2010.
신동권, 독점규제법(제3판), 박영사, 2020.
신현윤, 경제법(제8판), 법문사, 2020.
이봉의, 공정거래법, 박영사, 2022.
_____, 독일경쟁법, 법문사, 2016.
이호영, 독점규제법(제6판), 홍문사, 2020.
정상조, 부정경쟁방지법 원론, 세창출판사, 2007.
정호열, 경제법(제7판), 박영사, 2022.
황의창, 부정경쟁방지법 및 영업비밀보호법(제3정판), 세창출판사, 2004.
황적인·권오승, 경제법, 법문사, 1984.

2. 논문

강희원, "아리스토텔레스의 정의론에 비추어 본 '법이념으로서의 정의'", 법철학
    연구 제6권 제2호, 2003.
권순희, "전통적 법해석방법과 법률해석의 한계", 법학연구 제4권 제1호, 2009.

권영준, "계약법의 사상적 기초와 그 시사점", 저스티스 통권 제124호, 2011.
_____, "민사재판에 있어서 이론, 법리, 실무", 서울대학교 법학 제49권 제3호, 2008.
_____, "초상권 및 사생활의 비밀과 자유, 그리고 이익형량을 통한 위법성 판단", 민사판례연구 제31권, 2009.
권오승, "계약자유와 계약공정", 계약법의 제문제(사법연구), 1987.
_____, "계약자유와 소비자보호", 서울대학교 법학 제42권 제2호, 2001.
_____·이민호, "경쟁질서와 사법상의 법률관계", 비교사법 제14권 제1호, 2007.
김도균, "공정으로서의 정의관에서 본 남녀평등", 법철학연구 제5권 제2호, 2002.
_____, "법적 이익형량의 구조와 정당화문제", 서울대학교 법학 제48권 제2호, 2007.
_____, "한국 법질서와 정의론: 공정과 공평, 그리고 운의 평등", 서울대학교 법학 제53권 제1호, 2012.
김상겸, "우리헌법상의 경제질서와 기업의 자유에 관한 연구", 영산법률논총 제3권 제2호, 2006.
김상중, "공정질서와 민사법의 역할", 법과정책연구 제11권 제3호, 2011.
김성훈, "미국 연방거래위원회법 제5조의 해석 동향", 공정거래법의 쟁점과 과제, 서울대학교 경쟁법센터, 2010-a.
_____, "배타조건부 거래의 위법성 요건", 법학논고 제32집, 2010-b.
김영호, "불공정거래행위에 관한 연구", 서울대학교 박사학위 논문, 1986.
김용상·Pete Levitas, "FTC법 제5조 관련 논란", 경쟁저널 제173호, 2014.
김재형, "계약의 공정성 확보 방안 연구", 법무부 용역보고서, 2014.
김치걸, "미국 FTC법 제5조와 셔먼법 제2조간의 관계", 경쟁저널 제157호, 2011.
문선영, "부정경쟁행위 일반조항에 관한 주요 법적 쟁점 연구", 과학기술법연구 제22권 제1호, 2016.
박윤석·안효질, "독일 부정경쟁방지법 최근 개정 동향", 저스티스 통권 제157호, 2016.
박정훈, "행정법과 법해석-법률유보 내지 의회유보와 법형성의 한계-", 행정법연구 제43호, 2015.
박준석, "우리 부정경쟁방지법의 법적 성격-공정거래법과의 관계를 중심으로-", 산업재산권 제69호, 2021.
배진영, "오스트리아 학파의 관점에서 본 시장경제질서에서 경쟁과 독점의 의미", 질서경제저널 제11권 제1호, 2008.
변동열, "거래상 지위의 남용행위와 경쟁-대법원 2000.6.9. 선고 97누19427 판결-",

저스티스 제34권 제4호, 2001.

서정, "불공정거래행위의 사법상 효력", 민사판례연구 제31권, 박영사, 2009.

____, "사적 거래행위에 대한 규제와 경제적 효율성", 고학수·허성욱 편, 경제적 효율성과 법의 지배, 박영사, 2009.

성낙현, "인적 불법론에서의 불법내용", 영남법학 통권 제31호, 2010.

성준호, "민법 제104조 불공정한 법률행위에 관한 연구", 민사법학 제55권 제1호, 2011.

손영화, "기업결합규제와 효율성항변", 경제법연구 제10권 제1호, 2011.

송정원, "「불공정거래행위 심사지침」 제정배경 및 내용해설", 시장경제월보 제1호, 시장경제연구원, 2005.

신영수, "가격차별에 대한 정당성 항변의 허용기준", 경쟁저널 제139호, 2008.

____, "거래공정화 규제체계상 '대리점법'의 지위와 역할", 경쟁법연구 제35권, 2017.

____, "거래상 지위남용 규제 법리의 형성과 전개", 상사판례연구 제28집 제1권, 2015.

____, "독점규제법의 목적에 관한 재고", 법학논고 제37호, 2011.

____, "부당염매의 위법성 판단기준에 관한 소고-대법원의 견해에 대한 비판적 검토를 중심으로-", 법학논문집 제30권 제1호, 2006.

심재한, "경제법과 공정거래법 및 私法의 관계", 경제법연구 제8권 제1호, 2009.

____, "공정거래법상 불공정거래행위에 대한 연구", 안암법학 제27권, 2008.

____, "독일의 개정 부정경쟁방지법 고찰", 경영법률 제16권 제1호, 2005.

____, "반트러스트법 집행에 관한 연구-소비자보호관련 법제를 중심으로-", 경제법연구 제12권 제1호, 2013.

심헌섭, "법의 효력과 실효성", 서울대학교 법학 제44권 제4호, 2003.

안경환, "미국헌법의 구도", 서울대학교 법학 제31권 제1호, 1990.

안동준, "형법전 시행 이후의 위법성에 관한 학설과 판례", 형사법연구 제18권, 2002.

안병한, "불공정거래행위규제에 대한 발전적 입법론에 대하여", 경쟁저널 제150호, 2010.

안춘수, "민법상의 위법성", 비교사법 제23권 제3호, 2016.

오성환, "불공정거래행위의 유형 및 기준고시 개정배경과 내용", 공정경쟁 제3호, 1995.

오세혁, "켈젠의 법이론에 있어서 규범과 가치", 법철학연구 제18권 제3호, 2015.

오승한, "독점규제법상 공동행위에 대한 위법성 판단 방법의 문제", 경쟁법연구 제20권, 2009.

_____, "배타조건부 거래를 포함하는 시장선점·봉쇄전략에 대한 단계별 위법성 판단절차", 비교사법 제17권 제4호, 2010.

유주선, "독일 부정경쟁방지법상 부당한 영업행위에 대한 논의", 경제법연구 제10권 제2호, 2011.

윤영미, "힘의 불균형과 계약에 미치는 기본권의 효력", 헌법학연구 제17권 제3호, 2011.

이경현, "불공정거래행위에 관한 비교법적 연구", 이화여자대학교 박사학위논문, 1991.

이기상, "아리스토텔레스의 윤리학에 있어서의 정의", 한국시민윤리학회보 제1집, 1988.

이기종, "기만적 표시·광고의 규제", 경제법연구 제10권 제2호, 2011.

_____, "불공정거래행위의 위법성 판단기준으로서의 경쟁제한성과 불공정성", 경제법연구 제14권 제1호, 2015.

이동진, "공서양속과 계약 당사자 보호", 서울대학교 박사학위논문, 2011.

_____, "불륜관계의 상대방에 대한 유증과 공서양속", 비교사법 제13권 제4호, 2006.

이문지, "미국 연방거래위원회법 제5조에 의한 소비자 개인정보 보호", 경영법률 제27권 제1호, 2016.

_____, "미국 연방거래위원회법 제5조와 불공정거래행위 금지의 법리", 안암법학 제5호, 1997.

_____, "불공정거래행위 규제의 문제점과 보완방안", 기업법연구 제5집, 2000.

_____, "불공정거래행위의 규제와 경제적 효율성", 규제연구 제8권 제1호, 1999.

이민호, "거래상 지위의 남용행위와 거래질서", 경쟁법연구 제34권, 2016.

이봉의, "경제적 동일체이론과 공동의 시장지배에 관한 소고", 경제법판례연구 제5권, 법문사, 2008-a.

_____, "공정거래법상 공동행위의 부당성과 '특별한 사정'", 인권과 정의 제430호, 2012.

_____, "공정거래법상 방해남용의 위법성 판단기준", 법조 제565호, 2003.

_____, "공정거래법상 방해남용의 해석과 경제적 접근방법", 남천 권오승 교수 정년기념논문집: 시장경제와 사회조화, 법문사, 2015-a.

_____, "공정거래법상 부당한 사업활동방해의 경쟁제한성 판단", 경제법판례연구 제10권, 법문사, 2017-a.

_____, "공정거래법상 수직적 비가격 제한행위의 금지", 경쟁저널 제104호,

2004-a.

_____, "공정거래법상 저가입찰의 '부당염매' 해당요건", 상사판례연구 제13권, 2002.

_____, "공정거래법상 특수관계인에 대한 이익제공의 '부당성'에 관한 해석방법론", 선진상사법률연구 제81권, 2018.

_____, "공정거래법의 목적과 경쟁제한행위의 위법성", 경제법판례연구 제1권, 법문사, 2004-b.

_____, "독점규제법상 부당지원행위", 경쟁법연구 제27권, 2013.

_____, "독점적 사업자의 끼워팔기: 마이크로소프트사(MS)의 지위남용을 중심으로", 법과사회 제27호, 2004-c.

_____, "불공정거래행위의 위법성-계약질서의 관점에서", 권오승 편, 공정거래와 법치, 법문사, 2004-d.

_____, "유통분야 불공정거래행위에 대한 제재의 재구성", 경쟁법연구 제35권, 2017-b.

_____, "질서정책적 과제로서의 경쟁-과거와 미래", 경쟁법연구 제23권, 2011.

_____, "특수관계인에 대한 부당한 이익제공의 금지-입법취지와 도그마틱의 조화라는 관점에서-", 경쟁법연구 제31권, 2015-b.

_____, "포스코판결과 방해남용의 향방", 경쟁저널 제140호, 2008-b.

_____, "표시·광고법상 비교광고의 주요 쟁점", 경쟁과 법 제8호, 2017-c.

이선희, "거짓·과장의 표시·광고에 있어서 부당성 판단", 경쟁과 법 제8호, 2017.

_____, "공정거래법상 사익편취행위 규제의 쟁점 검토", 성균관법학 제30권 제3호, 2018.

이승진, "공정거래법상 공동행위의 위법성 판단에 관한 연구", 연세대학교 박사학위논문, 2014.

_____, "부당성을 중심으로 한 공동행위 규제의 재검토", 경제법연구 제14권 제2호, 2015.

이승택, "우리 공정거래법상의 부당성의 의미 및 그 법률상 지위: 대법원 판례를 중심으로", 사법논집 제49집, 2009.

이용식, "형법에 있어서의 이익형량", 서울대학교 법학 제48권 제2호, 2007.

이용인, "불법행위에서의 손해배상 범위에 관한 연구", 고려대학교 박사학위논문, 2006.

이정원, "구성요건적 결과와 결과에 대한 인식", 법학논총 제16권 제1호, 2009.

이종은, "공정으로서의 정의와 롤스의 계약론", 사회과학연구 제27권 제2호, 2015.

이창훈, "기업의 자유에 관한 헌법적 연구", 서울법학 제22권 제3호, 2015.

이호영, "경쟁법과 불공정경쟁행위의 관계에 관한 비교법적 연구", 법학논총 제33권 제1호, 2016.

＿＿＿, "공정거래법상 사업활동방해의 공정거래저해성", 경쟁법연구 제32권, 2015.

＿＿＿, "수직적 거래제한의 규제", 권오승 편, 공정거래와 법치, 법문사, 2004.

이황, "공정거래법에서 '거래상 지위'의 개념과 판단기준", 법제연구 제51호, 2016.

＿＿＿, "불공정거래행위 중 끼워팔기에 관한 소고-대법원 2006.5.24. 선고 2004두3014 판결을 대상으로-", 경쟁법연구 제14권, 2006.

＿＿＿, "불공정거래행위로서의 거래거절행위의 위법성, 그 본질과 판단기준-판례를 중심으로-", 경제법연구 제9권 제2호, 2010.

임석원, "위법성조각사유의 경합과 정당방위의 한계", 법조 제62권 제2호, 2013.

정성무, "대규모유통업법의 체계적 정합성에 대한 검토", 남천 권오승 교수 정년기념논문집, 법문사, 2015.

정영일, "목적론적 행위론의 형법철학적 의미", 형사법연구 제19권 제3호, 2010.

정재훈, "거래상 지위 남용 규제에서 거래질서와 적용 범위의 문제: 대법원 2015. 9. 10. 선고 2012두18325 판결 (금보개발 사건)", 경쟁저널 제186호, 2016.

＿＿＿, "공정거래법상 불공정거래행위 개편 방안에 관한 고찰", 법학논집 제23권 제3호, 2019.

정주미, "가맹사업법상 규제의 대리점법 도입의 적절성-정보제공, 계약의 갱신·해지, 단체구성·교섭 측면을 중심으로-", 경쟁법연구 제40권, 2019.

＿＿＿, "공정거래법상 배타조건부거래 행위의 위법성 판단기준", 법학연구 제23권 제1호, 2020.

＿＿＿, "미국 연방거래위원장 리나 칸의 주장들로부터 얻은 온라인 플랫폼 규제에서의 시사점", 유통법연구 제9권 제2호, 2022-a.

＿＿＿, "특수관계인에 대한 부당한 이익제공행위의 부당성 요건", 법과 기업 연구 제12권 제2호, 2022-b.

정하명, "미국법에서의 공법과 사법의 구별", 공법연구 제37권 제3호, 2009.

정호열, "불공정거래행위의 금지", 권오승 편, 공정거래법 강의Ⅱ, 법문사, 2000.

조성국, "미국 카르텔 규제법리의 발전과 우리나라에 주는 시사점", 중앙법학 제9집 제1호, 2007.

＿＿＿, "미국의 경쟁 소비자법·제도 및 사건처리절차 연구", 공정위 용역보고서, 2015.

＿＿＿, "시장지배적지위 남용행위에 대한 위법성 판단기준에 관한 연구-최근 대법원 판결을 중심으로-", 경쟁법연구 제19권, 2009.

조혜신, "경쟁법의 목적으로서의 '효율성'(Efficiency)에 대한 법철학적 검토", 가천
　　법학 제7권 제3호, 2014.
_____, "독점규제법상 방해남용에 관한 연구", 서울대학교 박사학위논문, 2011.
_____, "독점규제법상 방해남용의 부당성 판단기준", 경쟁법연구 제24권, 2011.
주진열, "독점규제법상 거래상 지위남용 조항의 적용 범위에 대한 비판적 고찰",
　　고려법학 제78호, 2015.
차성민 역, Fritz Rittner 저, "경쟁의 세 가지 기본문제", 서울대학교 경쟁법센터,
　　공정거래법의 쟁점과 과제, 법문사, 2010.
하헌주, "독일 경쟁법(Wettbewerbsrecht)의 위상과 체계", 비교법학 제16권, 2005.
허일태, "형법학에서 위법과 불법", 법학논총 제35권 제2호, 2015.
홍대식, "공정거래법상 불공정거래행위의 위법성 판단기준에 대한 재검토-경쟁
　　질서와의 관련성을 중심으로", 경쟁법연구 제37권, 2018.
_____, "공정거래법상 위계에 의한 고객유인행위 판단의 법리", 경쟁법연구 제
　　36권, 2017.
_____, "공정거래법상 특수관계인에 대한 부당이익제공행위의 의미 및 판단기
　　준", 비교사법 제21권 제1호, 2014.
_____, "배타조건부거래행위, 경쟁제한성 기준인가, 강제성 기준인가?", 법조 제
　　60권 제10호, 2011.
_____, "부당지원행위의 부당성 판단에서의 사업경영상 필요성의 지위와 역할",
　　경쟁법연구 제24권, 2011.
_____, "불공정거래행위와 공서양속", 비교사법 제14권 제1호, 2007.
_____, "불공정거래행위의 위법성 판단기준에 대한 재검토", 법·경제분석그룹
　　(LEG) 연구보고서, 공정거래조정원, 2009(상반기).
_____, "사법적 관점에서 본 불공정거래법-시장지배적 지위남용행위를 중심으
　　로-", 상사법연구 제27권 제2호, 2008.
_____, "사법적 관점에서 본 불공정거래행위", 경쟁법연구 제18권, 2008.
_____, "시장지배적 지위 남용행위의 판단기준 개선방안", 경쟁법연구 제21권,
　　2010-a.
_____, "우월적 지위의 남용행위의 위법성 판단기준", 경쟁법연구 제7권, 2001.
_____, "유럽연합(EU)의 불공정한 상관행 지침", 서울대학교 경쟁법센터 편, 공
　　정거래법의 쟁점과 과제, 법문사, 2010-b.
홍명수, "'계열회사를 위한 차별'의 법리적 고찰", 경제법판례연구 제3권, 법문사,
　　2006.
_____, "공정거래법상 부당 고객유인행위 규제에 관한 대법원 판결 검토", 행정

법연구 제31호, 2011-a.

_____, "독점규제법상 기업결합의 규제체계와 효율성 항변에 대한 고찰", 비교
사법 제14권 제1호, 2007.

_____, "독점규제법상 차별적 취급", 비교사법 제12권 제2호, 2005.

_____, "불공정거래행위 규제의 의의와 개선 논의의 기초", 안암법학 제45호,
2014.

_____, "불공정거래행위에 관한 대법원 판결 분석(2010)-거래상 지위남용 사건을
중심으로-", 경쟁법연구 제23권, 2011-b.

_____, "불공정거래행위의 유형에 따른 위법성 판단", 경희법학 제50권 제3호,
2015.

_____, "시장지배적 지위남용행위와 불공정거래행위의 관계와 단독행위 규제체
계의 개선", 경쟁법연구 제33권, 2016.

_____, "Microsoft 사건에서 나타난 끼워팔기(tying)의 경쟁법적 검토", 정보법학
제8권 제2호, 2004.

황태희, "거래상 지위 남용으로서의 불이익제공행위의 부당성", 서울대학교 경쟁
법센터 편, 공정거래법의 쟁점과 과제, 법문사, 2010.

_____, "공정거래법상 거래상 지위남용행위의 법리", 선진상사법률 제81호,
2018.

_____, "부당한 고객유인행위의 법적 검토", 경쟁법연구 제18권, 2008.

II. 영문문헌

1. 단행본

ABA, Antitrust Law Development(Seven Edition), Volume I, Section of Antitrust Law,
2012.

____, Antitrust Law Development(Sixth Edition), Volume I, Section of Antitrust Law,
2007-a.

____, Antitrust Law Development(Sixth Edition), Volume II, Section of Antitrust Law,
2007-b.

Adi Ayal, Fairness in Antitrust-Protecting the Strong from the Weak, Hart Publishing, 2014.

Anthony J. Nicholls, Freedom with responsibility: the Social market economy in

Germany 1918-1963, Oxford, 2000.

Alan Peacock·Hans Willgerodt, German Neo-liberals and the social market economy, Trade Policy Research Centre, 1989.

Alison Jones·Brenda Sufrin, EC Competition Law: Text, Cases & Materials(Third Edition), Oxford, 2008.

Daniel Zimmer, The goals of Competition law, Edward Elgar, 2012.

David J. Gerber, Law and Competition in Twentieth Century Europe, Oxford University Press, 2001.

Ekaterina Rousseva, Rethinking Exclusionary Abuses in EU Competition law, Oxford and Portland, 2010.

Herbert Hovenkamp, Federal Antitrust Policy, WEST, 2011

Horst Friedrich Wünsche·Wolfgang Stützel·Derek Rutter, Standard Text on the social market economy: two centuries of discussion, Stuttgart: Fischer, 1982.

Pinar Akman, The Concept of Abuse in EU Competition Law, Hart Publishing, 2015.

Peter Koslowski, The social market economy: theory and ethics of the economic order, Ethical Economy, 1998.

Reto M. Hilty, Law Against Unfair Competition-Towards a New Paradigm in Europe?, Springer, 2007.

Richard A. Posner, Antitrust Law(Second Edition), University Of Chicago Press, 2001.

Robert H. Bork, The Antitrust Paradox, Free Press, 1978.

Robert O'Donoghue & Jorge. A. Padilla, The Law and Economics of Article 102 EC, Hart Publishing, 2006.

2. 논문

Abayomi Al-Ameen, "Antitrust pluralism and justice", Daniel Zimmer, The goals of Competition law, Edward Elgar, 2012.

Alfred E. Kahn, "Standards for Antitrust Policy", 67 Harvard law review 28, 39, 1953.

Anca Daniela Chiriță, "Legal interpretation and practice versus legal theory", Daniel Zimmer, The goals of Competition law, Edward Elgar, 2012.

Angela Ortega González, "Restrictions by object and the appreciability test: the Expedia case, a surprising judgment or a simple clarification?", European Competition Law Review, 2013.

Barak Orbach, "How Antitrust lost its goal", Fordham law review, 2013-b.

_____, "Symposium the goals of Antitrust foreword: Antitrust's pursuit of purpose", Fordham law review, 2013-a.

_____, "Was the Crisis in Antitrust a Trojan horse?", 79 Antitrust law journal 881, 2014.

Daniel A. Crane, "Robert Bork and the goals of Antitrust policy", 79 Antitrust law journal 835, 2014.

Daniel Zimmer, "The basic goal of competition law: to protect the opposite side of the market", Daniel Zimmer, The goals of Competition law, Edward Elgar, 2012.

Darren Bush, "Too BIG to bail: The role of Antitrust in distressed industries", Symposium: The Effect of Economic Crises on Antitrust Policy, 77 Antitrust law journal 277, 2010.

David J. Gerber, "Constitutionalizing the Economy: German Neoliberalism, Competition Law and the 'New' Europe", 42 The American journal of Comparative law 25, 1994.

Edward S. Mason, "The Current Status of the Monopoly Problem in the United States", 62 Harvard law review, 1949.

_____, "Monopoly in Law and Economics", 47 Yale law review 34, 1937.

Eleanor M. Fox, "Against goals", Fordham law review, 2013.

_____, "The Modernization of Antitrust: A New Equilibrium", 66 Cornell law review, 1981.

Ernest Gellhorn, "Trading stamps, S & H, and the FTC's unfairness doctrine", Duke law journal, 1983.

Frank H. Easterbrook, "The Limits of Antitrust", 63 Texasl law review 1, 2, 1984.

Frauke Henning-Bodewig, "A New Act Against Unfair Competition in Germany", Industrial Internet Consortium(IIC), 2005.

George L. Priest, "Bork's strategy and the influence of the Chicago school on modern antitrust law", 57 The journal of law and economics S1, 2014.

Gregory J. Werden, "Antitrust's rule of reason: only competition matters", 79 Antitrust law journal 713, 2014.

_____, "Remedies for exclusionary conduct should protect and preserve the competitive process", 76 Antitrust law journal 65, 2009.

Harry S. Gerla, "Competition on the merits-A sound industrial policy for Antitrust law", 36 Florida law review 553, 1984.

Heike Schweitzer, "Efficiency, political freedom and the freedom to compete - comment on Maier-Rigaud", Daniel Zimmer, The goals of Competition law, Edward Elgar, 2012.

Herbert Hovenkamp, "Antitrust and the costs of movement", 78 Antitrust law journal 67, 2012.

_____, "Antitrust Policy After Chicago", 84 Michigan law review, 1985.

_____, "Implementing Antitrust's welfare goals", Fordham law review, 2013.

J. Howard Beales, "Brichtening the lines: The use of policy statements at the Federal trade commission", Federal Trade Commission 90th Anniversary Symposium, 72 Antitrust law journal 1057, 2005.

James J. O'connell, "August surprise: The FTC's Section 5 Statement", 30-FALL Antitrust 5, 2015.

John DeQ. Briggs·Daniel J. Matheson, "The Supreme court's 21st century Section 2 jurisprudence: penelope or thermopylae?", 11 The Sedona Conference journal 137, 2010.

Joseph F. Brodley, "The Economic Goals of Antitrust: Efficiency, Consumer Welfare, and Technological Progress", 62 New York University law review 1020, 1987.

Joshua D. Wright, "Proposed Policy Statement Regarding Unfair Methods of Competition Under Section 5 of the Federal Trade Commission Act", Federal Trade Commission, 2013.

_____·Angela Diveley, "Unfair Methods of Competition After the 2015 Commission Statement", George Mason University Legal Studies Research Paper Series, 2015.

Laura Parret, "The multiple personalities of EU competition law: time for a comprehensive debate on its objectives", Daniel Zimmer, The goals of Competition law, Edward Elgar, 2012.

Lina Khan, "Amazon's Antitrust Paradox", 126 Yale Law Journal 710, 2017.

_____, "The Ideological Roots of America's Market Power Problem", 127 Yale Law Journal Forum 960, 2018.

Louis Kaplow, "On the choice of welfare standards in competition law", Daniel Zimmer, The goals of Competition law, Edward Elgar, 2012.

_____·Steven Shavell, "Fairness versus Welfare", Harvard law review, 2001.

_____, "Fairness versus Welfare: Notes on the Pareto Principle, Preferences, and Distributive Justice", Journal of Legal Studies 32, 2003.

Maureen K. Ohlhausen, "Section 5 of the FTC Act: principles of navigation", Journal of
    Antitrust Enforcement, 2013.

Maurice E Stucke, "A Response To Commissioner Wright's Proposed Policy Statement
    Regarding Unfair Methods Of Competition", CPI Antitrust Chronicle, 2013.

_____, "Should Competition Policy Promote Happiness?", 81 Fordham law
    review, 2013.

_____, "What is competition?", Daniel Zimmer, The goals of Competition
    law, Edward Elgar, 2012.

Mathew W. Sawchak & Kip D. Nelson, "Defining unfairness in 'Unfair trade practices'",
    90 North Carolina law review 2033, 2011-2012.

Meinrad Dreher, "The formation and development of EU competition law", 경쟁법의
    국제기준과 국내기준(제2차 국제학술대회), 서울대학교 경쟁법센터·한
    국경쟁법학회, 2015.

Michael E. Debow, "The social costs of populist Antitrust: A public choice perspective",
    14 Harvard journal of law and public policy, 1991.

Michael Kling, "The formation and development of EU competition law", 경쟁법의 국
    제기준과 국내기준(제2차 국제학술대회), 서울대학교 경쟁법센터·한국
    경쟁법학회, 2015.

Michal S Gal·Eram Fish, "Antitrust pluralism and justice-comment on Al-Ameen",
    Edward Elgar, 2012.

Neil W. Averitt, "The elements of a Policy Statement on Section 5", Antitrust Source,
    2013.

_____, "The meaning of Unfair Acts or Practices in Section 5 of the Federal
    Trade Commission Act", The Georgetown law journal, 1981.

Oles Andriychuk, "Dialectical Antitrust: An Alernative Insight into the Methodology of
    the EC Competition Law Analysis in a Period of Economic Downturn",
    European Competition Law Review, 2010.

_____, "Thinking inside the box: why competition as a process is a sui
    generis right-a methodological observation", Daniel Zimmer, The goals of
    Competition law, Edward Elgar, 2012.

Robert Davis, "One step on the road to clarity: The 2015 FTC Statement on Unfair
    methods of competition", Antitrust Source, 2016.

Robert H. Bork, "Legislative Intent and the Policy of the Sherman Act", 9 The journal
    of law and economics 7, 26, 1966.

Robert H. Launde, "A traditional and textualist analysis of the goals of Antitrust: Efficiency, preventing theft from consumers, and consumer choice", Fordham law review, 2013.

_____, "Chicago's false foundation: Wealth transfers(not just efficiency) should guide Antitrust", 58 Antitrust law journal 631, 1989.

_____, "FTC v. Intel: Applying the 'Consumer Choice' Framework to 'Pure' Section 5 Allegations", The CPI Antitrust Journal, 2010.

_____, "Wealth Transfers As the Original and Primary Concern of Antitrust: The Efficiency interpretation Challenged", 34 Hastings law journal 65, 1982.

Robert Pitofsky, "The political contest of Antitrust", 127 University of Pennsylvania law review, 1979.

Sonya Margaret Willimsky, "Aspects of unfair competition law in Germany", European Competition Law Review, 1996.

Stephen Calkins, "FTC Unfairness: An Essay", 46 Wayne law review 1935, 2000.

Steven C. Salop, "Exclusionary conduct, effect on consumers, and flawed profitsacrifice standard", 73 Antitrust law journal 311, 2006.

Thibault Schrepel, "Section 5 of the FTC Act through European guidelines", European Competition Law Review , 2014.

Thomas Dahdouh, "Section 5, The FTC and its critics: Just who are the radicals here?", Competition the Journal of the Antitrust and Unfair Competition Law Section of the State Bar of Cal, 2011.

William E. Kovacic·Marc Winerman, "Competition policy and the application of Section 5 of the Federal trade commission act", 76 Antitrust law journal 929, 2010.

III. 독문문헌

1. 단행본

Erich Hoppmann, Behinderungsmi β brauch-Die Entwicklung von per-se Verboten für markbeherrschende Unternehmen, J.C.B. Mohr (Paul Siebeck), 1980.

FIW, Wettbewerbspolitik und Kartellrecht in der Marktwirtschaft: 50 Jahre FIW, Carl Heymanns Verlag, 2010.

Franz Bydlinski, Grundzüge der juristischen Methodenlehre: Bearbeitet von Peter Bydlinski(2. Auflage), UTB GmbH, 2012.

Harte-Bavendamm·Henning-Bodewig, UWG(4. Auflage), C.H.Beck, 2016.

Helmut Köhler, Wettbewerbs- und kartellrechtliche Kontrolle der Nachfragemacht, Verlagsgesellschaft Recht und Wirtschaft GmnH, 1979.

Ingo Schmidt, Wettbewerbspolitk und Kartellrecht, Oldenbourg Wissenschaftsverlag, 2012.

Jeong-Hoon Park, Rechtsfindung im Verwaltungsrecht, Schriften zum Öffentlichen Recht; SÖR 805, Duncker & Humblot GmbH, 1999.

Knut Werner Lange·Thorsten Pries, Einführung in das europäische und deutsche Kartellrecht, Verlag Recht und Wirtschaft am Main, 2011.

Köhler·Bornkamm, UWG(35. Auflage), C.H.Beck, 2017.

Loewenheim·Meessen·Riesenkampff·Kersting·Meyer-Lindemann, Kartellrecht(3. Auflage), C.H.Beck, 2016.

Ohly·Sosnitza, UWG(7. Auflage), C.H.Beck, 2016.

Oliver Lepsius, Verwaltungsrecht Unter Dem Common Law: Amerikanische Entwicklungen Bis Zum New Deal(German Edition), Mohr Siebeck, 1997.

Peter W. Heermann·Jochen Schlingloff, Münchener Kommentar zum Lauterkeitsrecht (UWG)(2. Auflage), Band 1, C.H.Beck, 2014.

_____, Münchener Kommentar zum Lauterkeitsrecht(3. Auflage), Band 1, 2020.

Rittner·Dreher·Kulka, Wettbewerbs- und Kartellrecht, C.F.Müller, 2014.

Thomas Paul, Behinderungsmissbrauch nach Art.82 EG und der 'more economic approach', FIW-Schriftenreihe, Carl Heymanns Verlag, 2009.

Volker Emmerich, Unlauterer Wettbewerb(7. Auflage), C.H.Beck, 2004.

2. 논문

Adrian Küzler, "Effizienz oder Wettbewerbsfreiheit?", in: Walter Euken Institut, Untersuchung zur Ordnungstheorie und Ordnungspolitik, Mohr Siebeck, 2009.

Alfons Kraft, "Gemeinschaftsschädliche Wirtschaftsstörungen als unlauterer Wettbewerb?", GRUR, 1980.

Ansgar Ohly, "Das neue UWG-Mehr Freiheit für den Wettbewerb?", GRUR, 2004.

_____, "Das neue UWG im Überblick", GRUR, 2016.

Bernd Hirtz, "Die Relevanz der Marktmacht bei der Anwendung des UWG", GRUR, 1980.

Carl von Jagowzur, "Auswirkungen der UWG-Reform 2008 auf die Durchsetzung wettbewerbsrechtlicher Ansprüche im Gesundheitsbereich", GRUR, 2010.

Eike Ullmann, "Das Koordinatensystem des Rechts des unlauteren Wettbewerbs im Spannungsfeld von Europa und Deutschland", GRUR, 2003.

Ekkehard Moeser, "Neuere Rechtsprechung zur vergleichenden Werbung", NJW, 1987.

Ernst-Joachim Mestmäcker, "Der verwaltete Wettbewerb-Eine vergleichende Untersuchung über der Schutz von Freiheit und Lauterkeit im Wettbewerbsrecht", J.C.B. Mohr, Paul Siebeck, 1984.

Frauke Henning-Bodewig, "Das neue Gesetz gegen den unlauteren Wettbewerb", GRUR, 2004.

_____, "Der Schutzzweck des UWG und die Richtlinie über unlautere GeschäftsFrauke Henning-Bodewig, praktiken", GRUR, 2013.

Fritz Rittner, "Der „Leistungswettbewerb" als wirtschaftspolitisches Programm", ZWeR(Volume 2, Issue 2), 2004.

_____, "Vertragsfreiheit und Wettbewerbspolitik", in: FS Sölter, 1982.

Gerhard Schricker, "Hundert Jahre Gesetz gegen den unlauteren Wettbewerb-Licht und Schatten", GRUR, 1996.

Hans Carl Nipperdey, "Wettbewerb und Existenzvernichtung", Kartell-Rundschau, 1930.

Helmut Köhler, "Was ist „vergleichende Werbung"?", GRUR, 2005.

Hermann L. v. Harder, "Zum Unwerturteil der Werbungsübersteigerung-Eine Stellungn ahme zum Urteil des BGH vom 22. Februar 1957-Suwa", GRUR, 1962.

Inge Scherer, "Die Neuregelung der aggressiven geschäftlichen Handlungen in § 4 a UWG", GRUR, 2016.

Ingo Schmidt·Stuttgart-Hohenheim·Jürgen Wuttke·Bonn·Wachtberg, "Leistungswettbewerb und unbillige Behinderung i.S. des § 26 Abs. 4 GWB", BB, 1998.

Karl-Heinz Fezer, "Die Grenzen des Selbstbedienunggros β handels im Leistungswettbewerb", BB, 1976.

Ludwig Raiser, "Marktbezogene Unlauterkeit", GRUR Int(Heft 6/7), 1973.

Meinrad Dreher·Martin Lange, "Die europäische Wirtschaftsverfassung nach dem Vertrag von Lisson", in: FIW, Wettbewerbspolitik und Kartellrecht in der Marktwirtschaft: 50 Jahre FIW, Carl Heymanns Verlag, 2010.

Michael Lehmann, "Die UWG-Neuregelungen 1987-Erläuterungen und Kritik", GRUR, 1987.

Nikolai Klute, "Die aktuellen Entwicklungen im Lauterkeitsrecht", NJW, 2016.

Peter Behrens, "Regulierung zwischen Wettbewerb und Harmonisiergung aus institution enökonomischer Perspektive", in: FIW, Wettbewerbspolitik und Kartellrecht in der Marktwirtschaft: 50 Jahre FIW, Carl Heymanns Verlag, 2010.

Peter Ulmer, "Der Begriff 'Leistungswettbewerb' und seine Bedeutung für die Anwendung von GWB und UWG-Tatbeständen", GRUR, 1977.

_____, "Kartellrechtswidrige Konkurrentenbehinderung durch leistungsfremdes Verhalten marktbeherrschender Unternehmen-Eine Zwischenbilanz" in; Recht und Wirtschaft Heute, Festgabe zum 65 GT von Max Kummer, 1980.

Roger Zäch·Adrian Künzler, "Efficiency or freedom to compete? Towards an axiomatic theory of competition law", ZWeR(Volume 7, Issue 3), 2009.

Rolf Sack, "Irreführungsverbot und Interessenabwägung in der deutschen Rechtsprechung", GRUR, 2014.

_____, "Lauterer und leistungsgerechter Wettbewerb durch Wettbewerbsregeln", GRUR, 1975.

_____, "Leistungsschutz nach § 3 UWG", GRUR, 2016.

_____, "Sittenwidrigkeit, Sozialwidrigkeit und Interessenabwägung", GRUR, 1970.

Rudolf Lukes, "Die Problematik der umfassenden Interessenabwägung in § 26 Abs. 2 GWB", BB, 1986.

Thomas Eilmansberger, "Verbraucherwohlfahrt, Effizienzen und ökonomische Analyse $\frac{1}{4}$ Neue Paradigmen im europäischen Kartellrecht?", ZWeR(Volume 7, Issue 4), 2009.

Winfried Tilmann, "Über das Verhältnis von GWB und UWG", GRUR, 1979.

찾아보기

■ 정주미

서울대학교 법학전문대학원 강사(비전임교원)
전북대학교 법학전문대학원 강사(비전임교원)
서울대학교 경쟁법센터 책임연구원
서울대학교 법학연구소 객원연구원
한국방송통신대학교 법학과 강사
제22회 공정거래의 날 공정거래위원장 표창장 수상
전) 공정거래위원회 기업거래정책 자문위원
서울대학교 학사, 법학석사 및 법학박사(경제법)

공정거래법상 불공정거래행위의 위법성
– 위법성 판단기준과 위법성 판단을 위한 이익형량 –

초판 1쇄 인쇄 | 2023년 5월 17일
초판 1쇄 발행 | 2023년 5월 24일

지 은 이   정주미

발 행 인   한정희
발 행 처   경인문화사
편   집   이다빈 김지선 유지혜 한주연 김윤진
마 케 팅   전병관 하재일 유인순
출판번호   제406-1973-000003호
주   소   경기도 파주시 회동길 445-1 경인빌딩 B동 4층
전   화   031-955-9300   팩   스   031-955-9310
홈페이지   www.kyunginp.co.kr
이 메 일   kyungin@kyunginp.co.kr

ISBN   978-89-499-6685-4   93360
값   19,000원

서울대학교 법학연구소 법학 연구총서

● 학술원 우수학술 도서

▲ 문화체육관광부 우수학술 도서